La guía esencial sobre sexualidad adolescente

La
GUÍA ESENCIAL
sobre
Sexualidad Adolescente

*Un manual indispensable
para los adolescentes y padres de hoy*

Michael J. Basso

Fairview Press
Minneapolis

Publicado por Fairview Press, 2450 Riverside Avenue South, Minneapolis, MN 55454. Fairview Press es una división de Fairview Health Services, un sistema médico comunitario, vinculado con la Universidad de Minnesota, que presta una amplia gama de servicios, desde la prevención de enfermedades y lesiones, hasta la atención de los estados de salud más complejos. Para obtener un catálogo actualizado gratuito de los títulos de Fairview Press, llame a este número gratuito 1-800-544-8207, o visite nuestro sitio web, http://www.faiviewpress.org.

Datos de la publicación catalogada en la Biblioteca del Congreso
Basso, Michael J., 1964-
  [Underground guide to teenage sexuality. Spanish]
  La guía esencial sobre sexualidad adolescente : un manual indispensable
para los adolescentes y padres / Michael J. Basso.
    p. cm.
  Includes index.
  ISBN 1-57749-154-8 (alk. paper)
  1. Sex instruction for teenagers. I. Title.
  HQ35.B33718 2005

                                  2005049469

Primera edición: 1997
Segunda edición: 2003
Impreso en los Estados Unidos de América
10 09 08 07 06 05   8 7 6 5 4 3 2 1

Traducción: Ignacio Luque
Editor: Sandra Bravo
Diseño de portada: Laurie Ingram Design (http://www.laurieingramdesign.com)
Dibujos de Dorie McClelland, Spring Book Design

DEDICO ESTE LIBRO A:
Mi hijo, Gabriele, mi mayor orgullo y felicidad

QUISIERA EXPRESAR MI MÁS SINCERA GRATITUD Y RECONOCIMIENTO:
A mi bellísima esposa colombiana, Ingrid, quien continúa apoyando mi afán de contribuir a mejorar las vidas de las familias y los jóvenes latinos.

A todos mis estudiantes hispanos en Miami que representan todos los rincones de América del Sur y Central, el Caribe y México. Gracias por dejarme entrar en sus vidas y mostrarme una cultura de una belleza, calidez y pasión por la vida sin igual.

A mis dibujantes, Abraham Jauregui y Clayton Henry, porque su arduo trabajo y habilidad artística significaron mucho para mí.

A los jóvenes hispanos, padres y los profesionales médicos que editaron este libro, cuyos esfuerzos por ayudarme a que este libro se convierta en un recurso útil y comprensible para los hispanos de todo el mundo son realmente elogiables.

Claudia Borzutzky, MD (Chile)
Médica residente de la *Division of Adolescent Medicine*
Children's Hospital Los Angeles

Andrea E. Bonny, MD (México)
Profesora adjunta de pediatría
Directora de la *Cleveland Hispanic Adolescent Health Initiative*

Nelson Arboleda, MD, MPH (Colombia)

Verónica P. Álvarez, MPA (Ecuador)
Analista de salud pública

Oscar A. Gumucio, PHD (Bolivia)
Licenciado en educación
Hispanic Adolescent Institute

Heilin Verónica Ríos (Nicaragua)

Grace Mariot (República Dominicana)

Aniett Medina (Cuba)

Alejandro Dumett (Perú)

A mis traductores, Sandra Bravo (Argentina) e Ignacio Luque (Argentina), por sus talentos, conocimientos y minuciosidad en el trabajo. Nunca olvidaré su dedicación personal para que esta traducción se convierta en una realidad.

Contenido

Anatomía sexual

Me encanta manejar y, a decir verdad, me considero un muy buen conductor, por más que mi mamá diga lo contrario. Todavía recuerdo la primera vez que me senté detrás del volante. ¡No lo podía creer! Estaba a punto de manejar... ¡yupi!

En el asiento del acompañante, mi maestro de conducción repasaba lo que para mí no era más que una larga e innecesaria espera hasta poder conducir. "Miguel, éste es el pedal del freno. Cuando lo pisas, el automóvil aminora la marcha o se detiene. Éste es el pedal del acelerador. Cuando lo pisas, el automóvil comienza a moverse".

Y así se sucedían unas a otras las indicaciones: el encendido, la luz de giro, las luces delanteras, los limpiaparabrisas, la bocina, los espejos, etc. Para mis adentros, yo pensaba: "¡Basta! ¡Terminemos con todo esto y ya!" Pero no nos olvidemos del cinturón de seguridad. Luego de lo que para mí fue toda una tarde, por fin arrancamos. Me parecía increíble que era yo quien iba detrás del volante.

Mi maestro de conducción tenía una forma muy particular de hacerme notar que iba manejando demasiado rápido: sacaba la cabeza por la ventanilla y le gritaba a mis amigos "¿Dónde es el incendio?" Salvo este detalle, el resto fue una experiencia muy positiva.

¿Te imaginas poder manejar un automóvil sin saber ni comprender los componentes básicos que lo hacen funcionar? ¿Podrías manejar sin siquiera saber qué hace que el automóvil ande, se detenga o gire? Muy pronto, en las clases de conducción, aprenderás acerca de partes y piezas básicas de la anatomía de un automóvil, lo cual te permitirá manejar. Frenos, acelerador, volante, luz de giro, velocímetro e indicador de combustible, entre otras, son las palabras que pasarán a formar parte de tu vocabulario automovilístico cotidiano.

Los automóviles son parecidos al cuerpo humano, con la diferencia de que nosotros somos mucho más complejos y tenemos una mayor autonomía. Pero antes de que nos adentremos en este "manual de funcionamiento sexual", debemos comprender los conceptos básicos. Al igual que con la primera experiencia como conductor, las nociones básicas sobre sexualidad pueden parecer innecesarias en un principio, pero pronto descubrirás que es imposible hablar de sexualidad sin conocerlas.

Para que esta etapa sea más llevadera, voy a ser breve e iré directo al grano. Cabe aclarar que esta información se podría presentar en muchísimo más detalle, pero para lo que tú la necesitas, como está te servirá para aprender sin confundirte con datos tal vez superfluos en esta etapa. Una vez que hayas comprendido los aspectos básicos, estarás en condiciones de entender los temas más complejos de la sexualidad humana.

El sistema reproductivo masculino

PENE: Órgano externo (fuera del cuerpo) que utilizan los varones para orinar (hacer pis). Es también lo que el hombre introduce dentro de la vagina de la mujer durante el coito, momento en el que el pene está duro y erecto. La parte larga y cilíndrica se llama "cuerpo". La cabeza del pene se llama "glande".

ESCROTO: Bolsa de piel que alberga a los testículos.

TESTÍCULOS: (A veces denominados "bolas", "huevos", "pelotas") Dos órganos ovalados que producen los espermatozoides, es decir, las células germinales masculinas.

EPIDÍDIMO: Es un conducto largo y enrollado que está adosado a la parte superior de cada testículo. El epidídimo recibe a los espermatozoides (células germinales masculinas) procedentes de los testículos y contribuye al crecimiento y desarrollo de los espermatozoides.

VASO DEFERENTE: Tubo que conduce el esperma hacia la uretra. El vaso deferente comunica al epidídimo con la ampolla.

AMPOLLA: El extremo dilatado del vaso deferente. Aquí es donde los espermatozoides se mezclan con distintos líquidos para formar el semen.

VESÍCULA SEMINAL: Pequeño saco que produce un líquido mucoso. El líquido seminal se mezcla con los espermatozoides y los ayuda a mantenerse sanos.

GLÁNDULA PROSTÁTICA: Glándula ubicada debajo de la vejiga urinaria. Esta glándula produce un líquido lechoso y poco espeso que también se mezcla con los espermatozoides para protegerlos.

GLÁNDULAS DE COWPER: Dos pequeñas glándulas redondas ubicadas debajo de la glándula prostática. Las glándulas de Cowper producen el

La Anatomía sexual masculina
(vista interior)

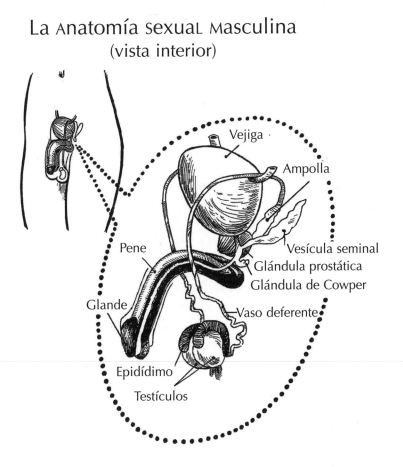

Vejiga

Ampolla

Pene

Vesícula seminal

Glándula prostática

Glándula de Cowper

Glande

Vaso deferente

Epidídimo

Testículos

líquido mucoso que lubrica el extremo del pene antes del coito. También ayuda a proteger a los espermatozoides.

URETRA: Tubo que transporta la orina (pis) o el semen hacia fuera del cuerpo. La uretra une la vejiga urinaria con el orificio urinario en la punta del pene.

ORIFICIO URINARIO: La ranura que está en el glande del pene por donde sale la orina o el semen.

ANO: Orificio que está entre las nalgas (trasero) por donde salen las heces (caca).

ESPERMATOZOIDE: Célula germinal masculina. Comúnmente también se designa a los espermatozoides en su conjunto como "esperma", aunque este último es en realidad la secreción de la glándula prostática y los espermatozoides. Un espermatozoide es una célula que se une al óvulo femenino para formar un bebé. Su aspecto es el de un pequeño renacuajo.

SEMEN: Líquido que sale del pene cuando el hombre eyacula. El semen está formado por los espermatozoides, el líquido de la vesícula seminal, el líquido de la glándula prostática y una pequeña proporción de líquido de las glándulas de Cowper.

EYACULACIÓN: Expulsión del semen hacia fuera del pene.

ERECCIÓN: Agrandamiento y endurecimiento del pene.

PREPUCIO: Piel floja que se encuentra alrededor del glande y la parte superior del cuerpo del pene. En hombres no circuncidados, esta piel también recubre el glande.

¿Cuál es el tamaño normal del pene? (¿Cómo sé si el mío es normal?)

No ha existido momento de la historia en que el hombre no se haya preocupado por el tamaño de su pene. Tu papá se ha hecho esta pregunta y también se la hizo tu abuelo, bisabuelo y prácticamente todo hombre que haya vivido en este planeta. Es más, probablemente tú te preguntes cuán grande es tu pene en relación con el de otros muchachos. Independientemente de tu edad, es probable que ante la oportunidad, te fijes en el tamaño del pene de otro hombre. Esto no significa que seas homosexual (gay), sino que quieres comparar tu pene con el de otros muchachos. Veamos si la siguiente situación te suena familiar.

SITUACIÓN 1: Luego de un entrenamiento o una clase de gimnasia, estás acalorado, transpirado y sucio. Es el momento justo para darse una ducha. Allí estás tú con otros muchachos y puede pasar alguna de estas dos cosas:

1. Sin que nadie se dé cuenta, echas un rápido vistazo al pene de otro muchacho para compararlo con el tuyo.

2. Quieres ver si el pene de otro muchacho es más grande que el tuyo, pero te obligas a no mirar y mantienes la mirada fija en otro lado. No quieres que nadie te sorprenda mirando a otro muchacho porque podrían pensar que eres un poco raro, ¿verdad?

SITUACIÓN 2: Otro fenómeno común de las duchas colectivas es la "ducha rápida" o "ducha contra la pared".

Además de resistir el impulso por comparar, puede ser que también te avergüences al ver que otro muchacho nota que tu pene no es tan grande como el de él. Seguramente lo que esperabas para ganar en popularidad no era que esta noticia aparezca en la primera plana del periódico de la escuela.

Entonces, ¿qué haces? Te bañas y secas como un relámpago y te vas en menos de lo que canta un gallo. O bien te paras en un rincón, un poco agachado de manera que nadie te pueda ver el "equipo". Método bastante efectivo, cabe aclarar.

¿Crees tú que los hombres más grandes se comportan de manera muy distinta? En realidad, no.

SITUACIÓN 3: La próxima vez que vayas a un baño público en un restaurante o un partido de béisbol, fíjate adónde miran los hombres mayores: hacia la pared o hacia abajo. Ellos tampoco quieren ser sorprendidos mirando a otros hombres, ya que la gente puede pensar que son medio raros.

Por si no fue suficiente una vez, lo repito para que estés bien seguro: mirar el pene de otro muchacho no significa ser gay. Es como mirar revistas de fisicoculturismo. Si miras abultados bíceps, tríceps o cualquier otro músculo, no significa que seas gay.

Para que te quedes tranquilo, el tamaño promedio del pene erecto de un adulto es aproximadamente 6.5 pulgadas (16.5 centímetros). El tamaño de un pene flácido (blando) no tiene nada que ver con el que tendrá una vez erecto.

Si bien el tamaño promedio del pene erecto de un adulto es de aproximadamente 6.5 pulgadas, los hay de distintos tamaños y longitudes. Francamente no sé cuál será el récord Guiness de longitud de penes, pero sí sé que el tamaño varía entre un poco más o un poco menos que 6.5 pulgadas. El cuerpo de un muchacho, incluido su pene, sigue creciendo y desarrollándose más o menos hasta los 21 años de edad. Independientemente de si tu pene mide 3 ó 9 pulgadas (7 ó 22 centímetros), la buena noticia es que, contrariamente a lo que se piensa, a la hora del acto sexual (coito) no importa el tamaño.

La razón de que no importe el tamaño del pene para satisfacer a una mujer durante el acto sexual es que sólo las primeras dos pulgadas (los primeros 5 centímetros) más o menos de la vagina tienen sensibilidad (la vagina mide aproximadamente 5 pulgadas [13 centímetros]). Los últimos centímetros de la vagina no son muy sensibles. Así que aunque el hombre tenga un pene de 7 centímetros, la mujer sólo lo sentirá con los primeros 5 centímetros más o menos de su vagina.

¿Qué es un pene circuncidado?

Cuando nace un bebé varón, alrededor del glande del pene tiene un pliegue de piel. Este pliegue se denomina "prepucio". Pocos días después del nacimiento, los padres pueden tomar la decisión de circuncidar al bebé. Durante la circuncisión se elimina la parte del prepucio que recubre el glande.

Así que si te fijas y notas que tu pene no tiene la piel que cubre el glande, es decir, el extremo cónico del pene, ya sabes de qué se trata: ¡estás circuncidado!

¿Por qué alguien querría hacerle eso a nuestro pequeño amigo? Al principio, se hacía por motivos religiosos a bebés judíos o musulmanes. En la actualidad, los médicos recomiendan la circuncisión para prevenir infecciones que a veces se presentan en varones no circuncidados. Cuando el prepucio no se elimina mediante la circuncisión, una secreción espesa llamada "esmegma" se acumula alrededor del glande. Si el esmegma no se lava correctamente y con frecuencia, comenzará a oler mal y puede desembocar en una infección del glande. No obstante, siempre y cuando se retraiga el prepucio y se lave el glande, no debería haber ninguna diferencia entre un hombre circuncidado y uno no circuncidado. Independientemente de si tú estás circuncidado o no, el pene funciona siempre igual.

¿Qué tipo de pene tienes?

No circuncidado
En un pene no circuncidado el prepucio cubre el glande del pene

Circuncidado
En un pene circuncidado se elimina el prepucio que cubre el glande del pene

¿Qué es una erección?

Quienes no hayan pasado por la experiencia de tener, sin motivo aparente, una erección en el medio de una clase, durante una cena, en una cita o en la playa, pueden considerarse afortunados. Sin embargo, algunos de ustedes puede que ya se hayan dado cuenta de que las erecciones pueden ocurrir en cualquier lugar, a cualquier hora y, particularmente, cuando uno menos lo desea. Ésta es la lección número 1, amigos.

Una erección, claro está, es cuando el pene adquiere un tamaño y rigidez mayores que cuando está flácido (blando). El pene no tiene ni está hecho de huesos. Lo que provoca su endurecimiento y agrandamiento es la acumulación repentina de sangre.

Piénsalo de esta manera: Una esponja vieja y seca tiene un aspecto marchito. Mira lo que sucede al tamaño de la esponja si la pones bajo un chorro de agua. A medida que se llena de agua, se hincha y agranda.

El pene está lleno de tejido eréctil. Este tejido funciona de manera muy parecida a una esponja. Cuando la sangre ingresa repentinamente al pene,

Cómo se produce una erección

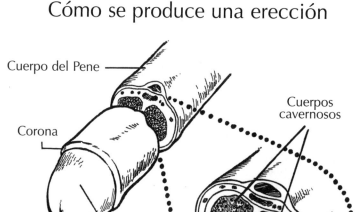

Cuerpo del Pene

Cuerpos cavernosos

Corona

Orificio uretral

Glande

Uretra

Cuerpo esponjoso

La sangre llena el tejido eréctil del pene (el cuerpo cavernoso y el esponjoso) y hace que el pene se ponga duro y erecto.

llena todos los pequeños espacios del tejido eréctil (igual que lo hace con la esponja), lo que provoca la erección.

A medida que la sangre llena el tejido eréctil, disminuye el caudal sanguíneo que sale del pene. Éste es otro factor causante de la erección. ¿Por qué es importante esto último? ¿Alguna vez te despertaste con una erección o te diste cuenta de que tenías un bulto potencialmente embarazoso justo cuando comenzaba la clase de historia? Si la vejiga urinaria está llena (es decir, si tienes ganas de ir al baño), ejercerá presión sobre la base o parte inferir del pene y, de esta manera, disminuirá la salida del torrente sanguíneo hacia fuera del pene. Si la sangre no puede salir del pene, ¿adivina adónde se queda? ¡Tú lo has dicho! El pene se llena de sangre y se endurece. La manera en que te sientas en clase también puede ejercer presión en la base del pene y provocar una erección.

Pero las ganas de ir al baño o la posición en que uno se sienta no son las únicas razones por las cuales se produce una erección. Por si todavía no lo has adivinado, la estimulación sexual es otra. El contacto físico, la contemplación de algo sexualmente estimulante y las fantasías sexuales provocan erecciones en los varones. A veces, no es necesario mucho estímulo para lograrlo.

Tener erecciones es normal. Pueden aparecer rápidamente (en segundos) o lentamente (en minutos) y muchas veces en un mismo día. Si tú tienes muchas erecciones por día, no tienes por qué preocuparte, ya que esto no provoca ningún tipo de daño. Las erecciones son funciones fisiológicas normales.

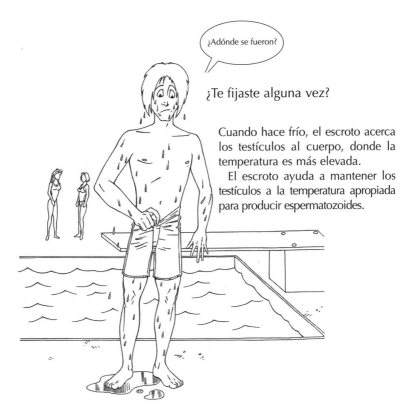

¿Adónde se fueron?

¿Te fijaste alguna vez?

Cuando hace frío, el escroto acerca los testículos al cuerpo, donde la temperatura es más elevada.
El escroto ayuda a mantener los testículos a la temperatura apropiada para producir espermatozoides.

¿Qué son los espermatozoides?

Los espermatozoides, organismos similares a pequeños renacuajos microscópicos, son las células masculinas que se unen a la célula germinal femenina (óvulo) para dar lugar al embarazo, es decir, para iniciar el desarrollo de un bebé. Los espermatozoides transportan el material genético del padre que contribuirá a establecer el color del cabello y de los ojos del bebé, como así también su aspecto físico. El óvulo de la madre, por su parte, lleva su material genético y, al igual que el del padre, ayudará a establecer los rasgos físicos del bebé.

La producción de espermatozoides comienza cuando el varón entra en la pubertad (aproximadamente entre los 10 y 16 años de edad) y puede continuar por el resto de su vida. Los varones producen millones de espermatozoides por día. Cada uno de ellos es tan pequeño que en una sola gota de líquido caben más de 100 millones.

Una vez que los espermatozoides se incorporan al semen, comienzan a moverse o "nadar" utilizando su cola como lo hacen los renacuajos.

En realidad, la razón por la que el cuerpo del varón produce tantos millones de espermatozoides es porque estas células son medio debiluchas. Son sensibles a los cambios de temperatura en los testículos, el ácido en la uretra y el no muy acogedor ambiente reinante en la vagina femenina, también muy ácido. Nacen muchos espermatozoides porque muchos de ellos mueren. Tan es así que cuando el varón eyacula, su semen puede tener hasta 600 millones de espermatozoides, aunque aproximadamente sólo 50 de ellos tienen posibilidades de llegar al óvulo femenino.

Uno de los factores importantes a la hora de determinar la salud de muchos de los espermatozoides es el escroto. ¿Notaste alguna vez al salir de una piscina con agua fría que el escroto estaba totalmente arrugado y los testículos habían prácticamente desaparecido? ¿Te fijaste que cuando te das una ducha caliente el escroto se afloja y los testículos cuelgan más de lo normal? Pues bien, el escroto es una especie de termostato que regula la temperatura de los testículos. Para producir espermatozoides saludables, los testículos deben estar a una temperatura de 5 grados menos que la del cuerpo. Ésta es la razón por la que los testículos se encuentran fuera del cuerpo en lugar de estar adentro, como los ovarios de la mujer. Si los testículos están muy fríos, el escroto se encoge y los acerca al cuerpo, donde la temperatura es más elevada. Por el contrario, si están demasiado calientes, el escroto se afloja y los aleja al cuerpo, donde la temperatura es más baja. Este sistema es realmente asombroso.

El uso de ropa interior o pantalones muy ajustados puede provocar una disminución en la cantidad de espermatozoides que tiene el semen. Al utilizar pantalones ajustados, el escroto no puede llevar a los testículos a una distancia donde la temperatura sea más baja debido a que los pantalones los retienen junto al cuerpo. Como consecuencia, la cantidad de espermatozoides puede disminuir. Para evitarlo, es preciso usar ropa interior y pantalones cómodos y, si vas a utilizar ropa ajustada, asegúrate de que sea por poco tiempo.

¿Qué es el semen?

El semen es el líquido que sale del pene cuando el hombre eyacula. Su aspecto puede ser lechoso, amarillento o turbio, y su consistencia, pegajosa o resbaladiza.

El semen está formado por los espermatozoides, el líquido de la vesícula seminal, el líquido de la glándula prostática y el líquido de las glándulas de Cowper. Es importante recordar que el varón eyacula semen, no sólo espermatozoides. El semen no es lo mismo que los espermatozoides, ni los espermatozoides son lo mismo que el semen. El semen contiene espermatozoides, y los espermatozoides habitan en el semen. Así que la próxima vez que escuches a alguien decir que el varón eyacula espermatozoides, puedes decirle que en realidad eyacula semen, el medio que contiene a los espermatozoides.

¿Debo hacer algo para asegurarme de que mis órganos sexuales gocen de buena salud?

¡Por supuesto! Hagamos un alto en este punto y prestemos mucha atención. Existe una enfermedad llamada "cáncer testicular", un tipo de cáncer que se desarrolla y multiplica en los testículos.

Si un varón desarrolla cáncer testicular, tal vez le deban extirpar (sacar) parte de uno de sus testículos o, si el cáncer se ha propagado, ambos. Si no se lo detecta a tiempo, el cáncer se puede propagar hacia otras regiones del cuerpo e incluso provocar la muerte. Lo engañoso de este tipo de cáncer es que no provoca dolores; a menudo, el varón se siente perfectamente bien y ni siquiera sabe que lo tiene. Se puede presentar entre los 20 y los 40 años o en edades más avanzadas, razón por la cual es necesario realizarse un control todos los meses, por si acaso.

Las mujeres se deben realizar una autoexploración mamaria todos los meses y los hombres, una autoexploración testicular también todos los meses. La autoexploración testicular es un examen rápido, simple e indoloro.

Una vez al mes, mientras te estés dando una ducha caliente y los testículos cuelguen lejos del cuerpo, toca suavemente cada uno de ellos tratando de detectar pequeños bultos. Para hacerlo, utiliza la yema de los dedos y el pulgar. Hazlo en ambos testículos y el examen habrá terminado.

Esta autoexploración testicular es tan simple y eficaz que en menos de un minuto por mes puede contribuir a proteger tus testículos e incluso tu vida.

¡Advertencia! Cada vez que vemos esto en clase, al día siguiente por lo menos un muchacho está en el estacionamiento de la escuela aguardando mi llegada. Transpirado y temeroso ante la idea de que le tengan que extirpar los testículos, me explica que detectó pequeños bultos en ambos testículos.

Muchachos, antes de que se vuelvan locos, fíjense en la ilustración de los testículos. Eso que aparece encima de cada testículo y que tiene la forma de una coma es el epidídimo. Cuando tocan atrás de la parte superior de cada testículo, es posible que sientan el esponjoso epidídimo. Es más, si dedican el tiempo suficiente, hasta pueden sentir algo similar a una vena en esa región. Pues bien, eso similar a una vena probablemente sea el vaso deferente. Todas estas cosas que tocas son normales.

Lo que debes buscar es algo así como una pequeña protuberancia (chichón) en cada testículo. Si alguna vez te golpeaste la cabeza, habrás notado que a los pocos minutos se forma un chichón duro. Un bulto canceroso en un testículo es igual, pero mucho más pequeño.

Si al tocarte sientes algo similar a eso en los testículos, debes consultar al médico. Este problema no se va por sí solo. Si bien es poco probable que desarrolles cáncer testicular durante la adolescencia, ¿por qué arriesgarte? ¡Recuerda lo que puedes perder!

Puedes pedirle al médico que te haga un examen testicular, pero sería demasiado gasto mensual de tiempo y dinero, siendo que lo puedes hacer tú mismo.

Muchachos, esto es muy importante y deben hacerlo. Al igual que cepillarse los dientes y bañarse, los exámenes testiculares son otra forma de cuidar el cuerpo.

Si tuvieras el automóvil de tus sueños, probablemente le dedicarías mucho tiempo para afinarlo y hacerle todo lo que haga falta para que funcione correctamente. Pues bien, el cuerpo es una máquina mucho más importante y compleja. ¡Así que cuídalo!

Consejo para personas valientes y preocupadas por los demás: si te animas, recuérdale a tu papá, a tus tíos y a tus hermanos adolescentes que también deben cuidarse. Si aún no lo saben, es hora de que les enseñes.

¿Deben los hombres hacerse autoexploraciones mamarias?

Sí y no. Los hombres por lo general no tienen mamas (senos), pero muchos de ellos en los primeros años de la adolescencia desarrollan algo llamado "ginecomastia", una palabra complicada para designar algo mucho más sencillo: el desarrollo de mamas en el varón. La ginecomastia en varones es la acumulación de tejido graso debajo de las tetillas. Esto es normal y casi siempre desaparece a medida que uno crece. Es tan sólo otro de los fenómenos del crecimiento que parecen sucedernos únicamente para molestarnos.

Por lo general, al principio de la adolescencia aparece en los varones (y también en las mujeres) un pequeño bulto debajo de las tetillas. Este fenómeno sucede con frecuencia y rara vez representa un problema. Si sientes que tienes este bulto, no debes preocuparte, pero es aconsejable que consultes a un médico para estar seguro de que está todo bien. Al igual que la ginecomastia, este bulto que típicamente aparece en la adolescencia por lo general desaparece con los años.

Para obtener más información sobre el cáncer testicular o mamario, llama al Centro de Información sobre el Cáncer en EE. UU. al (1-800-422-6237). Esta organización puede contestar las preguntas que pudieras tener al respecto o enviarte información por correo.

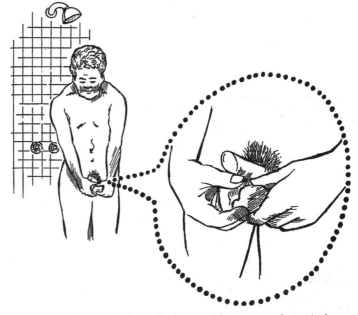

Autoexploración testicular

Luego de una ducha caliente, se debe tocar cada testículo para detectar bultos que pudieran ser cancerosos.

Anatomía sexual masculina: Todas las piezas del rompecabezas

Para tener una idea de cómo funcionan todas estas piezas, probablemente sea conveniente comenzar con los testículos y luego seguir con el resto.

El varón tiene dos testículos que tienen la forma de pequeños huevos. Los testículos se encuentran fuera del cuerpo en una bolsa de piel denominada "escroto". En la mayoría de los varones, el testículo izquierdo cuelga apenas por debajo del derecho, pero si éste no es tu caso, no tienes por qué preocuparte. Los testículos producen las células germinales masculinas llamadas "espermatozoides", que pueden fertilizar a la célula germinal femenina, denominada "óvulo".

Luego de que los testículos han producido los espermatozoides, el epidídimo los recoge para que puedan madurar y crecer sanos y fuertes. Si el varón se excita sexualmente, los espermatozoides maduros abandonan el epidídimo y viajan a través del vaso deferente hacia la ampolla, que es algo así como una sala de mezcla. Mientras los espermatozoides permanecen en la ampolla, la vesícula seminal produce un líquido que luego envía a la ampolla para que se mezcle con los espermatozoides. La glándula prostática segregará un líquido que también se mezclará con los espermatozoides y el líquido producido por la vesícula seminal.

Mientras todo esto sucede, las glándulas de Cowper han elaborado otro líquido, que sirve para recubrir la uretra y proteger a los espermatozoides en su recorrido hacia el exterior. Cuando el varón eyacula, el semen pasa por la uretra y sale por el orificio urinario.

Anatomía sexual femenina

La anatomía sexual femenina puede resultar un tanto más compleja y confusa no sólo para los hombres, sino también para las mujeres, y esto no es de extrañar. En el caso de los varones, los órganos sexuales están afuera y a la vista, mientras que los genitales (anatomía sexual externa) de las mujeres están cubiertos de vello y posicionados en ángulo, lo cual dificulta la posibilidad de verlos. Cuando comenzamos a hablar de genitales en clase, es común que el silencio se apodere de las muchachas (y también de los muchachos). Se les nota en la cara. Es como que se dijeran a sí mismas "Eso sí que no lo sabía". A decir verdad, señoritas, a menos que se hayan acostado en una posición reclinada y colocado un espejo entre las piernas, probablemente nunca hayan visto lo que tienen allí abajo. Sí aún no lo han hecho, aquí hay un diagrama que muestra exactamente lo que estoy diciendo así lo pueden ver por sí mismas.

Si fueran a colocarse un espejo entre las piernas, verían algo parecido a lo que muestra este diagrama. Digo "parecido" porque cada vulva (término que se utiliza para describir la región genital femenina) es diferente.

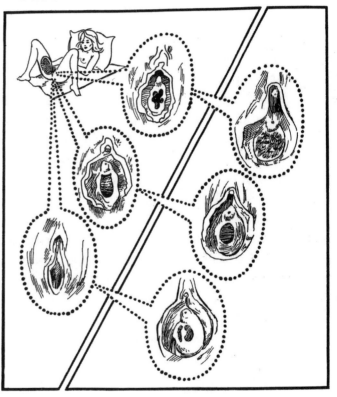

Cada vulva femenina es diferente

Si bien la cara de todos nosotros tiene dos ojos, una nariz, una boca y cejas, cada una es distinta del resto, es decir, pese a que tenemos lo mismo en la cara, cada uno de nosotros es único. De la misma manera, cada vulva tiene las mismas partes que cualquier otra, pero es distinta del resto. A lo que quiero llegar con esto es a que si ves algo distinto en el espejo de lo que aparece en este diagrama, no hay razón por qué preocuparse; no hay nada anormal en ello.

Este es el sistema reproductivo femenino:

MONTE DE VENUS: Es la parte superior que tiene vello. El monte de Venus es la capa de tejido graso que cubre el hueso púbico.

CAPUCHÓN CLITORIDIANO: Piel que cubre el clítoris. El capuchón clitoridiano puede cubrir el clítoris total o parcialmente.

CLÍTORIS: Órgano pequeño y muy sensible. El clítoris parece no tener ningún propósito real que no sea hacer cosquillas y dar placer cuando se lo toca.

ORIFICIO URETRAL: Orificio por donde orina (hace pis) la mujer. Cuando una mujer orina, el pis sale por este agujero, no por la vagina.

ORIFICIO VAGINAL: Esta es la abertura que conduce a la vagina. Es el lugar por donde entra el pene erecto durante el coito (acto sexual) y por donde sale el flujo menstrual (periodo) de la mujer. Es también por donde sale el bebé cuando nace.

HIMEN: Fina membrana de piel que cubre total o parcialmente el orificio vaginal. El himen se denomina a veces como "panocha" en términos vulgares. Un mito común es que si se rompe el himen de una mujer, significa que ha tenido relaciones sexuales y que no es más "virgen", pero esto no es cierto. En realidad, un himen desgarrado no tiene nada que ver con la virginidad. Por lo general el himen se desgarra durante la etapa de crecimiento de la mujer, mientras juega o hace gimnasia. Nadie puede asegurar si una mujer ha tenido relaciones sexuales o no con sólo fijarse si el himen está sano o desgarrado. A menos que la mujer esté embarazada o tenga una enfermedad de transmisión sexual (ETS), ni siquiera un médico puede saber si ha tenido relaciones sexuales. En ocasiones, los padres les dicen a sus hijas que el doctor va a mirar si el himen está desgarrado para saber si han tenido relaciones sexuales, pero es sólo una forma de atemorizarlas.

ORIFICIO DE LA GLÁNDULA DE BARTOLINO: Glándula que elabora una pequeña cantidad de líquido que ayuda a lubricar (humedecer) la vagina.

ANO: Orificio que está entre las nalgas (trasero) por donde salen las heces (caca).

LABIOS MENORES: Labios pequeños internos que están alrededor de la abertura de la vagina.

LABIOS MAYORES: Labios grandes externos que están junto a los labios menores.

La mujer tiene aún más órganos en la parte interior de su cuerpo. Estos órganos conforman el sistema reproductor interno de la mujer:

OVARIOS: Dos glándulas ovaladas que albergan a los óvulos de la mujer.

ÓVULO: Pequeña célula germinal femenina que se une al espermatozoide masculino para dar lugar al embarazo. El óvulo transporta todo el material genético femenino que, junto con el espermatozoide masculino, ayudará a determinar el aspecto físico del bebé.

FOLÍCULOS OVÁRICOS: Pequeños compartimientos que conforman los ovarios y que albergan a cada óvulo hasta que estén maduros y listos para ser liberados.

TROMPAS DE FALOPIO: Tubos delgados (casi del espesor de un cabello) por donde pasan los óvulos hasta llegar al útero.

FIMBRIA: Pequeña prolongación acintada del borde de las trompas de Falopio.

ÚTERO: Órgano muscular hueco con forma triangular donde se desarrolla el feto. El útero también se deshace de una capa de tejido que sale al exterior en forma de periodo menstrual.

ENDOMETRIO: Capa de piel que reviste el útero y aumenta de espesor para luego desprenderse durante la menstruación.

CUELLO UTERINO (CÉRVIX): Pequeño orificio que une al útero con la vagina.

VAGINA: Conducto que parte desde el útero hacia el exterior del cuerpo.

El sistema reproductivo femenino
La vulva

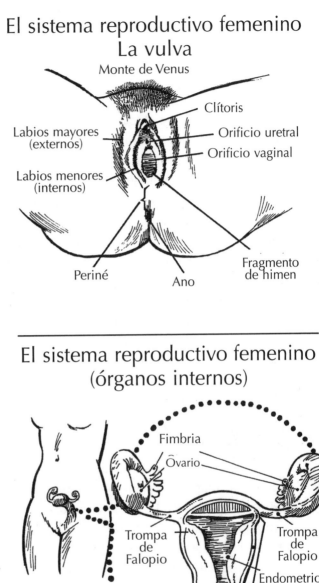

Monte de Venus

Clítoris

Orificio uretral

Orificio vaginal

Labios mayores (externos)

Labios menores (internos)

Periné

Ano

Fragmento de himen

El sistema reproductivo femenino (órganos internos)

Fimbria

Ovario

Trompa de Falopio

Trompa de Falopio

Endometrio

Cuello uterino

Vagina

Glándulas vestibulares

GLÁNDULAS DE BARTOLINO: Dos pequeñas glándulas ubicadas dentro de las paredes de la vagina que secretan una pequeña cantidad de líquido.

Anatomía sexual femenina: Todas las piezas del rompecabezas

Ahora que tienes una idea básica de cuales son las distintas partes de la anatomía femenina, veamos cómo funcionan en conjunto.

Los ovarios femeninos constan de pequeñísimas bolsas o compartimientos denominados "folículos ováricos". Dentro de cada uno de ellos hay un óvulo. Todos los meses, cuando la mujer menstrúa, secreta hormonas que provocan la ruptura de uno de los folículos ováricos y la liberación del óvulo que está adentro. La fimbria luego se encarga de empujar suavemente este óvulo hacia la trompa de Falopio. El minúsculo óvulo continúa así la travesía hasta el útero a través de la trompa de Falopio.

En pocos días, si un espermatozoide no lo fertiliza, el óvulo se desintegrará y, junto con el revestimiento del útero (el endometrio), saldrá del cuerpo de la mujer. El óvulo y el endometrio disuelto recorrerán así el cuello uterino y saldrán por la vagina. La expulsión de estos elementos es lo que se conoce como "periodo" o "sangrado menstrual".

¿Y qué son los senos?

Los senos están compuestos de glándulas lácteas (también conocidas como "glándulas mamarias") recubiertas por tejido graso. Cada seno tiene una región grande de piel oscura llamada la "areola", que es sensible al tacto y la temperatura. En el centro de la areola hay un pezón redondo, que también es sensible al tacto y la temperatura.

El propósito principal de los senos femeninos es alimentar al bebé luego de su nacimiento. Sin embargo, en los Estados Unidos los senos se han vuelto una obsesión. Los hemos glorificado y transformado en objetos sexuales para que la gente los mire, admire, desee y utilice como parámetro para medir la belleza femenina. Para ser justos con los hombres, cabe mencionar que no todos en Estados Unidos piensan así ni tampoco lo hace la mayoría de quienes viven en otros países. Pero cuando miramos televisión, leemos revistas o recorremos los pasillos de la escuela, da la impresión de que las muchachas con senos más grandes acaparan toda la atención. Si bien no siempre es así, desgraciadamente a menudo lo es.

Tanto los hombres como las mujeres se sienten atraídos hacia ciertas partes del cuerpo que, por nombrar sólo algunas, pueden ser las piernas, las nalgas, una espalda ancha, los músculos, los abdominales bien marcados, las caderas, las manos, los ojos, el cabello o la cara. Pero todo indica que en los Estados Unidos los senos femeninos ostentan un valor especial.

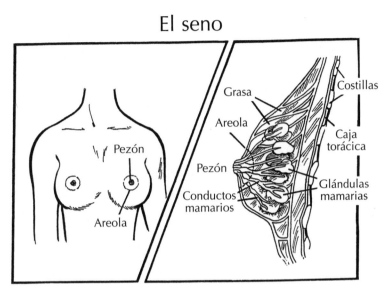

El seno

En la mayoría de los demás países, en cambio, no es tan así. Por ejemplo, en algunas regiones europeas, las mujeres a menudo van a la playa en top-less, lo que permite a todo el mundo verles los senos. Allí, que una mujer tenga el torso desnudo es tan escandaloso como que en los Estados Unidos un hombre tenga el pecho descubierto, es decir, a nadie le llama la atención. Cuando alguna mujer europea va de vacaciones a los Estados Unidos y se saca la parte de arriba del traje de baño, rápidamente se da cuenta de que su popularidad alcanza el nivel de estrella de cine. Los hombres la miran, se la señalan a sus amigos y hacen todo tipo de comentarios infantiles. Llegado este punto, es común que la mujer se vuelva a cubrir los senos, ya que no está acostumbrada a este tipo de situaciones.

Incluso muchos de los más populares artistas de la música, el cine y la televisión han alcanzado la fama y la fortuna no precisamente por sus talentos artísticos, sino por mostrar sus senos y sus cuerpos desnudos para atraer la atención del público estadounidense. ¿Recuerdas a alguien que lo haya hecho?

Esto, sin embargo, puede traer aparejado algunos problemas. Si vives en los Estados Unidos y percibes que la gente da tanta importancia a la teoría "mientras más grandes sean los senos, mejor", ¿cómo crees que se sentirán las mujeres que tienen senos más pequeños? En muchas ocasiones, mis alumnas me dicen que se sienten frustradas y avergonzadas porque no se están desarrollando tan rápidamente como querrían.

Hay senos de todas formas y tamaños. Como cualquier otra parte del cuerpo, los senos pueden ser pequeños, medianos, grandes, chatos, redondos, puntiagudos, parados, caídos, con areolas grandes, con areolas pequeñas, etc. Independientemente de estas diferencias, todos funcionan de la misma manera. En cuanto a su sensibilidad, no importa si son grandes o pequeños: todos son igualmente sensibles al tacto y la estimulación.

El tamaño y la forma de los senos cambian constantemente. Pronto lo notarás por ti misma, pero debido a que eres adolescente, tal vez pienses que los senos que ves en el espejo serán así para toda la vida. Esto, sin embargo, no es así. El tamaño y la forma de los senos cambia todo el tiempo y en distintas etapas de la vida. Como todos los adolescentes, pegarás estirones de crecimiento cada cierta cantidad de años. Muchas de mis alumnas de entre 14 y 17 años de edad están preocupadas porque piensan que han llegado al fin de su desarrollo. Pero la verdad es que nunca dejas de cambiar. Prueba de ello son estos ejemplos:

CAMBIOS MENSUALES: Según el ciclo menstrual de la mujer, habrá pequeños cambios en la forma y sensibilidad de los senos. Los edemas (hinchazón y retención de líquido) también pueden provocar cambios en el tamaño y la forma de los senos.

CAMBIOS EN LA ADOLESCENCIA: Durante la adolescencia, los senos son a menudo firmes y más pequeños de lo que serán durante la adultez.

CAMBIOS EN LA ADULTEZ (DESDE LOS 20 AÑOS A LOS 50): Durante la adultez, los senos pueden cambiar de forma y tamaño según la persona engorde o adelgace. Debido a que la mayor parte de los senos está compuesta de grasa, cuando la mujer engorda, parte del excedente graso queda acumulado en los senos, lo cual afecta también su forma. Cuando pierde peso, pasa exactamente lo contrario.

CAMBIOS DURANTE EL EMBARAZO: Los senos de la mujer por lo general aumentan mucho de tamaño durante el embarazo. Por un lado, las glándulas mamarias comienzan a llenarse de líquido para la lactancia y, por el otro, se produce una mayor acumulación de grasa. Estos dos factores dan a los senos un aspecto casi de hinchados. Luego del embarazo y la lactancia, los senos vuelven casi por completo al tamaño y forma que tenían antes, aunque a veces sufren leves cambios en su aspecto.

CAMBIOS DESPUÉS DE LOS 50 AÑOS: A esta altura de la vida, los senos en particular, y la piel en general, comienzan a perder elasticidad. Cuando uno observa un par de calcetines cuya banda elástica ya esta gastada, se da cuenta de que permanecen estirados y tienen un aspecto distinto del que tenían cuando estaban nuevos. La piel y los senos tienden a comportarse de la misma manera. A veces los senos incluso se caen o cuelgan.

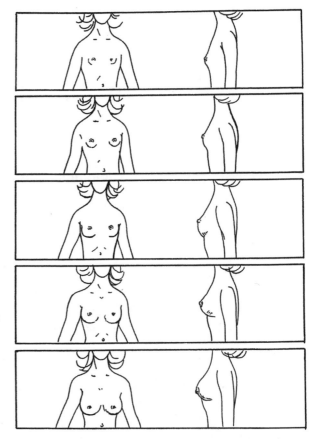

El tamaño y la forma de los senos pueden cambiar a medida que la mujer crece.

Los ejercicios, cremas y píldoras para reafirmar los senos no funcionan, si bien muchos de estos productos han estado a la venta durante años. Recuerda que los vendedores dicen o hacen casi cualquier cosa con tal de que les compren sus productos. Los aparatos, cremas, vitaminas, minerales, masajeadores y píldoras no dan resultado. Si lo hicieran, todas las mujeres los usarían para lograr los senos que desean tener. No importa si se trata de una mezcla especial de hierbas, vitaminas y minerales, aminoácidos, líquidos de las entrañas de la Tierra o estimulantes del crecimiento publicitados por estrellas de cine con senos talla 44-D. La verdad es que todo eso es una estrategia de venta. Los vendedores son a menudo capaces de decir cualquier cosa para que el dinero de tu bolsillo vaya a parar a sus cuentas bancarias. Hazte un favor: no gastes tiempo ni dinero en comprar estos productos, independientemente de cómo los disfracen.

El tamaño de tus senos ya ha sido determinado por los genes de tus padres. Si bien esto no siempre se aplica, lo común es que sean más o menos del mismo tamaño que los de tu madre o tu abuela. Por supuesto, esto también varía mucho según la cantidad de grasa corporal que tenga tu cuerpo y el de tu mamá o abuela, así como las distintas etapas de la vida en las que se encuentren las tres. Pero recuerda que tu cuerpo y tus senos seguirán creciendo y desarrollándose más o menos hasta los 21 años.

¿Qué son las estrías y cómo puedo deshacerme de ellas?

Las estrías son pequeñas líneas que a veces aparecen en distintas partes del cuerpo, especialmente en los senos. Son inofensivas y por lo general desaparecen solas.

Se presentan cuando una parte específica del cuerpo, como pueden ser los senos, aumenta de tamaño y estira la piel circundante.

Algunas mujeres creen que si se ponen cremas, ungüentos o aceites especiales en las estrías van a desaparecer más rápido, pero no existe evidencia alguna de que así sea.

¿Es anormal tener los senos de distinto tamaño?

Muchas veces el seno izquierdo es un poco más grande que el derecho. Si uno de tus senos es más grande que el otro, no te preocupes. Incluso, a veces una pierna es más larga que la otra, un pie más grande que el otro, y lo mismo pasa con los brazos y manos. Nadie se va a dar cuenta, excepto tú, así que no te hagas ningún problema.

¿Qué es una autoexploración mamaria?

Una autoexploración mamaria sirve para ver si hay algún bulto en los senos que pudiera ser un signo temprano de cáncer de mama. Este tipo de cáncer no provoca ningún dolor. Muchos miles de mujeres mueren todos los años a causa del cáncer de mama.

Si todas las mujeres se hicieran una autoexploración mamaria todos los meses, se podrían evitar muchas de estas muertes. La buena noticia es que cada día son más las mujeres que se lo realizan y, en consecuencia, son menos las que mueren por esta enfermedad.

¿A qué edad debo comenzar a hacerme autoexploraciones mamarias?

La mayoría de los médicos recomiendan a las mujeres comenzar cuando tienen la primera menstruación. Si bien el cáncer de mama es extremadamente poco frecuente antes de los treinta años, es aconsejable que comiences ahora para irte acostumbrando a lo que será un hábito de toda la vida. Es también muy importante que te familiarices lo más posible con tus senos. De esta manera, podrás detectar más fácilmente si hay alguna anormalidad.

¿Con qué frecuencia debo realizar las autoexploraciones mamarias?

La autoexploración mamaria mensual

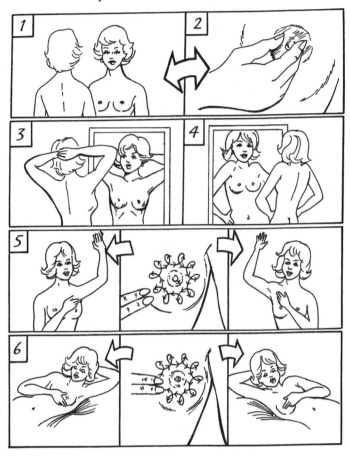

Todos los meses, inmediatamente después de finalizado tu periodo menstrual. Si lo haces antes o durante tu periodo, tal vez notes bultos o zonas duras propias del ciclo menstrual y pienses que puedan ser signos de cáncer.

El mejor momento es uno o dos días después de finalizado tu periodo, momento en que es más posible que los senos hayan vuelto a la normalidad.

¿Cómo se hacen las autoexploraciones mamarias?

¡Es muy fácil! Básicamente, lo que debes hacer es buscar cualquier cambio extraño en la forma de los senos y tocarlos para ver si detectas bultos o cambios.

Es conveniente que te relajes antes de comenzar. Ésta es tu gran oportunidad de ser tu propio médico. Tómate tu tiempo durante todo el proceso. Hazlo en una habitación con un espejo y lleva contigo una almohada o toalla.

PASO 1: Párate frente al espejo con los brazos junto al cuerpo. Mira cada uno de los senos y fíjate si ves hoyuelos (como los que se forman en la mejilla al reírse), bultos, piel áspera o llagas.

PASO 2: Pellizca suavemente cada pezón y fíjate si sale algún líquido.

PASO 3: Sigue parada frente al espejo y pon los brazos detrás de la cabeza. Realiza el mismo procedimiento del paso 1 y fíjate si ves algún hoyuelo, bulto, hinchazón o cualquier otro cambio en la forma de tus senos con respecto al mes anterior.

PASO 4: Siguiendo de pie frente al espejo, ahora pon las manos en la cadera. Lleva los hombros y codos hacia delante y, al mismo tiempo, presiona la cadera con las manos. Mientras lo haces, fíjate nuevamente si ves algún hoyuelo, bulto, hinchazón o cualquier otro cambio en la forma de tus senos con respecto al mes anterior.

PASO 5: Levanta el brazo izquierdo por encima de la cabeza. Con la mano derecha, comienza a tocarte el seno izquierdo para ver si encuentras bultos debajo de la piel o dentro del tejido mamario. Estos bultos probablemente sean pequeños, duros o macizo. Para que te des una idea, es como tocar un caramelo de goma (jellybean) dentro de una bolsa plástica llena de gelatina. Con la parte suave y esponjosa de las yemas de los dedos, presiona suavemente los senos. Hazlo en forma circular alrededor de todo el seno. Comienza en la parte de arriba y sigue por los costados del seno hasta llegar lentamente hasta la areola y el pezón. Asegúrate de explorar todo el seno, incluso la región que está entre el seno y la axila, debajo de los senos (si los tuyos son muy grandes), la areola y el pezón. Una vez que hayas explorado el seno izquierdo por completo, levanta el brazo derecho por encima de la cabeza y, con la mano izquierda, haz lo mismo que hiciste con el seno derecho.

PASO 6: Recuéstate de espalda y coloca una almohada o una toalla doblada debajo del hombro izquierdo. Levanta una vez más el brazo izquierdo por encima de tu cabeza. Tal como lo hiciste en el paso anterior, suavemente presiona el seno izquierdo con la yema de los dedos haciendo círculos alrededor de todo el seno, desde afuera hacia la areola y el pezón.

Una vez que hayas explorado por completo el seno izquierdo en busca de bultos, pon la almohada o toalla debajo del hombro derecho, levanta el brazo derecho por encima de la cabeza y examina el seno derecho.

La razón por la cual debes cambiar de posición para explorar los senos es que al hacerlo se exponen distintas áreas del tejido mamario, lo cual puede revelar algún bulto.

¡Eso es todo! Así concluye una autoexploración mamaria. Si bien hay pequeñas diferencias entre los distintos métodos de autoexploración, todos son muy similares.

¿Qué debo hacer si detecto un bulto?

Primero que nada, no te asustes. Cabe reiterar en este punto que es muy raro que una mujer menor de 30 años tenga cáncer de mama.

Cada seno tiene su propia textura, que puede ser más dura o grumosa en ciertas regiones. A menudo tocarás ligamentos (bandas de tejido fibroso), tejidos hinchados dentro de los senos, costillas o el músculo que está debajo del seno. No te desesperes cada vez que sientas algo al explorar los senos. Sólo debes preocuparte cuando toques algo que no estaba el mes pasado en ese seno. Ante la menor duda, consulta a tu médico y dile que te examine para estar segura.

Lo más difícil de la autoexploración mamaria es pensar que puedes tener cáncer cada vez que tocas algo, pero esto es normal. Sólo debes preocuparte si tocas algún bulto o protuberancia. Por eso es buena idea que empieces a hacerte autoexploraciones mamarias todos los meses. De esta manera, estarás familiarizada con la textura que deben tener tus senos. Luego de muchos meses de práctica, notarás la diferencia entre protuberancias o bultos "normales" y "extraños".

Incluso si encontraras un bulto en uno de los senos, no necesariamente significa que tienes cáncer. De hecho, la mayoría de ellos no lo son. Pero si llegaras a sentir un bulto en los senos, la areola o los pezones o notaras piel con hoyuelos, protuberancias, inflamaciones, asperezas o llagas, o si te saliera algún líquido de los pezones sin estar embarazada ni amamantando, consulta a tu médico. Él despejará todas las dudas e inquietudes que pudieras tener al respecto.

¿Qué debo hacer si noto que sale líquido de los pezones?

En principio, no debería salir ningún líquido de los pezones. Si una mujer es estimulada, podría salir un líquido blancuzco. Pero, de otro modo, la única vez que un líquido sale de los pezones es en los últimos meses de embarazo, o cuando la mujer está amamantando.

Como siempre, si estás preocupada, debes consultar a tu médico.

La vagina (Manual de la propietaria)

La vagina es el conducto que parte desde el útero hacia el exterior del cuerpo. Permite que el flujo menstrual salga del organismo, es el lugar donde se introduce el pene durante el coito y se la conoce también como "canal del parto", ya que el bebé lo atraviesa al nacer.

Para que tengas una idea gráfica de la vagina, imagínate un globo. Si piensas en un globo desinflado, verás que tiene un agujero en uno de sus extremos por donde entra y sale el aire. Cuando está desinflado, las paredes internas del globo se tocan entre sí. Cuando lo inflas, se estira y expande para albergar el aire. Cuando lo desinflas, el globo vuelve a su tamaño normal.

La vagina es muy similar a un globo. En uno de sus extremos tiene una abertura (el orificio vaginal) de entrada y salida. En su estado normal es chata como un globo desinflado, y sus paredes están en contacto. Al igual que un globo, la vagina también se estira y expande para adaptarse a lo que haya entrado o tenga que salir. La vagina se puede expandir y estirar para albergar un tampón, un pene erecto durante el coito e incluso la cabeza de un bebé durante el parto. Y al igual que un globo, vuelve a su tamaño normal cuando su interior está vacío. Es decir, no permanece estirada.

Pese a las similitudes, existe una gran diferencia entre un globo y la vagina. Al igual que un túnel, la vagina tiene otro pequeño orificio en el otro extremo, que es mucho más pequeño que el orificio vaginal; casi como el grosor de un lápiz. Este orificio se llama "cuello uterino" y es la puerta de acceso al útero. El cuello uterino permite la salida del flujo menstrual hacia fuera del útero y también la entrada en él del esperma masculino luego de la eyaculación.

Otros aspectos interesantes de la vagina son que mide aproximadamente 5.5 pulgadas (unos 14 cm) y su textura es similar al interior de la boca. Las paredes internas de la vagina y la boca están recubiertas por una piel suave denominada "membrana mucosa". Durante el coito, la mucosa vaginal, al igual que las glándulas de Bartolino, produce un líquido que sirve de lubricante y que facilita la introducción del pene. Todo esto la vagina lo hace de manera autónoma. Las mujeres notan esta lubricación cuando están excitadas o estimuladas. Es una sensación como de "estar mojada".

Las funciones de la vagina

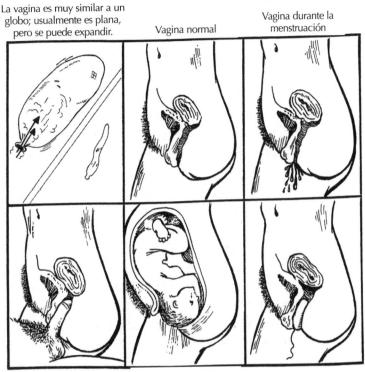

La vagina es muy similar a un globo; usualmente es plana, pero se puede expandir.

Vagina normal

Vagina durante la menstruación

La vagina con el pene erecto introducido durante el coito

El bebé sale por la vagina durante el parto

Tampón colocado en la vagina

La lubricación vaginal no sale de la vagina ni la mujer la "eyacula". Son sólo gotas de líquido resbaladizo en la vagina.

¿Puede el pene del varón pasar por el cuello uterino durante el coito?

No, el cuello uterino es muy pequeño y no se estira como la vagina, salvo cuando nace el bebé, momento en que se estira para permitir su paso hacia la vagina.

¿Es la vagina el lugar por donde la mujer orina?

No, aunque la mayoría de los muchachos (y muchas muchachas) piensan que sí. La orina (pis) sale de muy cerca, pero no desde la vagina. En el diagrama de la página 15 se puede observar una pequeña hendidura arriba del orificio vaginal. Éste es el orificio urinario y es allí por donde la mujer orina. Recuerda, la mujer orina por el orificio urinario y menstrúa (tiene el periodo) por el orificio vaginal. Ambos están en distintos lugares.

Quienes tengan alguna preocupación al respecto, quédense tranquilos: el varón no puede equivocarse durante el coito e introducir el pene por el orificio urinario en lugar de hacerlo por el vaginal, ya que el primero es muy pequeño y no lo permite. Es más, por más que trates, es muy difícil ver el orificio urinario.

¿Es común que la vulva huela mal?

En ocasiones la vulva tiene cierto olor que es normal y natural, incluso muchas veces sólo la mujer lo detecta.

Si el fluido que sale de la vagina tiene un olor muy fuerte, tal vez se deba a que la mujer tiene hongos. Los hongos son muy comunes y fáciles de tratar en términos generales. Para obtener más información al respecto, puedes leer el capítulo de enfermedades de transmisión sexual (ETS) o hablar con tus padres, un adulto de confianza, un farmacéutico o tu médico.

¿Es necesario algún cuidado en especial para la vagina?

En general, no hacen falta muchos cuidados. Con sólo hacer un par de cosas sencillas, no debería haber motivos para problemas.

LAVADO: Esto parece obvio para la mayoría de nosotros pero aunque no lo creas, hay personas a quienes no les gusta lavarse. En realidad, no hay ninguna instrucción especial en cuanto al lavado. La vulva, como cualquier otra parte del cuerpo, transpira durante el día. El problema es que hay bacterias nocivas que estarían felices de multiplicarse allí e incluso entrar en la vagina si se lo permitimos. Por tal razón, debes bañarte o ducharte por lo menos una vez al día. También puedes lavarte toda la región de la vulva con agua tibia y jabón. No hace falta lavar el interior de la vagina, ya que tiene su propio sistema de limpieza que se encarga de expulsar todos los líquidos y bacterias. Por último, trata de que el jabón sea lo más neutro posible, ya que si tienen perfume, pueden irritar la vulva. Luego de lavarte la vulva, debes secarla por completo. En caso de que estés pensando si te puedes bañar cuando tienes el periodo, la respuesta es "sí".

DE ADELANTE HACIA ATRÁS: Esto significa que cada vez que vayas al baño (a hacer pis o caca), debes limpiarte con papel higiénico desde adelante hacia atrás. La razón es muy sencilla: mantener el orificio vaginal lo más limpio posible. De lo contrario, se puede producir una infección.

SECO, SECO Y MÁS SECO: A veces, muy a tu pesar, la vulva produce olores no muy agradables y las culpables son las bacterias. Cuando estos organismos crecen en áreas húmedas y reaccionan con el aire, producen mal olor, al igual que lo hacen en cualquier otra parte del cuerpo. Así que, no te preocupes. Nadie puede olerlo excepto tú cuando te desvistes o alguien que por alguna extraña razón pusiera la nariz allí justo en ese momento. Por lo tanto, antes de que salgas corriendo a la farmacia, debes saber que no hace falta comprar ningún perfume ni desodorante para la vulva, por más que muchas empresas y vendedores traten de hacer dinero intentando vendértelos. Lo mejor que puedes hacer es mantener la vulva lo más seca posible durante todo el día. Luego de la clase de gimnasia, aunque no haya duchas en la escuela, trata de lavarte la vulva con agua y secarla bien sequita. Si por algún motivo no pudieras hacerlo, ponte ropa interior limpia. Cada vez que la ropa interior este transpirada o húmeda, como suele estarlo después de la clase de gimnasia, las prácticas deportivas o un día escolar, debes cambiártela por ropa limpia. La ropa interior es muy práctica en este sentido, ya que puedes ponerla en un bolso, mochila o cartera y casi no ocupa lugar. (¡Para evitar papelones, ponla en algún lugar donde no se vea fácilmente!)

NO HACE FALTA HACERTE DUCHAS VAGINALES. Para aquellos varones que estén leyendo esto, y para las señoritas que hayan oído acerca de las duchas vaginales pero no sepan qué son ni para qué sirven (aparte de para que las mujeres atraviesen verdes praderas en los anuncios comerciales), he aquí una explicación.

Cuando la mujer se hace una ducha vaginal, utiliza un líquido para "limpiar" o "enjuagar" la vagina. Para que tengas una idea de cómo funciona, imagínate lo que sucedería si dieras vuelta una cubeta y trataras de lavar su interior con una manguera. En el caso real, la mujer utiliza una botella especial que expulsa líquido adentro de la vagina. En el pasado, las mujeres utilizaban agua y a veces la mezclaban con vinagre u otras cosas "especiales". Hoy, compran en la farmacia botellas especiales que ya vienen llenas de agua perfumada y otros productos químicos. Sin embargo, esta antigua práctica trae sus problemas. Aunque algunas bacterias provocan infecciones, otras son buenas para el organismo. Tan es así que las mujeres tienen cierta cantidad de bacterias normales y saludables en la vagina que ayudan a destruir otros gérmenes responsables de causar infecciones. Cuando una mujer se hace duchas vaginales con demasiada frecuencia (más de dos veces por mes), corre el riesgo de purgar y destruir estas bacterias benévolas. Cuando esto sucede, otros gérmenes crecen, se multiplican y provocan infecciones. Conclusión: si bien las duchas vaginales se hacen desde hace tiempo, no sólo no es necesario hacérselas, sino que puede incluso ser perjudicial, a menos que las recete el médico.

¿Qué es un examen pélvico?

Un examen pélvico es un chequeo de los órganos reproductores femeninos mediante el cual se pueden detectar diversos problemas, desde infecciones menores hasta cáncer cervical.

Tu médico habitual o ginecólogo puede hacerte un examen de este tipo. (Un ginecólogo es un médico especialista en la salud de los órganos reproductores femeninos.) Independientemente de qué tipo de médico elijas, debe ser una persona con quien estés cómoda, debe poder explicarte todo lo que sucederá durante el examen y responder a todas las preguntas que pudieras tener al respecto.

¿En qué momento debe la mujer comenzar a hacerse exámenes pélvicos?

La mayoría de los médicos los recetan a mujeres que sienten dolores en la región pélvica; que puedan tener problemas menstruales, picazón o flujo vaginal maloliente; o bien a mujeres sexualmente activas o mayores de 18 años.

Si tú no estás en ninguno de estos grupos, lo más probable es que no necesites hacerte exámenes pélvicos. Pero si estás en alguno de ellos, deberías hacértelos.

¿Qué sucede durante un examen pélvico?

Lo primero que hace el médico es hablar contigo para conocerte mejor. Para facilitar las cosas, vamos a suponer que tu médico es una ginecóloga. Lo primero que hará es preguntarte acerca de tu estado de salud y luego te explicará todo lo que hará durante el examen.

Te pedirá que vayas al baño a orinar (hacer pis) para que vacíes la vejiga urinaria. Después, deberás cambiarte la ropa que tienes puesta por una bata de tela o papel, no muy a la moda cabe aclarar. La mayoría de los médicos hacen primero un examen de mamas para detectar cualquier bulto o protuberancia que pudiera haber. Si no estás segura de lo que debes buscar cuando te haces una autoexploración mamaria o has sentido algo extraño al hacértela, éste es el mejor momento para pedirle a la doctora su opinión.

Una vez terminado el examen mamario, la doctora te pedirá que te acuestes en la camilla y subas las piernas. Tal vez debas poner los pies en unos estribos a fin de mantener las piernas separadas.

A partir de este momento, tal vez comiences a sentir un poco de vergüenza. Esto es normal y comprensible; después de todo no es algo que las mujeres se hagan todos los días. Debes recordar que para la doctora esto es tan normal como pedirle a un paciente que abra la boca y diga "aaaaa", ya que seguramente haya hecho cientos de exámenes pélvicos en su carrera. Lo único que ella quiere es asegurarse de que tú estés sana.

La doctora se pondrá guantes de látex y te examinará la vulva para ver si hay alguna irritación u otro problema. Cada tanto te irá contando lo que ve, pero si no lo hiciera no tienes más que preguntarle. Es más, el sólo hecho de hacerle preguntas y conversar con ella te ayudará a relajarte.

La doctora luego pondrá lubricante en el guante y te introducirá uno o dos dedos en la vagina, al tiempo que te presionará suavemente el abdomen y la región pélvica con la otra mano. Durante este procedimiento, la doctora toca el contorno del útero, los ovarios y la vagina. Si bien no debería dolerte, tal vez te moleste o incomode un poco. Si por alguna razón te doliera o quisieras descansar un rato, dile que se detenga. Ella comprenderá perfectamente, ya que también debe pasar por lo mismo todos los años.

La doctora tal vez desee explorar los órganos desde otro ángulo y, para hacerlo, te introducirá un dedo en el recto (el trasero). Puede que sientas ganas de ir al baño, pero se te pasará tan pronto como lo saque. Éste es un buen momento para que te recuerdes que los exámenes pélvicos son necesarios y que la doctora sólo quiere ayudarte. Un poco de humor en estos casos nunca viene mal.

La doctora luego sacará los dedos de la vagina y te dirá que va a introducirte un espéculo. Antes de que comience el examen, tal vez te muestre uno y te diga cómo funciona. Un espéculo es un instrumento de plástico que sirve para abrir las paredes de la vagina de manera que la doctora pueda ver si hay infecciones y realizar una prueba de "Papanicolaou", también conocida como Pap.

Durante una prueba de Pap, la doctora extrae células del cuello uterino. A tal fin, la doctora abre la vagina con el espéculo e introduce un bastoncito de algodón o espátula para pasarlo por el cuello uterino. Una vez hecho esto, deposita las células en un portaobjetos de microscopio y las envía al laboratorio para que las analicen y determinen si son cancerosas o no. Al finalizar, la doctora retira el espéculo. Este examen no debería dolerte, pero si te sintieras incómoda o algo te molestara, dícelo a la doctora.

¿Cuánto cuesta un examen pélvico?

El costo de este examen varía. Tal vez encuentres una clínica que cobre poco, pero lo más importante en este caso es encontrar un médico con quien te sientas cómoda. Los precios van desde unos pocos dólares a más de 100.

¿Hace falta la autorización de los padres para hacerse un examen pélvico?

Esto varía según el estado en el que vivas. Cuando hayas encontrado un médico con quien te sientas cómoda, pregúntale cuál es su política al respecto. Los exámenes pélvicos no son nada del otro mundo, pero si por algún motivo no quieres que tus padres se enteren, estás en todo tu derecho de no contarles. No obstante, tal vez tu madre pueda sugerirte algún buen doctor que ella conozca.

¿Es anormal orinar con demasiada frecuencia o sentir dolor al hacerlo?

Si orinas con mucha frecuencia o con dolor, puede deberse a más de una causa. Si has tenido relaciones sexuales, por ejemplo, puede ser un síntoma de haber contraído una infección provocada por algún germen de transmisión sexual o de tener una infección en el tracto urinario. Para recibir el diagnóstico preciso, debes consultar al médico.

¿Qué es una infección del tracto urinario?

Este tipo de infección, conocida también como "cistitis", es una inflamación (hinchazón) de la uretra y la vejiga urinaria, provocada por bacterias que ingresan por la uretra, se reproducen e invaden la vejiga, situación que provoca molestias y dolores. Lamentablemente, las infecciones del tracto urinario son muy comunes en las mujeres.

¿Cómo puedo evitar contraer estas infecciones?

Infecciones del tracto urinario

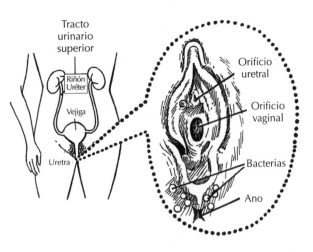

Una infección del tracto urinario puede causar dolor al orinar. Las bacterias del ano pueden llegar al orificio uretral y provocar una infección urinaria

La mejor manera es evitar todas las actividades que expongan el orificio urinario al contacto con bacterias. Una causa común de estas infecciones es lavarse incorrectamente. Si luego de defecar (hacer caca) te limpias de atrás hacia delante, en vez de hacerlo de adelante hacia atrás, llevas las bacterias que están en el ano a zonas cercanas al orificio urinario, desde donde pueden ingresar a la uretra.

El coito no necesariamente acerca las bacterias al orificio urinario, pero si ya estaban allí, contribuye a "empujarlas" hacia la vejiga urinaria. Es por ello que las relaciones sexuales aumentan el riesgo para las mujeres de contraer infecciones del tracto urinario.

Recuerda que para evitarlas debes limpiarte de adelante hacia atrás, orinar antes y después de tener relaciones sexuales (si eres sexualmente activa) y beber abundante agua.

¿Se pueden curar las infecciones del tracto urinario?

Sí. Puedes curarte tú misma tomando agua o jugo de arándano, pero si la situación no mejora o empeora, debes ir al médico; si te pasa a menudo, puedes llamarlo por teléfono. Una vez que el doctor haya determinado que tienes una infección del tracto urinario, te recetará un tratamiento con antibióticos que deberás seguir durante algunos días.

¿Quién manda cuando voy al médico: él o yo?

¡SIN DUDA MANDAS TÚ! Tú o tu seguro médico le paga al doctor para que te brinde tratamientos y asesoramiento profesional, lo cual significa que el médico trabaja para ti. Hazle todas las preguntas que desees y asegúrate de que te trate cordialmente y con comprensión. De lo contrario, puedes presentar una queja ante su jefe, la compañía de seguro o la junta médica del estado. En Internet hay un sinnúmero de motores de búsqueda que te pueden servir para encontrar organismos donde presentar el reclamo. Lo más importante es que si consideras que algún médico, miembro del personal de enfermería o empleado del centro de salud está haciendo algo inapropiado, le digas que se detenga y, de ser necesario, te vayas del lugar.

Menstruación: ¡El momento ha llegado!

Así es, ha llegado el momento. Primero son los senos que empiezan a desarrollarse. Después comienzan a salir vellos en la vulva y la región púbica. Las caderas se ensanchan y adoptan una forma más redondeada, y luego, en el momento menos pensado, tienes la primera menstruación. Este primer periodo se llama "menarquia" y dura sólo un día. ¡Bienvenidas al club de las señoritas! Sí aún no te inscribiste, no te preocupes: no hay ningún apuro. No faltará mucho hasta que tengas tu primera menstruación. En términos generales, entre los 9 y los 16 años, todas las mujeres experimentarán por primera vez lo que sus madres, abuelas y bisabuelas experimentaron en su momento.

Por suerte, sin embargo, tú no estarás tan atemorizada con lo que le esté pasando a tu cuerpo como pudieron haberlo estado tu madre u otras mujeres mayores. En este libro, te contaré todas las verdades y mitos al respecto, y trataré de hacerlo de la manera más simple posible.

La menstruación se conoce con muchos nombres. Cuando una mujer dice "Estoy con el periodo", significa que está expulsando una pequeña cantidad de sangre de la vagina. Pero no hay razón por qué preocuparse, ya que esto es normal. Tan normal es que sucede con una frecuencia casi mensual.

El endometrio comienza a salir por la vagina.

El endometrio comienza a regenerarse, mientras que el óvulo comienza a madurar en el ovario.

El óvulo sale del ovario y empieza a desplazarse por la trompa de Falopio. El endometrio recupera su grosor.

El óvulo se dirige al útero. El endometrio se ha engrosado en caso de que el óvulo sea fertilizado por un espermatozoide masculino. En caso contrario, el endometrio comienza a desprenderse y el ciclo menstrual empieza otra vez.

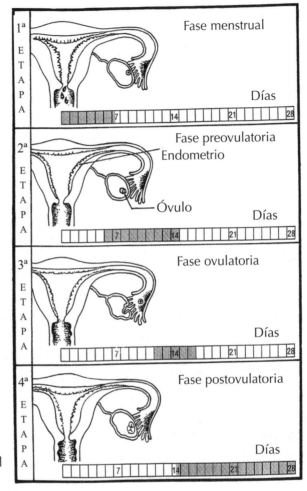

La menstruación es un signo de que la mujer es físicamente capaz de quedar embarazada y tener hijos. Cuando comienza a menstruar, su sistema reproductivo atraviesa diversos cambios. Cuando la mujer tiene su periodo (el goteo de sangre proveniente de la vagina), el sangrado es sólo una de las muchas cosas que pasan durante la menstruación o ciclo menstrual. Salvo por el periodo en sí, la mujer ni siquiera se entera de todo lo que sucede durante su ciclo menstrual. El periodo es tan sólo uno de los tantos procesos que tienen lugar durante el ciclo menstrual.

El ciclo menstrual no es un solo acontecimiento, sino una serie de procesos. Así como 1, 2, 3, 4 es una serie de números, el ciclo menstrual consta de una serie de cambios en el cuerpo femenino. El periodo, los días en que la mujer experimenta un sangrado vaginal, es uno de ellos. Pero el ciclo menstrual es mucho más que eso. He aquí la serie de cambios que experimentan las mujeres.

PRIMERA ETAPA: Comienza el goteo de sangre de la vagina. Lo que en realidad sucede es el desprendimiento del revestimiento uterino (la piel interior del útero) y su expulsión en forma de sangre. Así es, esa sangre que ves es en realidad piel del útero que se ha caído y ha comenzado a salir de la vagina. Pero no te preocupes. Esa piel, cuyo nombre técnico es "endometrio", vuelve a crecer como parte normal del ciclo menstrual. Esta etapa se conoce como "fase menstrual".

SEGUNDA ETAPA: El revestimiento uterino comienza a regenerarse. En esta etapa, conocida como "fase preovulatoria", los ovarios de la mujer comienzan a liberar un óvulo (es decir, la célula germinal femenina).

TERCERA ETAPA: El óvulo sale del ovario y emprende su viaje por la trompa de Falopio con destino final en el útero. En esta etapa, conocida como "fase ovulatoria", el endometrio (revestimiento uterino) ya se ha regenerado y comienza a engrosarse.

CUARTA ETAPA: El óvulo se dirige al útero. El endometrio se ha engrosado para prepararse en caso de que un óvulo sea fertilizado por un espermatozoide, la célula germinal masculina. Esta etapa se conoce como "fase postovulatoria".

Si durante el coito (la relación sexual) entre un hombre y una mujer, el varón eyacula su semen dentro de la vagina de la mujer, se puede producir la fecundación del óvulo, en cuyo caso la mujer queda embarazada y el óvulo fertilizado se adhiere al endometrio para posteriormente desarrollarse.

Si el óvulo no se fertiliza, es decir si no se une a un espermatozoide, el endometrio (revestimiento uterino) no tiene razón de seguir existiendo, razón por la cual comienza a desprenderse y a salir en forma de menstruación. Así se cierra este ciclo menstrual y comienza uno nuevo en su 1ª etapa. Dicho sea de paso, el óvulo simplemente se desintegra y sale de la vagina con el revestimiento uterino.

Así es el ciclo menstrual a grandes rasgos. Todos los meses, dentro del cuerpo femenino se suceden las distintas etapas descritas. Si bien el ciclo completo puede llevar entre 20 y 35 días, en promedio dura aproximadamente 28 días. Esto significa que cada 28 días la mujer tiene su periodo. Recuerda, no obstante, que la duración de cada ciclo varía según la persona y que es normal que dure entre 20 y 35 días.

Si has comprendido las nociones básicas de lo que sucede durante el ciclo menstrual, vayan para ti mis felicitaciones: ahora sabes más que la mayoría de la gente. He aquí algunas verdades y mitos sobre la menstruación que son aún más fáciles de entender.

Realidad y ficción acerca de la menstruación

Desde los albores de la humanidad existe una gran confusión en torno a la menstruación que se ha transmitido de generación en generación. Desgraciadamente, estos datos falsos también generan confusión y temores.

A continuación figuran algunas preguntas que surgen con frecuencia acerca de la menstruación.

¿Qué sucede todos los meses cuando una muchacha tiene su periodo, es decir, cuando menstrúa?

El revestimiento del útero se desprende y sale en forma de sangre.

Todos los meses, este revestimiento se prepara para recibir un óvulo fertilizado y ayudarlo a desarrollarse hasta formar un bebé. Si no se produce el embarazo, el endometrio deja de ser necesario y se desprende del útero para luego salir por la vagina. Este proceso se denomina "menstruación".

¿A qué edad es normal que una muchacha tenga su primera menstruación?

Es normal que comience a menstruar entre los 9 y los 16 años de edad, aunque la mayoría comienza a los 12 o 13 años. Si la muchacha cumple 16 años y aún no ha menstruado, debe consultar al médico.

¿Menstrúan también los varones?

No, sólo las mujeres lo hacen.

¿Qué es eso blancuzco que a veces aparece en mi ropa interior?

Es una secreción que en ocasiones sale de la vagina o el cuello uterino y que sirve para mantenerlas sanas. Secretar esta substancia es normal, así que no te preocupes si en ocasiones la encontraras en tu ropa interior. Tampoco debes preocuparte si no tienes esta secreción. Sólo debes hacerlo si la secreción te produce picazón y es abundante, amarillenta y maloliente. Estos síntomas pueden indicar que tienes hongos o, si has tenido relaciones sexuales sin protección, que has contraído un germen de transmisión sexual, es decir, una infección de transmisión sexual o "ITS". En este caso, debes consultar al médico.

¿Qué factor provoca los periodos irregulares?

La menstruación está provocada por hormonas. Cuando una mujer sufre demasiado estrés o altibajos emocionales, su cuerpo tiene un nivel demasiado bajo de grasa o se producen cambios en su estilo de vida, los desequilibrios hormonales resultantes pueden retrasar la menstruación por algunos días, semanas o incluso meses. Por lo general, a medida que la mujer crece, su ciclo menstrual se vuelve más regular. Si, a pesar de ser regular, en determinado mes no te viene el periodo, tu médico te puede ayudar a identificar la causa y, de paso, tranquilizarte un poco.

¿Existe alguna manera de regularizar la frecuencia de los periodos?

Sí. Tu médico puede recetarte píldoras anticonceptivas o parches, ya que uno de sus efectos secundarios es precisamente ese: regularizar los periodos y ciclos menstruales.

¿Cuál es la duración normal de un periodo?

La duración normal es de 2 a 7 días. Si dura más de 7 días, es necesario consultar al médico.

¿Qué cantidad de sangre es normal en una menstruación?

La cantidad normal de sangre durante todo el periodo es de 2 onzas (60 ml), es decir entre 4 y 5 cucharadas. Si les preguntas a otras mujeres cuánto sangran durante el periodo, sus respuestas te harán pensar que son litros y litros, pero esto no es cierto. Nadie ha muerto por menstruar demasiado. El cuerpo humano tiene aproximadamente 8 pintas (3.8 litros) de sangre, así que no debes preocuparte por cuánta sangre pierdas durante el periodo. Ahora bien, si la menstruación es muy abundante, debes asegurarte de comer alimentos con alto contenido de hierro o tomar suplementos que contengan este mineral a fin de prevenir la anemia.

¿Qué es el síndrome premestrual?

Este síndrome también se conoce en inglés bajo la sigla "PMS". Afecta a aproximadamente a un 20% a 40% de las mujeres que menstrúan, y se caracteriza por dolores en los senos, antojos por alimentos dulces o salados, dolores de cabeza, cansancio, depresión y retención de líquidos (hinchazón). La mujer puede sentir estos síntomas durante 7 a 10 días antes de tener su periodo. Quienes experimentan este síndrome son, por lo general, las mujeres de entre 25 y 45 años. Sus causas son desconocidas y, por ende, también lo son las formas de prevenirlo. Los tratamientos para aliviar los síntomas se describen en las siguientes páginas.

¿Por qué siento dolores antes o durante el periodo?

Los dolores menstruales son como cualquier otro dolor o calambre muscular. Cuando un músculo se contrae demasiado o por mucho tiempo, se tensa y provoca molestias o dolores. Los dolores menstruales están provocados por contracciones del útero que tienen por fin desprender el revestimiento uterino (endometrio). Finalmente, el útero se cansa y comienza a tensarse y acalambrarse, lo cual ocasiona molestias y dolores. Para aliviar un poco estos dolores, puedes tomar un analgésico con ibuprofeno, pero asegúrate antes de no tener reacciones adversas a este fármaco o a cualquier otro remedio que tomes. Otra forma de intentar calmar las molestias es participar en un programa regular de ejercitación física durante todo el mes. También puedes probar tomando baños calientes o usando almohadillas térmicas.

¿Por qué tienes calambres durante el periodo?

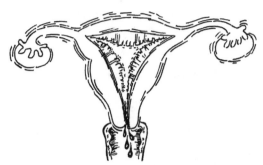

El útero se contrae como cualquier otro músculo y luego de un tiempo se cansa y comienza a acalambrarse.

¿Qué puedo hacer para aliviar los dolores de espalda que siento a veces antes de mi periodo?

Lo que generalmente da buenos resultados es el ibuprofeno y la ejercitación realizada con una frecuencia de 3 a 5 veces por semana durante todo el mes, no sólo durante tu periodo. Nuevamente, los baños calientes y las almohadillas térmicas pueden ser buenos calmantes.

¿Qué puedo hacer si siento sensibilidad o hinchazón en los senos?

Lo más importante en este caso es la dieta. Una alimentación con bajo contenido de sal y cafeína por lo general ayuda a minimizar la retención de líquido y la sensibilidad en los senos. Ten en cuenta que aun siguiendo una dieta con bajo contenido de sal, puedes seguir sintiendo hinchazón o sensibilidad en los senos.

¿Qué sucede si jamás menstrúo?

Algunas muchachas no menstrúan hasta los 16 años de edad. Si este es tu caso, tal vez tengas una afección denominada "amenorrea primaria". Para despejar dudas al respecto, consulta a tu médico. Él te pedirá que te realices algunas pruebas sencillas y te dirá qué hacer para solucionarlo.

¿Es normal sangrar por la vagina cuando no estoy con el periodo?

No, sólo es normal sangrar durante el periodo. Por lo tanto, y si bien no debería haber razones para preocuparse, si sangras en cualquier otro momento debes consultar al médico.

¿Es normal tener un fluido vaginal o periodo de color amarronado?

Sí. Si el flujo menstrual sale lentamente, la sangre cambiará de color rojizo a amarronado. Esto es normal.

¿A qué edad dejaré de menstruar?

La edad en que las mujeres dejan de menstruar varía tanto como la edad en la que comienzan a hacerlo. Algunas dejan de menstruar muy temprano, a los 35 años, pero la mayoría entra en la etapa conocida como "menopausia" entre los

45 y 50 años. La palabra "menopausia" se utiliza para describir el momento en que el periodo y ciclo menstrual de la mujer comienzan el proceso de desaparecer por completo. Es un proceso gradual que puede llevar varios meses. Lógicamente, cuando una mujer ya no tiene su ciclo menstrual, pierde la capacidad de quedar embarazada y tener hijos.

¿Qué es mejor para mí: las toallas femeninas o los tampones?

En los momentos previos a tener tu periodo, es aconsejable usar algún tipo de protección menstrual para no manchar la ropa interior. Por suerte, hay formas prácticas y efectivas de lograrlo.

TOALLAS FEMENINAS: Artículo delgado de alta absorción, elaborado con materiales similares al algodón, que actúa como una esponja para atrapar el fluido menstrual. En uno de sus lados tiene una banda adhesiva que sirve para pegarla en la ropa interior, de modo que cuando la mujer se la ponga quede en contacto con la vulva. Así, cuando comience el periodo, el goteo menstrual será absorbido por la toalla.

Las toallas vienen de distintos espesores para cada tipo de flujo menstrual. Por lo general, las toallas regulares sirven para los días con flujo menstrual normal a abundante, mientras que las extragrandes (súper) son más aptas para los días con flujo muy abundante. Debido a la variedad de marcas y tipos disponibles, es aconsejable leer bien las explicaciones de las cajas para ver cuál es la que más se adapta a tu caso.

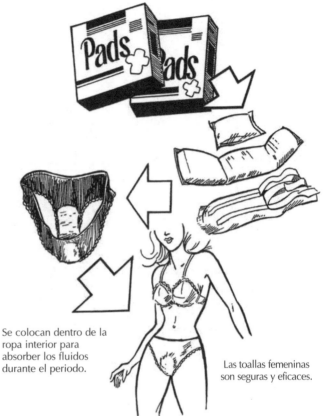

Las toallas femeninas…

Se colocan dentro de la ropa interior para absorber los fluidos durante el periodo.

Las toallas femeninas son seguras y eficaces.

Son pequeños cilindros de algodón que se introducen suavemente en la vagina para absorber la menstruación. Los tampones son seguros y eficaces.

Las toallas femeninas se deben cambiar con frecuencia de algunas horas; así que recuerda llevar una de repuesto a la escuela. Desde ya, es perfectamente normal bañarse o ducharse los días en que tengas tu periodo.

Recuerda que las toallas femeninas son desechables, pero que no debes tirarlas al excusado. Basta con doblarla y ponerla en la bolsa donde vino y tirarla a la basura. Si no tienes la bolsa original, envuélvela en papel higiénico y tírala a la basura. Si la tiras al excusado, puede taparlo y disgustar a las demás personas que deseen utilizarlo.

Si bien las toallas femeninas son fáciles de usar y efectivas, tienen algunas desventajas. Una de ellas es que si no las cambias con frecuencia durante el día, pueden despedir olores desagradables. Esto se soluciona cambiándolas con frecuencia. Otro inconveniente es que al utilizarse fuera del cuerpo, impiden a quien las usa meterse al agua, ya que de hacerlo, la toalla absorbería agua y aumentaría mucho su tamaño, situación que se tornaría muy embarazosa. Si vas a la piscina o a la playa con frecuencia, tal vez sea mejor que utilices un tampón.

TAMPONES: Antes de explicar qué son, es importante destacar que hay quienes piensan que si una mujer se pone un tampón pierde la virginidad. Esto no es más que un mito sin ningún tipo de fundamento. Ser virgen implica no haber tenido relaciones sexuales (coito). Por lo tanto, un tampón no influye de ninguna manera en la virginidad de quien lo utilice. La única manera de que una mujer puede "perder su virginidad" es realizando el coito en una relación sexual.

Los tampones son pequeños cilindros de algodón que se introducen suavemente en la vagina para absorber el flujo menstrual. Al igual que las toallas femeninas, son muy efectivos y absorbentes. También vienen de distintos tamaños y con diferentes capacidades de absorción. Los tampones pequeños son aptos para mujeres con un orificio vaginal pequeño y un flujo menstrual ligero a moderado. Los tampones regulares también son adecuados para los días de flujo ligero a moderado, pero por lo general lo utilizan mujeres más grandes. Los tampones grandes sirven para los días con flujo menstrual moderado a abundante, mientras que los extragrandes son más aptos para los días con flujo muy abundante. Hay tantas marcas de tampones como de toallas, razón por la cual es conveniente leer con atención las explicaciones que figuran en las cajas para saber cuál de ellos es el mejor para ti.

A algunas mujeres les resulta más complicado usar tampones y prefieren usar toallas. A otras les molesta o da vergüenza introducirse un tampón en la vagina. Si tú eres una de ellas, no tienes por qué sentirte mal. Para ti lo mejor sería usar toallas. Aunque parezca mentira, muchas mujeres que en principio no se sienten cómodas con los tampones, intentan nuevamente luego de algunos meses o años y se arrepienten de no haberlos usado siempre.

Las cajas de los tampones traen instrucciones sobre cómo usarlos y colocarlos. Se pueden colocar con o sin aplicador. Ambos tipos de tampones son similares y ninguno es mejor que el otro. Los que se colocan sin aplicador simplemente se introducen con los dedos. Si los tampones que compraste traen un aplicador, debes colocártelos siguiendo las instrucciones de la caja. Antes de introducírtelo en la vagina, fíjate cómo funciona el aplicador. Empuja el extremo que tiene el cordel adentro del tubo más grande. Por el otro lado aparecerá la parte del tampón que se introducirá en la vagina y absorberá el flujo menstrual. ¿Para qué sirve el cordel? Al igual de lo que sucede con las toallas femeninas, con el correr de las horas el tampón absorbe todo el flujo menstrual que su capacidad le permite y debe ser reemplazado por otro. Para sacarlo, basta con tirar suavemente del cordel. Practica el uso del tampón hasta que sepas cómo funciona.

La mayoría de las instrucciones que vienen en las cajas de los tampones dicen que hay que ponerse en cuclillas e insertar suavemente la punta del aplicador o tampón en la vagina. Es importante empujar el tampón o aplicador en ángulo hacia la parte inferior de la espalda y no de manera recta hacia arriba, ya que el canal vaginal está en ángulo y no en posición vertical. Tal vez el error más común que cometen las mujeres las primeras veces es no introducir el tampón a la profundidad correcta dentro de la vagina. Para que quede bien introducido, es preciso colocarlo después de los músculos de la parte externa de la vagina. ¿Cómo sé que he introducido el tampón a la profundidad correcta? Cuando está bien colocado, casi ni se siente. El cordel queda colgando fuera de la vagina y el tampón queda imperceptiblemente colocado adentro. Una de las ventajas de usar tampones es su comodidad. Si el tampón está colocado pero te molesta, probablemente significa que no lo has introducido a la profundidad adecuada.

Otras de las ventajas de los tampones con respecto a las toallas son que permiten a quien las usa ir a nadar, despreocuparse por posibles olores desagradables y evitar la sensación de tener puesto algo parecido a un pañal.

Los tampones se deben cambiar con frecuencia, al menos cada 4 a 6 horas. Para sacarlo, basta con tirar suavemente del cordel. Si al tirar del cordel notas cierta resistencia, deja el tampón adentro un rato más. Lo más probable es que no haya absorbido la cantidad suficiente de flujo menstrual como para facilitar su extracción.

Una vez retirado, puedes tirar el tampón al excusado o envolverlo en papel higiénico y tirarlo a la basura. Eso sí, no tires el aplicador al excusado.

¿Qué es mejor: usar tampones o toallas femeninas?

Ambas opciones son seguras y efectivas. La que tú elijas es una cuestión de gusto personal. Las toallas femeninas son fáciles de usar y no hace falta introducirlas en la vagina. Como contrapartida, no se puede ir a nadar con una toalla puesta, y algunas mujeres se quejan de que son muy grandes y algo incómodas. Los tampones, por otra parte, permiten a la mujer hacer todo lo que haría normalmente, por ejemplo nadar. A algunas mujeres, sin embargo, les incomoda ponerse y sacarse tampones. Hay quienes usan las dos cosas: tampones y toallas femeninas. El mejor consejo es usar lo que te haga sentir más cómoda.

¿Puede un tampón quedar atascado adentro?

No. Cuando te pones un tampón, el cordel debe quedar fuera del cuerpo para poder sacarlo. Si por alguna razón queda adentro, puedes sacar el tampón con los dedos. La vagina es como un pequeño tubo o canal, que no permite que el tampón vaya a ningún otro lado.

¿Puede el tampón pasar por el cuello uterino? No. El cuello uterino es muy pequeño como para que pase el tampón a través de él. Sería tan imposible como intentar meter el dedo por el agujero de un popote.

¿Se puede cortar el cordel de un tampón?

¿Es posible que esto suceda? Sí. ¿Es probable? No. Es muy poco común que se corte, y aun si se cortara, no hay por qué preocuparse, ya que ni el tampón ni el cordel pueden quedar atascados dentro de la vagina. Si se cortara el cordel, ponte en cuclillas e introduce la punta del dedo para sacar el tampón. Este procedimiento no duele ni es peligroso.

¿Puedo ir al baño con un tampón puesto?

Totalmente. Recuerda que en la zona genital hay tres orificios: uno es la vagina, donde se coloca el tampón, el otro es el orificio urinario, por donde orinas, y el tercero es el ano, por donde defecas. Es decir, tener un tampón en la vagina no impide ir al baño. Por si tenías dudas al respecto, es imposible equivocarse y poner el tampón en el orificio urinario, ya que debido a su diferencia de tamaño no cabría.

¿Provocan cáncer los tampones?

No. No existe evidencia alguna que respalde esa creencia.

¿Qué es el síndrome de shock tóxico (sst)?

Es un tipo de infección bacteriana que puede provocar la muerte si no se la trata debidamente. Algunos síntomas son fiebre repentina elevada (102 grados Fahrenheit/38.8 grados centígrados o más), diarrea, vómitos, mareos, desmayos o desvanecimientos y un sarpullido similar a una quemadura de sol.

¿Qué tiene que ver el síndrome de shock tóxico con la menstruación?

No demasiado, pero cada tanto aparecen casos de este tipo. Algunos de ellos, aunque no todos, son mujeres que usaban tampones. Antes de que el temor te impida usar tampones, también es preciso aclarar que sólo entre 6 y 17 de cada 100,000 mujeres que menstrúan desarrollan este síndrome por año; por consiguiente, las posibilidades de que tú lo padezcas son muy bajas. Incluso aquéllas que no usan tampones pueden desarrollar este síndrome. El principal consejo profesional es no utilizar tampones súper absorbentes a menos que sea indispensable. Aparentemente, el usar tampones de mayor absorción que la necesaria facilita el desarrollo de sst; por lo tanto, utiliza los de menor absorción posible para tu nivel de flujo menstrual.

¿Qué es una toallita protectora?

Es una toalla muy fina que se utiliza justo antes del periodo o bien durante los últimos días cuando el sangrado es muy bajo. Algunas mujeres también lo usan entre periodos para proteger la ropa interior del flujo vaginal.

Si tienes dudas acerca de tu cuerpo, la menstruación o cualquier otro tema de índole sexual, puedes buscar información y hacer preguntas en este sitio web: http://www.YouthEmbassy.com.

2

Qué nos puede pasar durante la adolescencia

Actualmente estás viviendo un increíble proceso de crecimiento. Es una etapa apasionante de la vida, pero también genera miedos y, a menudo, confusión. Sientas lo que sientas en este momento, es importante que sepas que no estás solo. Aunque no lo parezca, todos tus amigos y compañeros de estudios sienten exactamente o casi lo mismo que tú. Tus padres, abuelos y todos los adultos han pasado por lo mismo que estás viviendo en este preciso instante. No se puede escapar de los cambios que se producen en tu cuerpo ni de los pensamientos y sentimientos que traen aparejados.

Siempre recuerda que lo que sientes es normal, y que no debes sentir temores ni avergonzarte por tus sentimientos. A continuación encontrarás algunas de las muchas preocupaciones que puede tener una persona joven en pleno crecimiento.

¿Cambiará mi aspecto físico alguna vez?

Sí, tu aspecto físico seguirá cambiando el resto de tu vida, pero durante la adolescencia, tu cuerpo se modificará y crecerá tan rápidamente que probablemente te veas diferente año tras año.

Durante esta etapa, nuestros cuerpos pueden jugarnos todo tipo de bromas pesadas, por ejemplo, hacernos salir granos, crecer pelos en lugares indeseados, adelgazar o engordar excesivamente y cambiar de voz; dotarnos de senos demasiado grandes o pequeños, piernas o brazos largos, trasero grande o pequeño; darnos formas extrañas a la nariz, mentón, boca, orejas o cara, y así sucesivamente.

Tu cuerpo finalmente adquirirá una forma definida y dejará de crecer entre los 20 y 25 años de edad. Hasta ese momento, tu aspecto cambiará y tú casi ni lo notarás. Mira una foto tuya de cuando tenías 2 años de edad, otra de cuando tenías 5, otra de cuando tenías 10 y otra ahora. En cada una te ves diferente, ¿verdad? Pues bien, cuando estés en los últimos años de la escuela secundaria, compara fotos nuevas con otras tomadas cuando ibas a 2º año. Probablemente te verás como dos personas diferentes.

De modo que si ahora eres adolescente y te preocupa tu aspecto físico, relájate, pues cuando crezcas te verás muy diferente de lo que te ves ahora. Simplemente aún no has terminado de crecer.

Crecer es muy parecido a hacer un pastel: si lo sacas del horno para mirarlo cada dos minutos, probablemente te preocupes, pues no se verá como debe verse cuando esté terminado. Pero si lo dejas en el horno durante todo el periodo de cocción, cuando lo retires se habrá terminado de hacer y se verá exactamente como debe.

Puedes mirarte en el espejo todos los días, y quizás tu aspecto no te agrade, pero recuerda: no has terminado de hornearte. Debes tener unos 20 o 21 años de horneado (crecimiento) antes de estar listo, aunque aún después de esa edad seguirás cambiando.

¿Qué debo hacer para eliminar los granos o el acné?

Cuando crecemos, todos tenemos que enfrentar la realidad de lidiar con los granos. Son nada más ni nada menos que la forma en que el cuerpo pone a prueba tu sentido del humor. Probablemente te habrá ocurrido que cuando quieres verte mejor, tu cuerpo genera un inmenso, tremendo y volcánico grano que se puede ver desde otro estado. Tal vez en ese momento lo mejor sea gritar para desahogarte. Luego, nada como reírse un poco de uno mismo y tomarse las cosas con humor, ya que es algo que nos ocurre a todos.

¿Debes apretarte los granos?

Aquí lo mejor es ver qué resulta más conveniente en tu caso. Normalmente, los granos pequeños y superficiales pueden apretarse sin causar una infección que los empeore. Si son grandes o profundos, probablemente sea mejor no tocarlos. Apretar un grano de este tipo puede infectar la zona y complicar mucho más las cosas. La mayoría de los dermatólogos (médicos especialistas en piel) opinan que lo mejor es no tocarlos y dejar que desaparezcan solos. Puedes ver qué resulta mejor en tu caso o consultar a un dermatólogo. Si tienes acné (granos rojos e inflamados debajo de la piel), es aconsejable consultar a un dermatólogo. Estos especialistas gozan de cierta popularidad entre los adolescentes, pues un buen profesional puede ser crucial en la lucha con los granos.

En cuanto a comprar o no cremas para eliminar granos, tal vez lo mejor sea pedir asesoramiento o medicamentos a un dermatólogo. Muchos productos disponibles actualmente en realidad no dan los resultados que prometen.

Los granos sencillamente son unas de esas cosas que debes tolerar en tu etapa de crecimiento. La buena noticia es que cuando seas más grande, no tendrás que lidiar tanto con ellos. Hasta tanto, trata de eliminar el exceso de grasitud de la cara tantas veces como sea posible durante el día. Los mejores momentos son a la mañana cuando te levantas, después de hacer gimnasia o ejercicios, después de clases y antes de ir a dormir. Además, para sobrellevar "la edad de los granos", no hay nada como un buen sentido del humor.

Si deseas obtener más información sobre el cuidado de la piel y el acné, llama a la American Academy of Dermatology al 1-888-462-3376 (ésta es una línea de llamadas gratuitas). Esta organización cuenta con especialistas que podrán responder tus inquietudes, enviarte información o asesorarte acerca del cuidado de la piel.

¿Es normal pensar mucho en otra persona?

¡Por supuesto! Pensar mucho en un muchacho o muchacha es normal. Esa persona puede ser alguien de la escuela, de tu barrio, de una película, de un programa de televisión, del mundo de la música o de cualquier otro ámbito. De hecho, también es normal pensar en más de una persona al mismo tiempo. Quizás haya dos, tres o cuatro personas a quienes te gustaría ver, encontrar, besar, abrazar o con quienes te gustaría salir, casarte y vivir feliz para toda la vida, y todo eso es normal. Quizás incluso hayas soñado historias, situaciones o formas de estar con esta persona.

Si te parece que piensas mucho en una o más personas, no te preocupes. Escucha tu canción favorita y disfruta el momento. Pero trata de no perder contacto con la realidad, especialmente cuando debas concentrarte en otra cosa, como por ejemplo, actividades en la escuela, tareas escolares, tareas del hogar o del trabajo. También es divertido encontrarse y conversar con otras personas. Disfruta de tus fantasías, pero no dejes que te impidan cumplir con tus responsabilidades o cultivar relaciones reales.

También es normal que no pienses mucho en otra persona desde una perspectiva amorosa. A algunos les sucede y a otros no. En ninguno de los dos casos le haces mal a nadie.

¿Es normal tener sueños sexuales?

Claro que sí. En este caso, también hay diferencias entre las personas. Hay quienes sueñan a menudo con tener relaciones sexuales, otros apenas si tienen sueños de este tipo y otros directamente no sueñan situaciones sexuales. Si sueñas frecuentemente que tienes relaciones sexuales con una o más personas, es normal. No eres ni serás un depravado ni un maniático sexual por soñar.

Si no sueñas con tener relaciones sexuales con alguien, también es normal. A algunos les sucede y a otros no. No le haces mal a nadie en ninguno de los dos casos.

Si sueñas con tener relaciones sexuales con alguien de tu mismo sexo, ¿eso significa que eres homosexual?

No. No se puede controlar lo que tu mente imagina cuando duermes. Algunos sueños te gustarán y otros no. De cualquier modo, los sueños y pesadillas no definen quién eres ni qué quieres. No se sabe con precisión por qué soñamos con determinadas cosas, pero, en algún momento, todos soñamos con algo que realmente no nos gusta. Si a veces sueñas que abrazas, besas o tocas a alguien de tu mismo sexo, no significa que seas homosexual ni que lo serás.

¿Qué es un "sueño húmedo"?

Aproximadamente desde los diez años de edad y durante la adolescencia, varones y mujeres suelen tener poluciones nocturnas, más conocidas como "sueños húmedos".

Cuando duermes, quizás sueñes con alguien que te resulte atractivo. Si eres varón, puede suceder que tengas una erección, que salga un líquido (preeyaculatorio) del pene o incluso que tengas un orgasmo y eyacules (que te salga semen del pene). Eso es un sueño húmedo. Aunque puede ser un poco embarazoso cuando te despiertas, es algo normal y muy natural. Tu padre, tus abuelos y tus tíos tuvieron sueños húmedos cuando tenían tu edad, así que no debes preocuparte.

Si eres mujer, tener sueños húmedos también es normal, pero aparentemente no son tan frecuentes como en el caso de los varones. También a ti puede sucederte que tengas un sueño erótico con alguien que te resulte atractivo. Ello puede estimularte tanto sexualmente que tu vagina puede producir lubricación, ya sea en poca o mucha cantidad. A la mañana siguiente te sorprenderá ver tu ropa interior húmeda, pero, al igual que en el caso de los varones, esto es natural y muy normal.

No todos tienen sueños húmedos, pero si los tienes, recuerda que sólo son otra de las tantas sorpresas que puedes tener en la adolescencia.

¿Qué es la masturbación? ¿Es normal tocarse los genitales?

La masturbación es tocarse o estimularse los genitales para sentir placer o incluso tener un orgasmo. Probablemente escucharás muchas bromas acerca de este tema, pero la masturbación ha existido durante mucho tiempo.

Aunque puede comenzar en la infancia y continuar durante toda la adultez, igualmente es objeto de bromas. Lo que ocurre es que para algunas personas la masturbación es sencillamente inaceptable. Es decir, mucha gente se masturba, pero no les gusta admitirlo ni hablar de ello. Sin intención de ser groseros, la masturbación es muy parecida a meterse el dedo en la nariz. Mucha gente lo hace, pero no queda bien admitirlo ni hacerlo en presencia de otros. La masturbación no es peligrosa ni dañina, a menos que te impida cumplir con tus responsabilidades o salir y conocer gente. Aparte de eso, es normal.

Hay quienes nunca se masturban, o se masturbaron sólo una vez. Otros tal vez se masturban muchas veces por día durante la mayor parte de sus vidas. Lo importante es recordar que, te masturbes o no, eres una persona totalmente normal.

¿Eres un depravado por mirar revistas, vídeos o sitios web "porno"?

Una revista o vídeo que muestre gente desnuda con el objetivo de producir excitación sexual se llama "pornografía". Mirar fotografías de desnudos no te convierte en una persona rara ni depravada. Aunque es natural sentir curiosidad o interés por el cuerpo humano, hay quienes consideran que mirar pornografía con cierta frecuencia puede tener efectos dañinos o negativos, especialmente en los más jóvenes, ya que se encuentran en una etapa de descubrimiento de sus roles en el plano sexual, afectivo y social.

Hay un gran debate acerca de los efectos que la pornografía puede tener en una persona. Algunas personas que miran material pornográfico pueden quedar "enganchados" ocasionalmente. Esto puede hacer que esa persona compre y mire este tipo de material en lugar de establecer vínculos sociales con personas y cultivar relaciones.

Muchos dicen que la pornografía no ejerce esa influencia, lo cual es entendible, pues es difícil probarlo científicamente. Sin embargo, si lo reflexionas, te darás cuenta de que las películas, la televisión, la música, los sitios web y los libros influyen en nuestro modo de pensar y sentir, en lo que esperamos de nuestras relaciones e incluso en nuestro modo de actuar. ¿Has visto la película *Rocky* o *Rocky II*? ¿Cómo te sentiste cuando termina, es decir cuando Rocky logra lo que buscó con tanto esfuerzo? ¿No te sentiste motivado a conquistar el mundo o inspirado para alcanzar tus metas sin importar lo que costara? ¿O por lo menos no sentiste deseos de empezar a entrenar?

¿Alguna vez escuchas canciones o miras programas de televisión que te hacen sentir de determinada manera? En numerosas ocasiones, lo que una persona mira influye en ella de modo inmediato o afecta la manera en que percibe el mundo en el futuro, y no siempre de manera productiva o sana. Por ejemplo, la pornografía puede influir en los varones haciéndoles creer que lo único que quieren las mujeres es tener relaciones sexuales todo el tiempo, ser golpeadas o violadas. También les pueden hacer creer que son muy promiscuas (es decir, que se acuestan con muchas personas) y quieren tener relaciones sexuales de todas las formas posibles. Esas creencias pueden influir en la opinión que un varón pueda tener de las mujeres y en el modo en que las trate o la manera en que espera que ellas actúen en el futuro.

Puede suceder que las mujeres que miran pornografía lleguen a creer que la única razón de existir para ellas es ser el objeto sexual de los hombres (lo cual no es verdad) y que el mejor sexo debe ser ruidoso y salvaje (lo cual tampoco es cierto) o que todas las mujeres son bisexuales, es decir, que les gustan tanto los hombres como las mujeres (otra mentira).

También habrás notado que hemos utilizado profusamente las palabras "puede" o "puede suceder". La razón es que mucha gente puede consumir pornografía sin que ello se transforme en un problema. Es similar al consumo de alcohol. Un bebedor ocasional normalmente no se convierte en alcohólico. Pero si bebe con frecuencia, existen muchas probabilidades de que caiga en el alcoholismo. Lo mismo ocurre con la pornografía. Si una persona consume pornografía rara vez u ocasionalmente, existen pocas probabilidades de que se transforme en un problema. Pero si el consumo de pornografía es demasiado frecuente, puede generar determinados pensamientos o sentimientos que no sean realistas ni sanos para una relación.

En resumen, satisfacer tu curiosidad es normal, pero si piensas o ves pornografía diariamente o durante muchas horas por semana, debes tomarlo como una señal de alerta. La mayoría de lo que veas en revistas, vídeos o sitios web pornográficos es una actuación. Así que no lo confundas con la realidad.

¿Es normal tener intensos impulsos o deseos sexuales?

Sí, es normal. Algunas personas tienen intensos impulsos de tener relaciones sexuales, mientras que otras sienten poco o ningún deseo. Ambos grupos son normales, y lo que cada uno siente en determinado momento de su vida puede cambiar con la edad.

¿Es normal tener sentimientos románticos o enamorarse de personas adultas y profesores?

Desde luego. Puede suceder que un joven sienta cosas por un adulto y aunque no le conozca verdaderamente la personalidad, puede imaginarla. Algunos adultos o profesores son comprensivos, agradables o tienen cualidades que te gustan y es fácil que la admiración se transforme en atracción. Sin embargo, debes darte cuenta de que el adulto o profesor tiene su propia vida, sus propias relaciones y una personalidad que quizá no sea la que imaginas. Puedes fantasear, pero, en la realidad, es mejor no alimentar esos sentimientos.

¿Duele la primera vez que se tiene una relación sexual?

Normalmente no, pero a algunas personas tal vez les duela. Algunas mujeres llegan a su primera relación sexual con el himen intacto (la delgada capa de piel que a veces cubre el orificio vaginal). Cuando el pene erecto penetra en la vagina, puede romper el himen y causar cierto dolor e incluso, un pequeño sangrado. Por lo general, cuando una mujer tiene una relación sexual, su himen ya se ha rasgado y, por ende, no siente dolores ni molestias.

El otro posible problema es la falta de lubricación. Si una mujer está nerviosa (la primera, la última o cada vez que tiene relaciones sexuales), probablemente no genere suficiente lubricación vaginal o tal vez no experimente suficiente excitación sexual. También puede suceder que tenga un déficit natural de lubricación, es decir, que no segregue la cantidad suficiente. Si no hay suficiente lubricación, el coito puede ser doloroso.

¿Las mujeres eyaculan?

En realidad, no. Una mujer produce lubricación o humedad en las paredes internas de la vagina cuando está excitada sexualmente. La cantidad de lubricación puede ser poca o mucha. Si produce mucha, puede salir un poco por la vagina, pero no en forma de "eyaculación".

No obstante, algunas mujeres han "eyaculado" durante el orgasmo. Existen dos pequeñas glándulas llamadas "glándulas de Skene" ubicadas cerca del orificio urinario, que en algunas mujeres producen un líquido que sale o se "eyacula" durante el orgasmo.

¿Cuál es la edad adecuada para tener relaciones sexuales?

Ésta es una pregunta difícil. Tu religión y tus padres probablemente dirán que hay que esperar hasta estar casados y, por supuesto, esta respuesta es válida para cierta gente. Pero no hay una única respuesta que satisfaga a todos por igual. Siempre existirá un gran debate acerca de cuándo una persona está preparada para tener relaciones sexuales.

La aptitud física para tener relaciones sexuales comienza a una edad muy temprana (en algunos casos, a los 9 o 10 años de edad), pero esto no significa que a esa edad se tenga la experiencia y la capacidad mental, emocional y económica. Tampoco a esa edad se tiene experiencia para educar a un hijo con eficacia o poder sobrellevar las posibles consecuencias que las relaciones sexuales tienen en el mundo actual.

El coito a menudo es mucho más que un mero acto físico; supone, además, una preparación mental y emocional del individuo. No sólo eso, puede también causar un embarazo y enfermedades transmitidas sexualmente y cambiar la vida de una persona para siempre. También puede causar decepciones u obsesiones emocionales, es decir que en lo único en que puedes pensar es esa persona o aspecto de tu vida, mientras que dejas que todo lo demás se derrumbe a tu alrededor, como tus relaciones familiares, amigos, notas en la escuela y otras actividades propias de la edad.

No hay una forma concreta de saber con certeza cuál es la "edad adecuada" para tener relaciones sexuales. Si la respuesta "después de estar casados" no se adapta a tu caso, quizás sea bueno orientarse por el momento en que estés preparado para afrontar las responsabilidades que el sexo implica. Estas responsabilidades se dividen principalmente en dos grupos: las anteriores a las relaciones sexuales, entre ellas los métodos anticonceptivos y la prevención de enfermedades de transmisión sexual, y las posteriores, por ejemplo el embarazo, las enfermedades de transmisión sexual, el abandono por parte de tu compañero o compañera y la posibilidad de que tu pareja haga correr rumores acerca de ti. Una vez que puedas enfrentar estas situaciones, tal vez estés listo para tener relaciones sexuales. Quizá en lugar de plantearnos cuál es la edad adecuada para tener relaciones sexuales, debamos pensar cuál es el momento en que una persona es capaz de comprender y hacer frente a todo lo que las relaciones sexuales implican en lo físico, psicológico, social y emocional.

Cuando estés listo para asumir las responsabilidades que el sexo conlleva, quizá tengas la edad adecuada para tener relaciones sexuales. Algunas de esas responsabilidades son:

- Utilizar métodos anticonceptivos
- Tomar precauciones para prevenir enfermedades de transmisión sexual
- Ser capaz de tener una comunicación franca con tu compañero o compañera antes, durante y después de tener relaciones sexuales
- Ser capaz de hacer frente a la posibilidad de un embarazo
- Ser capaz de hacer frente a la posibilidad de contraer una enfermedad de transmisión sexual, incluso el SIDA
- Ser capaz de recuperarte de un desengaño amoroso

La lista de responsabilidades derivadas de las relaciones sexuales continúa, pero si no eres capaz de asumir por lo menos estas seis responsabilidades básicas, probablemente no tengas la edad adecuada.

He aquí un dato interesante: en una encuesta que realizo entre mis alumnos todos los semestres, de todas las mujeres que tienen relaciones sexuales, el 90% dice que se arrepienten de haberlas tenido tan temprano y que deberían haber esperado más tiempo.

¿Puede una mujer quedar embarazada si tiene relaciones sexuales sin protección durante su periodo menstrual o inmediatamente después?

Sí, puede quedar embarazada en cualquier momento si no toma las precauciones del caso. Durante el ciclo menstrual, hay momentos en los que es más probable quedar embarazada que en otros. Durante el periodo o inmediatamente después también es posible quedar embarazada si hubo coito sin protección anticonceptiva. Todas y cada una de las veces que tengas relaciones sexuales, tienes que usar métodos de prevención del embarazo.

¿Puede una mujer quedar embarazada si tiene relaciones sexuales parada?

Cada vez que una mujer tiene relaciones sexuales sin protección anticonceptiva, puede quedar embarazada, no importa cuándo, dónde ni cómo; si no utilizó ningún método anticonceptivo, puede quedar embarazada. Tampoco importa si lo hizo parada, sentada, acostada, cabeza abajo, en un avión, en un tren, en una piscina, en el mar, en un árbol... ¿queda claro?

¿Puede una mujer quedar embarazada la primera vez que tiene una relación sexual?

¡Claro que sí! Una pareja debe usar métodos anticonceptivos cada vez que tiene relaciones sexuales, es decir la primera, la segunda, la última y todas las veces que haya coito.

¿Puede una mujer embarazada tener su periodo?

Sí y no. Es posible que una mujer libere un óvulo (célula germinal femenina) justo antes o durante su periodo menstrual. Si tiene coito vaginal sin protección anticonceptiva justo antes o durante su periodo menstrual, el óvulo puede ser fertilizado. De modo que puede estar embarazada y aun así tener su periodo menstrual. También puede suceder que una mujer esté embarazada y segregue una pequeña cantidad de sangre o flujo por la vagina. Esto no es un periodo, pero a menudo la mujer cree que lo es. Sin embargo, generalmente una mujer que tiene su periodo no está embarazada.

¿Cuáles son los signos del embarazo?

Los primeros signos del embarazo son la falta del periodo, deseos de orinar frecuentemente, náuseas, vómitos, fatiga (cansancio) y sensibilidad en los senos.

No obstante, que una mujer muestre estos signos no significa necesariamente que esté embarazada. A menudo las adolescentes no tienen su periodo debido a estrés, preocupaciones o algún tipo de desequilibrio hormonal y piensan que están embarazadas. Para sorpresa de ellas, justo después de dar sus exámenes finales o realizarse una prueba de embarazo, su periodo aparece inmediatamente.

La única manera en que una mujer puede saber a ciencia cierta si está embarazada es realizándose una prueba de embarazo.

¿Es perjudicial tener relaciones sexuales durante el periodo menstrual?

No. Posiblemente sea complicado, pero no es perjudicial.

¿Puede el pene aumentar de tamaño si el varón tiene mucha actividad sexual?

No. Ni tampoco hay nada que un varón pueda comprar, ni ejercicios especiales que pueda hacer para cambiar el tamaño del pene.

¿De qué tamaño debe ser el pene de un adolescente?

El tamaño promedio del pene erecto de un adulto es aproximadamente 6.5 pulgadas (16.5 centímetros), lo cual puede variar en algunas pulgadas más o menos. El tamaño del pene de un adolescente también varía de un individuo a otro. Lo importante es recordar que todos damos estirones a diferentes edades, y que un adolescente seguirá creciendo (y también su pene) hasta aproximadamente los 21 años de edad.

¿Qué puedo hacer para tener un pene más grande?

Eso es como preguntar qué puedes hacer para crecer hasta medir 7 pies (2.15 metros) de altura. Si las características genéticas de tu familia no suponen una predisposición natural para que midas 7 pies, nada de lo que hagas te hará más alto. Lo mismo ocurre con el pene. No hay pastillas, polvos ni pociones que un hombre pueda tomar para hacer que su pene sea diferente de lo que las características genéticas familiares determinan. Aunque abundan los vendedores interesados en tu dinero que juran y vuelven a jurar tener un producto capaz de agrandar tu pene, no es más que una forma de publicidad pensada para hacerte gastar. Ahórrate el dinero y trata de olvidarte de tu pene pues, aparte de ti, en realidad nadie le da mucha trascendencia a su tamaño.

¿Es normal que ambos testículos difieran en su tamaño?

Sí. En general, uno de los testículos es mayor que el otro. Uno de ellos, además, pende más abajo que el otro en el escroto.

¿Es perjudicial tragar el semen durante el sexo oral?

Sí y no. Si el varón tiene una enfermedad de transmisión sexual, la mujer puede infectarse, incluso si escupe el semen. En el caso de que el varón no tenga ninguna enfermedad de transmisión sexual, el semen es inofensivo. Por supuesto, el uso de un condón ayuda a prevenir la mayoría de estas enfermedades.

¿El amor adolescente debe ser un típico "amor pasajero"?

Amor adolescente, amor pasajero, amor idílico, verdadero amor, metejón... llámalo como quieras, pero si sientes amor, es un amor real. Lo que una persona siente es importante, pero recuerda que los sentimientos pueden cambiar, y en algunas ocasiones lo hacen muy rápidamente. A veces, lo mejor es someterlos a la "prueba del tiempo" antes de dejarse guiar por ellos. Y recuerda que el amor no es lo mismo que el sexo.

¿Qué es "agarrársela" o "enchincharse" (getting burned)?

En la jerga de la calle, "agarrársela", "enchincharse" o, en inglés *getting burned*, generalmente se refiere a contagiarse una enfermedad de transmisión sexual.

¿Tener demasiadas relaciones sexuales es dañino para los jóvenes?

Puede serlo. Las muchachas que tienen relaciones sexuales a temprana edad, especialmente sin usar condones, tienen mayores probabilidades de contraer cáncer de cuello uterino. Tanto los varones como las mujeres que tienen relaciones sexuales con frecuencia tienen más probabilidades de un embarazo no deseado y de contagiarse enfermedades de transmisión sexual.

Pero si dos personas van a tener relaciones sexuales con cierta frecuencia, deberían practicar la monogamia (tener un solo compañero sexual) y usar un método anticonceptivo confiable siempre. De esta manera, contribuirán a disminuir el riesgo de embarazos no deseados y enfermedades de transmisión sexual.

¿Qué hace que el pene se ponga rígido y erecto?

La sangre. Básicamente, durante una erección la irrigación sanguínea hacia el pene aumenta de golpe, mientras que la salida de sangre disminuye. Cuando ello ocurre, la sangre llena el tejido esponjoso del pene y, como respuesta, el pene aumenta de tamaño y se torna rígido. Es como cuando inflas un globo sin dejar que se escape el aire: su tamaño y rigidez aumentan. En el caso de una erección, lo que entra en el pene y logra un efecto similar es la sangre. El pene no tiene ningún hueso.

¿Por qué los varones suelen despertar por la mañana con una erección?

Cuando un varón siente deseos de ir al baño (a orinar), su vejiga está llena y expandida (más grande). Al estar llena, la vejiga restringe el flujo de sangre que sale del pene y provoca que se acumule en los tejidos esponjosos. Cuando entra más sangre de la que sale, el pene se llena y se produce una erección. Despertarse con una erección es normal.

¿Es el pene de los hombres negros más grande que el de los blancos?

A veces sí y a veces no. El tamaño del pene no guarda ninguna relación con el color de la piel. El tamaño promedio del pene es aproximadamente 6.5 pulgadas (16.5 centímetros) en los hombres negros, blancos y de cualquier otro color de piel. Algunos hombres negros tienen el pene más grande que los blancos, pero también hay hombres blancos que lo tienen más grande que los hombres negros. El tamaño del pene depende de características genéticas, no del color de la piel.

¿Es el sexo oral normal o anormal?

"Normal" significa que mucha gente realiza determinada actividad, no que algo sea bueno o correcto. Asimismo, "anormal" significa que sólo algunas personas realizan determinada actividad, no que algo sea malo o incorrecto.

En los Estados Unidos, mucha gente practica coito oral, por lo cual la respuesta es que el coito oral es normal. Aunque mucha gente practica y disfruta del sexo oral, para otros es repulsivo, repugnante o incorrecto. Son las personas que componen una pareja quienes deben decidir si practicarán determinado tipo de coito o no.

¿Qué actividades se consideran "relaciones sexuales"?

Existen tres tipos de coito: vaginal (vagina y pene), oral (boca y genitales) y anal (ano y pene), y todos se consideran relaciones sexuales.

Si practico sexo oral, ¿sigo siendo virgen?

"Virginidad" es uno de esos términos con distintos significados para diferentes personas. Para algunos, "virginidad" es una palabra relacionada con una mujer cuyo himen está sano, definición que no tiene en cuenta el hecho de que generalmente el himen se rasga haciendo cualquier otra actividad ¡ni la virginidad del varón! Este criterio, además, no se puede aplicar a los varones. Otra definición abarca a toda persona que nunca ha realizado un coito vaginal, lo cual excluye a quienes hayan tenido coito oral o anal. Una tercera definición comprende a quienes nunca hayan tenido ningún tipo de coito (vaginal, oral ni anal), pero deja afuera a quienes tengan actividades sexuales sin penetración. ¿Y qué hay de las parejas que interrumpen el coito a los pocos segundos de haber empezado? ¿Y qué sucede si un adolescente es abusado sexualmente o violado? ¿Quedan incluidas en esta definición o no? Debido a tanta variedad de definiciones, puedes elegir la que te parezca más razonable.

De modo que si, alguien que tiene coito oral o anal, según algunas interpretaciones de la palabra "virginidad", ya no sería virgen, mientras que según otras interpretaciones, seguiría siéndolo. "Virginidad" es un término que parece crear bastante confusión y problemas. Debido a tanta variedad de definiciones, puedes elegir la que te parezca más razonable. Lo más importante es que tengas convicciones propias al respecto y actúes en consecuencia.

¿Es seguro el sexo oral?

Ni el coito oral ni el anal pueden causar un embarazo, pero pueden transmitir gérmenes de transmisión sexual de una persona a otra. Cada vez que CUALQUIER persona realiza CUALQUIER tipo de coito, debe tomar precauciones para no infectarse con una enfermedad de transmisión sexual.

¿Dónde se coloca el pene durante el coito?

Durante el coito vaginal, el pene erecto del hombre entra en la vagina de la mujer. El varón introduce y retira el pene de la vagina de la mujer, o bien la mujer puede realizar movimientos ascendentes y descendentes con el pene introducido en la vagina.

¿Qué profundidad tiene la vagina?

La vagina mide, en promedio, aproximadamente 5.5 pulgadas (14 centímetros) y durante el coito se expande unas pulgadas más. Es un tubo suave y flexible. Durante el coito, ni el varón ni la mujer deben preocuparse porque el pene sea "demasiado grande". La vagina generalmente se expande para adaptarse a la mayoría de los penes y el pene no puede penetrar en el cuello uterino ni en el útero.

¿Por qué se tiene menos respeto por los adolescentes que tienen hijos?

Esta pregunta podría tener muchas respuestas, pero sería injusto decir que todos los adolescentes son menos respetados cuando tienen hijos. Sin embargo, a veces la gente se decepciona ante esta situación porque los adolescentes normalmente no están preparados para asumir las responsabilidades ni los desafíos de ser padres. Nuestra sociedad considera que la adolescencia es una época para aprender, divertirse y prepararse para la vida adulta, pero no para ser padres. Quizás ésta sea la razón por la cual la gente se siente tan desilusionada con los adolescentes que tienen hijos. En cierta medida sienten que esa persona joven ha perdido una oportunidad.

¿Se puede estar enamorado de dos personas al mismo tiempo?

¡Otra vez el amor! Si hablamos del amor de pareja o de un amor de tipo matrimonial, estamos planteando una pregunta que ha desconcertado a filósofos durante siglos. En realidad, no existe una respuesta concreta.

Pero podemos plantear otra pregunta: ¿Puede una persona sentirse atraída sexualmente o tener sentimientos románticos por dos o más personas a la vez? La respuesta es sí. ¡Ahora sí que estamos en problemas!

¿Es el coito realmente importante?

Para la continuidad de la raza humana, sí. Por lo demás, no necesariamente. El sexo tiene numerosos propósitos. Principalmente, su razón de ser es la procreación o incluso satisfacer "impulsos biológicos". Las personas también tienen relaciones sexuales para compartir sentimientos de afecto o amor mutuo o, simplemente, para sentir placer.

¿Es el sexo realmente importante en una relación?

Dos personas pueden compartir amor, intimidad, romanticismo y placer sin tener relaciones sexuales. Pero si una pareja no puede compartir amor, tener intimidad, ni vivir un romance sin tener relaciones sexuales, entonces el sexo ciertamente no será la solución que mejore o sostenga esa relación.

El sexo nunca salva una relación. Es más, a menudo sólo la complica. Nunca se debería recurrir al sexo para intentar conservar un novio o novia, "salvar" una relación, ni para "probar el amor" que uno siente hacia otro.

La mayoría de las parejas enamoradas, estén casadas o no, sean jóvenes o viejas, expresan su amor, sentimientos e intimidad sin tener relaciones sexuales. ¿Será que toda esta gente está tramando algo?

La otra cara de la moneda es que, para algunas personas, el sexo es muy importante y, para otras, no es importante para nada, y la falta de compatibilidad (igualdad o similitud) sexual entre dos personas puede ser un problema para la relación. Pero también, especialmente en el caso de los jóvenes o personas solteras, el sexo nunca debe usarse para "probar el amor" que uno siente por otro ni para intentar salvar una relación. En tales circunstancias, la relación generalmente termina en una ruptura de todos modos, y la persona que cedió termina sintiéndose mal y arrepentida.

¿Está considerado "sexo seguro" el uso de condón?

Técnicamente, sí. Aunque los condones no son 100% eficaces para evitar embarazos no deseados, cuando se los utiliza correctamente, brindan una excelente protección contra este tipo de embarazos (aproximadamente de 95% a 98%) y contra la mayoría de las enfermedades de transmisión sexual, incluso el VIH.

¿Por qué los padres desaprueban que sus hijos adolescentes tengan relaciones sexuales si cuando tenían la misma edad ellos las tuvieron?

No todos los padres tienen esa actitud ni todos tuvieron relaciones sexuales cuando eran adolescentes. Sin embargo, es una buena pregunta porque esa premisa representa una conducta frecuente en ciertos padres. Algunos de ellos tienen esta actitud porque se preocupan por sus hijos adolescentes y quieren protegerlos. Quizás ahora se dan cuenta de los riesgos que corrieron en su época, a pesar de que no había una enfermedad de transmisión sexual como el VIH/SIDA que se propagara tan rápidamente.

Tal vez recuerdan sus experiencias y se arrepienten de cosas que hicieron y desean ayudarte a tomar mejores decisiones que las que ellos tomaron. Es decir, si este fuera el caso estarían actuando como ángeles de la guarda.

¿Por qué para las mujeres el coito es algo más serio que para los varones?

No siempre, pero generalmente una mujer tiene relaciones sexuales por razones diferentes de las de un varón. Según el estereotipo más difundido en la sociedad, una mujer tiene relaciones sexuales por amor, romanticismo o intimidad, mientras que un hombre quizás lo haga principalmente por placer.

Esto, por supuesto, no siempre es así, pero es debido a ese estereotipo que muchas veces el hombre utiliza un razonamiento "romántico" a fin de convencer a una mujer para tener relaciones sexuales. Como consecuencia, ella luego se siente desilusionada o arrepentida cuando descubre que el sexo no le brindó lo que esperaba: romance, ternura, "amor verdadero" incondicional o una sensación de comunión con su compañero.

¿Por qué a veces un varón y una mujer tienen relaciones sexuales sin protección y no se produce un embarazo?

Esto puede ocurrir (y ocurre) porque, como la mujer no ha ovulado, no hay un óvulo (célula germinal femenina) que los espermatozoides masculinos puedan fertilizar. También puede ocurrir que se produzca un embarazo y luego haya un aborto espontáneo. Es muy arriesgado tener relaciones sexuales especulando con que no va a haber un óvulo esperando ser fertilizado. La gente que corre esos riesgos innecesarios tiene muchísimas probabilidades de caer en la trampa. De hecho, de cada 100 parejas que deciden correr ese riesgo en forma reiterada durante un año, 85 mujeres quedan embarazadas. Una pareja debe usar métodos anticonceptivos cada vez que tiene relaciones sexuales.

¿Qué significa tener "las bolas azules"? ¿Realmente les ocurre eso a los varones que no tienen relaciones sexuales?

Hace ya muchos años que algunos varones utilizan este argumento para convencer a las mujeres a que tengan relaciones sexuales con ellos. Aunque en ocasiones los testículos y los genitales del varón se llenan de tanta sangre y tensión sexual que provocan molestias, de ninguna manera una muchacha debería tenerle lástima ni sentirse obligada a realizar "curaciones sexuales".

El tiempo o una ducha fría pueden ayudarlo a solucionar el problema. El viejo cuento de las "bolas azules" es sólo un esfuerzo desesperado para hacer que una mujer acceda a tener relaciones sexuales. Si un muchacho lo usa contigo, puedes decirle: "¡Qué suerte tienes! El azul te queda muy bien", y luego marcharte.

¿Por qué la gente gime durante el coito?

No todas las personas lo hacen, pero algunas sienten la necesidad de gemir, gritar o emitir diferentes sonidos, como "mmm" o "ahhh", durante el coito.

Eso no tiene nada de malo, pero hay quienes lo hacen porque creen que es lo que se espera de ellos.

Otros lo hacen porque les gusta tanto lo que están haciendo que esos sonidos les salen naturalmente, como cuando los simpatizantes de un equipo de fútbol gritan después de un gol. Sin embargo, una relación sexual puede ser (y a menudo es) muy silenciosa.

¿Puede una mujer quedar embarazada si la pareja sólo frota sus cuerpos y el varón eyacula?

La única forma en que se puede producir un embarazo es mediante un coito vaginal. Si el pene no entra en la vagina ni libera líquido preeyaculatorio ni semen, no puede haber embarazo. Es decir que independientemente de dónde se expulsen esos fluidos fuera de la vagina, no se puede producir el embarazo.

¿Puede una pareja contraer enfermedades de transmisión sexual si sólo se frotan los cuerpos?

Para contraer una infección de transmisión sexual, una de las personas debe estar ya infectada. Dado que el mero roce de cuerpos no supone el intercambio de semen, líquido preeyaculatorio, secreciones vaginales ni sangre, muchas de las enfermedades de transmisión sexual no pueden contagiarse mediante esa actividad. Sin embargo, algunas sí pueden contagiarse mediante el contacto de piel, por ejemplo, la sífilis, el herpes (si hay llagas presentes o a punto de aparecer), las verrugas genitales y las ladillas. Siempre es bueno suponer que la otra persona puede estar infectada con una enfermedad de transmisión sexual y no saberlo. Por lo tanto, es fundamental hacer lo necesario para protegerse.

Me he dado cuenta de que algunas cosas que la gente dice sobre el sexo no son ciertas. ¿A quién debo creerle cuando se trata de sexo?

Lamentablemente, hay adultos que están más interesados en sus propias convicciones, en creencias religiosas, en sus planes para lograr metas personales y en el poder, que en presentar hechos respaldados por investigaciones, en la equidad, en los derechos humanos y en la salud y la vida de los demás, especialmente, de los más jóvenes. Ésta es una época difícil en la que incluso algunos médicos manipulan los hechos y divulgan información errónea o distorsionada con el fin de fomentar sus creencias religiosas en lugar de presentarles hechos reales a los jóvenes. Lo peor de todo es que algunos son muy convincentes. Ten cuidado de dónde obtienes información. He aquí algunos sitios confiables donde puedes obtener información acerca del sexo: el Consejo de Información y Educación de la Sexualidad de los Estados Unidos (SIECUS) (http://www.siecus.org/) y el Alan Guttmacher Institute (http://www.agi-usa.org/).

Para obtener información apta para jóvenes, una buena fuente es Advocates for Youth (http://www.advocatesforyouth.org/) y Youth Embassy (http://www.YouthEmbassy.com/).

Ambos prestan un servicio a través del cual puedes realizar todas las preguntas que desees en forma confidencial y recibir respuestas veraces desprovistas de juicios de valor.

Si tienes más inquietudes acerca de lo que es normal o anormal o acerca de otros temas sexuales, puedes encontrar más información o realizar preguntas en: Youth Embassy (http://www.YouthEmbassy.com).

3

¡Amor, amor, amor!

Si hay algo que nos confunde a todos, sin dudas es el amor. Pero dado que estamos hablando de sexualidad, vamos a delimitar nuestra definición a un solo tipo de amor: el amor romántico.

Dicho en pocas palabras, el amor romántico es una intensa pasión que sentimos por otra persona. Sin embargo, suena fácil, pero lejos está de serlo. Ese sentimiento profundo por otra persona nos puede hacer sentir entusiasmo y vitalidad, pero también nerviosismo, depresión y hasta obsesión. Este conjunto de emociones tarde o temprano nos confunde, pues nos hace sentir muchas cosas contradictorias al mismo tiempo.

¿Cómo puedes saber si estás realmente enamorado o es sólo un capricho?

La verdad es que es casi imposible establecer una separación clara porque lo que se siente en ambos casos suele ser lo mismo. Existen algunas diferencias sutiles, pero no es fácil percibirlas. La buena noticia es que en realidad no importa si se trata de un verdadero amor o de un capricho, ya que ambas situaciones se deben manejar del mismo modo. De manera que probablemente te ahorres muchos dolores de cabeza si no insistes demasiado en distinguirlos; sólo debes darte cuenta de que son sentimientos intensos.

Independientemente de lo que sea, lo que sientes es real y especial. Lo importante es que tomes decisiones sensatas respecto de lo que te ocurre con tus sentimientos.

¿Por qué el amor es ciego?

Decimos que el amor es ciego porque a menudo nos impide ver las cosas como realmente son. Esta característica del amor nos acompaña toda la vida, ya que los adultos también caen presa de esta ceguera.

A grandes rasgos, podemos decir que los seres humanos constamos de dos partes: la mente y el corazón. La mente controla lo que pensamos. Está gobernada por el pensamiento lógico y normalmente toma las decisiones correctas. El corazón, por otro lado, controla lo que sentimos. Todas nuestras emociones están bajo su imperio, pero, a diferencia de la mente, el corazón no necesita ser lógico ni tomar buenas decisiones: su único propósito en este mundo es ser feliz.

¿A quién debo escuchar?

¿A mi corazón o a mi mente?

El amor te puede confundir

El problema es que la mente y el corazón no siempre están de acuerdo. Incluso a veces luchan entre sí o tratan de controlarse uno al otro. Lamentablemente, cuando estamos enamorados o encaprichados con alguien, solemos dejar que decida nuestro corazón y no nuestra mente. Cuando eso sucede, normalmente elegimos lo que nos hace sentir bien, en lugar de escoger lo más lógico o lo correcto. Cuando pasa el tiempo y recordamos decisiones pasadas, nos preguntamos: "¿En qué estaba pensando? ¿Acaso no me daba cuenta de la realidad? ¿Estaba ciego o qué?" Por ejemplo:

¿Alguna vez pasaste la tarde con tu novio o novia en vez de hacer tu tarea escolar o cumplir con alguna otra obligación?

¿Alguna vez te quedaste despierto hasta tarde hablando por teléfono con él o ella, sabiendo que debías acostarte temprano porque al día siguiente tenías un examen difícil?

¿Alguna vez entablaste una relación física con él o ella más íntima de lo que realmente querías, pero la presión era tan grande que te impedía negarte e hiciste lo que él o ella deseaba en lugar de hacer lo que considerabas correcto?

Esos son sólo algunos ejemplos de lo que solemos hacer cuando oímos a nuestro corazón y no a nuestra mente. Generalmente, cuando el corazón toma decisiones en situaciones amorosas, es muy probable que las cosas no terminen como uno espera.

He aquí otro ejemplo de la lucha entre la mente y el corazón ante una situación amorosa. Fíjate si te das cuenta si las decisiones están basadas en los dictados del corazón o de la mente.

Hace casi un año que Felisa y Gastón están enamorados (o encaprichados el uno con el otro). Se ven la mayor cantidad de tiempo posible durante los fines de semana, y hablan por teléfono todas las noches. Están todo el tiempo pensando en el otro, y cuando se besan y abrazan sienten que están en las nubes, en la calidez de su compañía.

Cierto sábado por la noche, atraído por la ausencia de los padres de Felisa, Gastón fue a visitarla. Hubo besos y caricias, y a ella nada de esto parecía molestarle. Como muchas otras veces, la pasión entre Felisa y Gastón comenzó a levantar más y más temperatura.

DECISIÓN 1: Las manos de Gastón empezaron a acariciarle los senos y las nalgas. Felisa se siente un poco incómoda, pero permite que Gastón continúe.

DECISIÓN 2: Gastón se entusiasma y comienza a desabrocharle los pantalones. Felisa retira las manos de Gastón con la idea de que así le estará advirtiendo que se detenga.

DECISIÓN 3: Sin embargo, a los pocos segundos Gastón empieza a subirle la camisa. Otra vez Felisa detiene las caricias de Gastón. Gastón se impacienta un poco y le susurra al oído: "¿Qué pasa?", mientras sigue besándola.

Felisa le contesta con otro susurro: "Aún no me siento preparada".

La impaciencia de Gastón crece en la misma medida en que lo hace su excitación, y le pregunta: "¿Entonces cuándo vas a estar preparada?"

Felisa se siente bastante presionada y le resulta difícil rechazar las insinuaciones de Gastón. "No sé, Gastón. Pero seguro que hoy no", le contesta.

DECISIÓN 4: Gastón le susurra en el oído: "Te amo y nunca querría presionarte para que hagas algo que no estés preparada a hacer, pero hace un año que somos novios y los dos sabemos que siempre vamos a estar juntos. Quiero mostrarte cuánto te amo".

Felisa ama a Gastón y quiere hacerlo feliz. Sabe que algún día se casarán y formarán su propia familia. Pero hay algo que aún no la convence del todo. Esto la preocupa e inquieta.

DECISIÓN 5: Entonces le susurra: "¿Y si esto nos trae problemas?"

Gastón contesta de inmediato: "No nos va a traer ningún problema. Yo sé lo que te digo. Confía en mí".

Felisa luego balbucea en voz baja: "Está bien", y Gastón sigue profesándole su amor. Se besan apasionadamente y Gastón comienza a sacarle la ropa.

DECISIÓN 6: Felisa lo ama, pero tiene un poco de miedo y aún no se siente segura de lo que está por hacer. Luego, al ver cómo Gastón se quita la ropa, le pregunta con preocupación: "¿Y si usamos un condón?"

"No te preocupes por eso", responde Gastón.

Minutos después, Gastón y Felisa terminan de "hacer el amor" y rápidamente se visten.

En la mente de Felisa sólo hay lugar para miedos y preocupaciones. ¿Quedaré embarazada? ¿Qué pensarán mis padres? ¿Qué pensarán mis amigos? ¿Estoy lista para tener un hijo? ¿Cómo voy a hacer para cuidar a mi hijo e ir a la escuela al mismo tiempo? ¿Se casará Gastón conmigo? ¿Quiero realmente casarme con él? ¿Habré contraído herpes? ¿ o SIDA? ¿Me habré contagiado alguna otra enfermedad?

Existen varios finales posibles para esta historia y seguro que tú podrás imaginarlos.

Pero antes de que des vuelo a tu imaginación, analicemos quién gana la discusión en cada instancia: ¿la mente o el corazón?

DECISIÓN 1: Gastón comienza a tocarle los senos a Felisa.

La mente de Felisa dice: "Ponle freno a esta situación, pues de lo contrario, él seguirá adelante".

El corazón de Felisa dice: "Tú lo amas y lo que él está haciendo te gusta".

GANADOR: El corazón. Ella lo deja a Gastón seguir adelante.

DECISIÓN 2: Gastón comienza a desabrocharle los pantalones.

La mente de Felisa dice: "No estás preparada para tener relaciones sexuales ni para afrontar las responsabilidades que implican".

El corazón de Felisa dice: "Tú sabes que no quieres perderlo".

GANADOR: La mente. Felisa le retira la mano a Gastón.

DECISIÓN 3: Gastón intenta levantarle la camisa a Felisa.

La mente de Felisa dice: "A él no le importa lo que tú quieres. Sólo le interesa lo que él quiere. ¡Dile que no estás preparada!"

El corazón de Felisa dice: "No querrás que Gastón se enoje, ¿no? Después de todo, a ti no te molesta lo que está haciendo".

GANADOR: La mente. Felisa trata de explicarle que no se siente preparada.

¿Estoy preparado para tener relaciones sexuales?

Si se produce un embarazo, ¿tengo suficiente dinero para pagar los gastos del hospital? ¿Y para pagar lo siguiente?
- La ropa
- La comida
- Los medicamentos
- La vivienda

¿Puedo hacer lo que quiera mientras mantengo a una familia?
- Ir a la universidad
- Seguir una carrera profesional
- Divertirme

Si contraigo una ETS... ¿Estoy preparado para lo siguiente?
- Pagar el costo del tratamiento
- Asumir que tengo una enfermedad de por vida
- Aceptar la posibilidad de quedar estéril
- Aceptar la posibilidad de morir joven

¿ESTÁS PREPARADO para tener relaciones sexuales?

DECISIÓN 4: Gastón le dice a Felisa que la ama y que quiere demostrárselo.

La mente de Felisa dice: "¿Qué tiene que ver el sexo (el coito) con el amor? ¿Cómo será tu vida si esto te trae problemas?"

El corazón de Felisa dice: "Lo amas con toda tu alma y es bueno que se lo demuestres. Al fin y al cabo, van a casarse igual, ¿o no?".

GANADOR: La mente. Felisa intenta desesperadamente encontrar una razón para no tener relaciones sexuales con Gastón.

DECISIÓN 5: Gastón le pide a Felisa que confíe en él y le dice que esto no va a traerles ningún problema.

La mente de Felisa dice: "Él no puede garantizarte que no vayan a tener problemas. Además, él tampoco está preparado para enfrentar las posibles consecuencias".

El corazón de Felisa dice: "No va a haber ningún problema. Lo que están por hacer va a ser una agradable experiencia amorosa que quedará para siempre en los recuerdos de ambos".

GANADOR: El corazón. Felisa accede.

DECISIÓN 6: Gastón y Felisa están a punto de tener relaciones sexuales sin protección contra el embarazo o enfermedades de transmisión sexual.

La mente de Felisa dice: "Puedes quedar embarazada o contraer el virus del SIDA (VIH)".

El corazón de Felisa dice: "Ya que llegaron hasta acá, déjalo hacer lo que quiera. Confía en él como lo has hecho siempre".

Ganador: El corazón. No usan ningún método anticonceptivo.

Cuando hay una lucha interna entre la razón y el corazón, ¿quién ganará?

Como puedes ver, cuando el corazón toma decisiones en nuestro lugar en situaciones amorosas, nos hace correr riesgos y nos expone a numerosos peligros, algunos de los cuales hasta pueden costarnos la vida.

El enfrentamiento entre el corazón y la mente siempre existió, pero eres tú quien deberá decidir cuál de los dos ganará.

¿Es lo mismo el amor y el sexo?

El amor no es lo mismo que el sexo ni el sexo es lo mismo que el amor. El coito es un acto físico que constituye el método de reproducción de los seres humanos. Los sentimientos que pueden estar presentes cuando dos personas tienen una relación sexual pueden ser muy variados. Una persona puede estar enamorada o simplemente desear el placer físico que la relación sexual es capaz de provocar. Lamentablemente, en nuestra sociedad muchas personas le dicen a otra que la aman sólo para tener relaciones sexuales. Muchas veces, para convencerla, le dicen lo que sea que esa persona quiera oír.

El amor no es una luz verde para tener relaciones sexuales. El mero hecho de estar enamorados no significa que debamos tener relaciones sexuales, aunque en numerosas ocasiones la gente crea que sí. Esto a menudo es un gran error. El acto físico del coito implica muchas responsabilidades y riesgos.

¿El sexo es una prueba de que amas a alguien?

No. Una persona nunca debería tener relaciones sexuales para intentar probar su amor, ni para muchas otras cosas. La relaciones sexuales:
- no son una prueba de tu amor;
- no te convierten en un adulto;
- no curan la soledad;
- no te hacen más listo ni te garantizan la aprobación de quienes creen serlo;
- no prueban que eres independiente de tus padres;
- generalmente no mejoran una situación o relación, sino que las complican.

¿Cómo puedo expresar mi amor por alguien sin tener relaciones sexuales?

Uno de los argumentos más usados es: "Si me amaras, lo harías" (es decir, "tendríamos relaciones sexuales"). Este argumento casi siempre convence a la persona para que tenga relaciones sexuales porque ejerce mucha presión al situarla en el dilema de que, o bien "prueba" su amor y accede, o bien significa que no ama al otro lo suficiente. Es un viejo truco dialéctico, que sólo nos permite elegir entre dos opciones: (1) si me amas, harás lo que yo quiero que hagas, o (2) si no haces lo que quiero, en realidad no me amas. ¿Acaso no suena manipuladora la persona que realiza un planteo semejante (tratando de engañarnos para lograr lo que quiere)? En realidad, existen muchas otras opciones además de las dos que nos plantean. Puedes amar de verdad a alguien y aun así no querer tener relaciones sexuales o hacer lo que el otro desea. De hecho, y aunque tal vez no te des cuenta, probablemente estés todo el tiempo demostrándole cuánto lo amas. En el capítulo 10 encontrarás algunas de las muchas formas en que puedes compartir y demostrar tu amor sin tener relaciones sexuales.

Hay quienes consideran que para expresar el amor es necesario tener relaciones sexuales debido al modo en que se usa la expresión "hacer el amor". Verás, no obstante, que en el libro esta frase aparece siempre entre comillas porque en realidad no existe tal cosa como fabricar amor por medio de relaciones sexuales. Es decir, el sexo no crea amor de la nada. Si dos personas no están enamoradas antes de tener relaciones sexuales, no se enamorarán mágicamente después de tenerlas.

Cuando dos personas están enamoradas y tienen relaciones sexuales, tampoco producen amor: probablemente realcen el amor que ya sienten, como podrían realzarlo de muchas otras maneras.

Por último, la próxima vez que alguien te pida que le pruebes tu amor o que hagas el amor, recuerda lo siguiente:

- El sexo no crea amor de la nada. El amor no necesariamente exige sexo a cambio.
- No deberías estar obligado a tener relaciones sexuales para probar que amas a alguien.
- Si una persona te ama de verdad, nunca te presionará ni manipulará para que hagas nada que te parezca incorrecto.

¿Estoy preparado para realizar el coito?

Lo más probable es que físicamente lo estés, ¿pero estás preparado emocional y económicamente?

Las relaciones sexuales implican muchas responsabilidades y riesgos, y debes plantearte si estás listo para enfrentar las posibles consecuencias. ¿Estás emocionalmente preparado para hacer frente a enfermedades como herpes, chlamydia, SIDA o cualquier otra infección de transmisión sexual? ¿Estás en una situación económica que te permita afrontar el costo de las pruebas y tratamientos si te enfermaras? ¿Estás en condiciones de asumir un embarazo? ¿Tienes el dinero suficiente para correr con los gastos de un embarazo? Si reflexionas acerca de estos ejemplos y respondes "no" a cualquiera de las preguntas planteadas, quizás no estés preparado para realizar el coito. Esto también vale para tu pareja, ya que también debe estar lista, pues de lo contrario se puede generar una situación incómoda. Si crees que tu pareja te acompañará en las buenas y en las malas, tal vez te lleves una sorpresa.

¿Y si mi novio o novia y yo estamos enamorados y ambos queremos tener relaciones sexuales?

Puede suceder que en algún momento se encuentren a solas y "sientan" que ha llegado el momento. Es la situación ideal para que tu mente y tu corazón se batan a duelo.

Tu corazón esgrimirá sentimientos de amor, pasión y deseo (sin dudas, armas de probada eficacia).

Tu mente, por su parte, enviará al frente de batalla estrategias de razonamiento lógico y educación, que tratarán de proyectar preocupaciones y dudas sobre los sentimientos del corazón. El resultado será una guerra que tú vivirás como un gran estado de confusión.

Esta encarnizada batalla se prolongará hasta que haya un solo vencedor: el corazón o la mente. Si notas que tu corazón se impone y que la pasión te lleva derecho al coito, existen algunas precauciones que debes tomar, independientemente de lo que opine el corazón.

Asegúrate de protegerte contra un embarazo no deseado y enfermedades de transmisión sexual. Aunque la abstinencia (no tener relaciones sexuales) es el único medio seguro de estar a salvo, un condón (preservativo) te brindará una excelente protección contra embarazos no deseados y contra la mayoría de las enfermedades de transmisión sexual.

Si crees que estás preparado para asumir las responsabilidades que pueden llegar después de tener relaciones sexuales, también debes estar dispuesto a aceptar las responsabilidades de lo que ocurre antes de tenerlas. En resumidas cuentas, si te resulta incómodo usar un condón, seguramente te incomodará un embarazo, o contagiarte alguna enfermedad de transmisión sexual o el SIDA. Es decir, si ni siquiera puedes asumir la responsabilidad de usar un condón antes de tener relaciones sexuales, es imposible que puedas afrontar sus consecuencias. Debes esperar hasta estar listo para actuar de modo responsable, reducir los riesgos y estar más capacitado para ocuparte de estas cuestiones relacionadas con el sexo.

Si tienes más preguntas acerca del amor, el encaprichamiento, las relaciones o alguna otra inquietud relativa a la sexualidad, puedes encontrar información adicional o realizar consultas en: Youth Embassy, http://www.YouthEmbassy.com.

4

Relaciones saludables y enfermizas

Una relación es una conexión entre dos o más personas. Existen diversos tipos de relaciones, desde relaciones de amigos y conocidos (alguien que conoces pero que no consideras un amigo) hasta relaciones familiares y amorosas. Las relaciones pueden ser de satisfacción mutua (ambos se sienten bien con ellos mismos y con el otro) o unilaterales (una de las personas da más de sí misma que la otra). En una relación se mezclan distintas personalidades, que es como mezclar distintos ingredientes o especias: algunas veces los ingredientes combinan bien y otras veces no. La clave consiste en saber cuándo una relación es positiva y cuándo es negativa.

¿Qué es una relación saludable?

Una relación saludable es un vínculo de satisfacción mutua (es decir, ambos se sienten bien con ellos mismos y con el otro), que no pone en peligro la salud física, mental ni emocional de ninguna de las partes.

¿Cuáles son los signos de una relación saludable?

Algunos de los indicios de una relación saludable son los siguientes:
- Disfrutas de la compañía de la otra persona
- Te sientes bien contigo mismo cuando estás con el otro

- Puedes ser tú mismo sin sentir que tienes que actuar como si fueras otra persona
- Te sientes seguro y confiado porque el otro se ha ganado tu confianza
- La otra persona es una influencia positiva en tu vida
- Te permite seguir creciendo y alcanzar tus metas
- La otra persona respeta tus aspiraciones y valores personales
- La otra persona respeta tus ganas de hacer o dejar de hacer algo
- Sientes que tus necesidades en cuanto a la relación están siendo satisfechas
- Los dos pueden comunicarse de manera tal de satisfacer sus necesidades
- Los dos tienen expectativas (necesidades) parecidas respecto de la relación

¿Qué es una relación enfermiza?

Una relación enfermiza es aquélla en la cual una o ambas personas involucradas crean situaciones de riesgo físico, mental o emocional. En este tipo de relaciones estar juntos es un sufrimiento.

¿Cuáles son los signos de una relación enfermiza?

Algunos de los indicios de una relación enfermiza son los siguientes:
- No disfrutas de la compañía de la otra persona.
- Te sientes inferior, culpable o despreciable cuando estás con esa persona
- Sientes que tienes que fingir para poder impresionar al otro y para que se interese en ti.
- La otra persona te pone en situaciones riesgosas o estresantes.
- Tus necesidades físicas, mentales y emocionales son ignoradas o amenazadas.
- La otra persona intenta usar la culpa o la ira para manipularte y forzarte a hacer cosas.
- No sientes que tus necesidades en cuanto a la relación estén siendo satisfechas.
- Ninguno de los dos se comunica de manera de satisfacer las necesidades del otro.
- Ambos quieren cosas diferentes de la relación.

¿Qué puedo hacer para mejorar una relación enfermiza?

En realidad no puedes hacer nada; al menos no tú solo. Para que haya cambios positivos en la relación las dos personas deben hacer algo al respecto. Si el otro no está dispuesto a hacer su parte, lo más probable es que la relación no mejore. Pero incluso en ese caso, a veces, para que una relación mejore es necesario que uno de los dos cambie su personalidad, lo cual es muy difícil de hacer.

No obstante, si ambos están interesados en mejorar la relación, lo primero que deben hacer es averiguar qué espera cada uno de la relación, qué le gusta a cada uno y qué quisiera mejorar. Ten en cuenta que nunca debes sentir que

→ CONTINÚA	◇ DESPACIO	⬡ PARA
Te sientes...	**Te sientes...**	**Te sientes...**
Confiado	Culpable	Maltratado
Respetado	Estresado	Controlado
Seguro de ti	Despreciable	Avergonzado
mismo	Manipulado	Amenazado
Contenido	Insatisfecho	Asustado
Feliz		

Para sentirte seguro y feliz,
debes poder leer las señales de una relación.

tienes que poner en riesgo tu integridad o tus valores personales para complacer al otro o para demostrar un "sacrificio" en pos de la relación. Si te piden que hagas algo que, a tu modo de ver, viola o compromete tus valores y creencias personales, tómalo como un indicio de que ésta tal vez no sea la relación adecuada para ti.

Nos amamos pero discutimos constantemente y nos tratamos con crueldad. ¿Por qué sucede esto?

La vida nos brinda la capacidad de sentir amor, atracción física y otras emociones en una etapa muy temprana de nuestras vidas. No obstante, la capacidad de poder controlar esas emociones generalmente viene mucho más tarde. Es por ello que tal vez haya amor en la relación pero también exista una carencia de aptitudes para manejarla o una incompatibilidad de caracteres, lo cual es muy frecuente. Tal vez debas dejar a esta persona y estar con otra que satisfaga mejor tus necesidades en cuanto a la relación.

Lo bueno es que a medida que crece, uno aprende a controlar mejor sus sentimientos y a desarrollar habilidades para manejar las relaciones. Si bien esto facilita un poco las cosas, incluso en estos casos hay que esforzarse por la relación. La clave consiste no sólo en comprender mejor tus emociones, y aprender y ejercitar habilidades que te ayuden a construir relaciones sólidas, sino también en reconocer cuando alguien no posee dichas habilidades.

Amo a mi pareja pero quiero conocer otra gente. ¿Qué debo hacer?

Los años de la adolescencia, al menos en los Estados Unidos, son un momento especial para aprender cosas nuevas, descubrir cuáles son tus intereses y conocer gente. Si bien el compromiso en una relación a largo plazo es importante, tienes que aprovechar esta etapa para conocer gente nueva, si eso es lo que quieres. Disfruta de tus relaciones y conoce tanta gente como quieras. Pero recuerda ser honesto con todos, incluso contigo mismo.

Creo que ésta es la persona ideal. ¿Deberíamos casarnos?

El amor es algo maravilloso y las relaciones en las cuales está presente pueden ser embriagadoras. No obstante, recuerda que, aunque ya tengas la capacidad de sentir y experimentar el amor, todavía no se han desarrollado totalmente otras áreas de tu crecimiento personal. En los próximos años, cambiarán tus gustos e intereses, al igual que los de tu pareja, así que aunque ahora los dos estén en completa armonía, en los próximos años puede que sus intereses cambien y ustedes quieran seguir caminos diferentes. Tal vez ahora sean perfectos el uno para el otro, pero en el futuro, a medida que la vida cambie y ustedes también (y créeme que sucederá), tal vez ya no lo sean.

Además, el matrimonio es una relación muy diferente de lo que estás viviendo en este momento. Es mucho más que amarse y disfrutar de la compañía del otro.

¿Ninguna?

¿Conocidos?

¿Pareja?

¿Amigos?

Eres TÚ quien decide qué tipo de relación quieres tener con una persona.

Supone la capacidad de poner en práctica habilidades propias de una relación saludable, no sólo cuando las cosas marchan bien, sino también, y especialmente, cuando salen mal.

Pero, la pregunta que uno debe hacerse es: "Si ésta es la persona ideal, ¿acaso no lo seguirá siendo de acá a cinco o seis años?" Si es así, ¿entonces cuál es el apuro para casarse? Disfruta de tu relación tal como es en este momento. Con el tiempo, te darás cuenta si ustedes estaban hechos "el uno para el otro".

¿Cuándo debo terminar una relación?

Debes terminar o cambiar de relación si ves que hay indicios de una relación no saludable (como los que se enumeraron anteriormente). Puedes optar por pasar de una relación amorosa a una de amistad, que no contenga el elemento de romanticismo o intimidad. También puedes pasar a tener una relación de amistad lejana con esa persona o directamente cortar por completo todo lazo y comunicación con ella.

¿Si mi novio o novia me engañara, debería darle una segunda oportunidad?

La cuestión acá es si sientes que puedes volver a confiar en esa persona. Si sientes que esto no es posible, tal vez lo mejor para ti sea sufrir un poco ahora la ruptura de la relación, en lugar de sufrir mucho en un futuro cuando la persona vuelva a traicionar tu confianza.

Sé que estoy en una relación enfermiza pero así y todo no quiero que termine. ¿Por qué?

Las personas (de todas las edades) tienden a aferrarse a cosas que conocen y a las cuales están acostumbradas. A menudo, le tienen más miedo a cambiar algo conocido que a quedarse en una relación enfermiza. Muchas veces, permanecen en relaciones abusivas incluso sabiendo el daño e infelicidad que les provocan. La razón de ello es que temen quedarse solas para siempre o que nadie más se interese en ellas. Claro que esto no es cierto, sobre todo cuando se trata de gente joven, ya que hay literalmente millones de personas en el planeta que puedes conocer.

¿Por qué terminan las relaciones saludables?

Incluso cuando las relaciones son saludables y ambas personas son felices, la gente cambia. Cambian sus intereses, cambian sus metas y cambian sus gustos. A veces estos cambios hacen que una persona quiera cosas que la relación no puede darle. Esto no significa que haya algo malo con alguno de los dos o que alguno sea culpable, siempre y cuando ambos sean honestos con el otro acerca de sus sentimientos.

Otra posible razón, especialmente en el caso de la gente joven, es que algunos disfrutan más del romance y la emoción que supone conocer gente nueva que de tener una relación a largo plazo. Esto es normal y sucede con frecuencia, y nos conduce nuevamente al punto que destacábamos anteriormente acerca de la importancia de conocer lo que una persona quiere de una relación y de cuáles son sus expectativas al respecto.

¿Cómo sé si mi novio o novia es honesto(a)?

¡Muy simple! Si sus actos y comportamiento están de acuerdo con sus palabras, lo más probable es que la persona sea honesta. Por otro lado, si ves que miente o no hace lo que dice que va a hacer, significa que no es digna de tu confianza. (Una regla general que es bueno recordar es que si una persona le miente a otra o la engaña, es probable que te haga lo mismo a ti cuando así le convenga.)

Además, si la persona pone muchas excusas para no hacer algo o siempre parece tener algún cuento para explicar su comportamiento, deberías tomarlo como una señal de advertencia de que la persona puede no ser sincera.

¿Cuál es la mejor manera de terminar una relación?

Hay muchas formas de terminar una relación. Todo depende de la persona involucrada y de buscar la manera de causarle el menor dolor posible. Lamentablemente, cuando algunas personas rompen con alguien, piensan más en lo que es mejor para ellas, en lugar de lo que es menos doloroso para el otro.

La manera más común es empezar por ignorar al otro, pasar menos tiempo con él, dejar de atender sus llamados telefónicos o de contestar sus mensajes de correo electrónico, con la esperanza de que se dé cuenta y siga adelante con su vida. Desgraciadamente, esto suele crear más estrés a la persona que quiere romper y es más duro emocionalmente para el otro. Existen mejores maneras de terminar una relación.

Otra forma es escribir una carta. Nuevamente, esta forma es indirecta, pero al menos la otra persona sabe con seguridad que quieres terminar la relación y cuáles son las razones de ello.

Otra manera es ser directo. Si la relación duró sólo un par de semanas o meses, algunos optan por terminarla por teléfono. Por el contrario, si la relación fue muy profunda e importante, o sabes que la ruptura va a ser muy dolorosa para la otra persona, tal vez la manera más respetuosa de hacerlo sea cara a cara. Una conversación cara a cara durante el almuerzo o en un lugar público, tal vez con amigos cerca, puede que sea la mejor manera de decirle a alguien que quieres terminar con la relación.

Ten en cuenta que a veces la situación puede descontrolarse. Si te parece que la persona puede tornarse violenta o que no va a aceptar el hecho de que la relación haya llegado a su fin, el proceso puede ser aún más difícil. En tal caso, asegúrate de:

- Estar a salvo durante todo el tiempo que dure tu conversación para romper con esta persona; y
- que la persona entienda que la relación ha terminado.

En estas circunstancias, la mejor manera de hablar con alguien sin que corras ningún riesgo es por teléfono. Si a la otra persona le cuesta aceptar que la relación ha terminado, lo mejor es dejar en claro que es definitivo, que no hay posibilidad alguna de volver y que no quieres seguir comunicándote con ella ni ser amigos. Termina la llamada sin permitirle que te arrastre nuevamente en una discusión. Si bien esto puede sonar duro (y de hecho lo es), a veces es la única manera de que ciertas personas entiendan lo que quieres decirles. Si nada funciona y ves que la persona continúa intentando contactarte o aparece en lugares donde sabe que tú irás, puede que necesites ayuda. Pídeles a tus padres que intervengan y se comuniquen con los padres de tu ex-novio o novia para que les expliquen la situación. Con suerte, las cosas terminarán allí y no tendrás necesidad de involucrar a nadie más, como la policía o los directivos de la escuela.

Si la persona con la que estás rompiendo no es tan problemática, trata de tener en cuenta sus sentimientos cuando hables con ella. Habla de los buenos momentos y aspectos positivos de la relación, pero dile que quieres concentrar más tu atención en otras actividades, como la escuela o algún pasatiempo, o que no sientes que tienes el corazón totalmente puesto en la relación. A partir de allí, deberás decidir si los dos pueden seguir siendo amigos sin que ello les cause ningún daño emocional, o si lo mejor sería no hablarse más. Muchas personas necesitan un "cierre" o conclusión formal, es decir un fin definitivo de la relación, para poder aliviar el dolor y seguir adelante con su vida social y la búsqueda del amor.

¿Cómo puedo aliviar el dolor de una ruptura?

Analiza tus sentimientos y los factores que los provocan. La vida está llena de momentos buenos y malos. Los momentos malos no duran para siempre y los buenos tampoco. Todo es pasajero. Recuerda que en tu vida habrá más relaciones y momentos felices, y que con el tiempo el dolor pasará. Mientras tanto, intenta mantenerte ocupado con pasatiempos y actividades positivas que disfrutes.

¿Cuándo es hora de pedir ayuda?

Si pasan más de dos semanas y sigues triste, una buena idea es compartir lo que sientes con un adulto de confianza, en caso de que no lo hayas hecho antes. Expresar tus emociones, como la tristeza y la ira, es una buena manera de exteriorizarlas para aliviar el dolor.

Si sientes que estás deprimido y que hablar con un adulto de tu confianza no te está brindando el apoyo que esperabas, pídele a esa persona que te ayude a buscar orientación psicológica para aclarar tus sentimientos.

¿Debería volver con mi ex?

A pesar de que algunos lo hacen, la situación rara vez mejora y la mayoría de las veces terminas rompiendo nuevamente y reviviendo el dolor. No obstante, cabe aclarar que hay excepciones. Lo mejor sería buscar a alguien que sea más compatible contigo y con lo que quieres.

¿Qué es una relación abusiva?

Lamentablemente, este tipo de relaciones son cada vez más frecuentes, especialmente entre la gente joven. Algunos de los indicios de una relación abusiva son los siguientes:

- La otra persona te maltrata (por ejemplo, te abofetea, te pega, te patea, te quema o te inflinge cualquier otro tipo de dolor en el cuerpo).
- La otra persona te maltrata emocionalmente (por ejemplo, te dice que no vales nada o te intenta hacer sentir culpable, avergonzado, nervioso, asustado o bien te ignora).
- La otra persona te maltrata socialmente (por ejemplo, hace correr rumores malos acerca de tu persona o trata de degradarte, menospreciarte o hacerte pasar vergüenza delante de la gente).
- La otra persona te maltrata psicológicamente (por ejemplo, trata de controlar con quién puedes hablar, a quién puedes ver, dónde puedes ir, qué puedes hacer y usar).
- La otra persona te maltrata sexualmente (por ejemplo, te obliga a tener cualquier tipo de contacto sexual mediante la fuerza física o las amenazas).
- Tienes miedo de hacer o decir determinadas cosas en su presencia.
- Te preocupa lo que te pueda hacer la próxima vez que estén juntos.
- Sientes que dependes de ella para vivir y sobrevivir.
- Pones excusas para justificar la forma de ser de esa persona.
- Pones excusas para justificar por qué no terminarías la relación.
- Tienes miedo de romper con esa persona.

¿Qué debo hacer si estoy en una relación abusiva?

Habla con un adulto de tu confianza que te ayude a salir de la relación, ya que es extremadamente difícil (casi imposible) que puedas salir de este tipo de relaciones por tu cuenta. Para garantizar que no corras peligro ahora ni en el futuro, necesitarás la ayuda de un tercero.

Si no conoces a ningún adulto de confianza, comunícate con los distintos organismos abocados al tema (como la escuela, la policía, una clínica de salud, etc.) y diles que tienes un problema de violencia doméstica y que necesitas ayuda. Allí podrán informarte respecto de dónde encontrar ayuda en tu comunidad. Puedes encontrar más información o asistencia en Safe Horizon, http://www.dvsheltertour.org/ o llamando al 1-800-621-4673 en EE. UU.

Si tienes más preguntas acerca de las relaciones o alguna otra inquietud relativa a la sexualidad, puedes encontrar información adicional o realizar consultas en: Youth Embassy (http://www.YouthEmbassy.com).

5

Cómo "hacer el amor"

Si crees que eres la única persona que alguna vez se ha preguntado qué sucede cuando dos personas "hacen el amor" o cuál es la manera adecuada de tener relaciones sexuales, quédate tranquilo porque no eres el único. Todo el mundo, al menos una vez en su vida, se ha hecho esta misma pregunta. Tal vez quieras saber si hay determinados movimientos, posiciones, técnicas o estrategias que deberías conocer para poder "hacer el amor" como corresponde.

Antes de responder a estas preguntas, es importante que entiendas qué significan las palabras "amor" y "hacer el amor". Si no has leído el capítulo que trata sobre el amor, deberías hacerlo antes de continuar. Si ya lo has hecho, sigamos adelante.

Primero que nada, el coito no es un evento olímpico. Imagínate la siguiente situación: "La muchacha lo está besando apasionadamente, pero de repente, su propia baba comienza a chorrear por los labios del joven compañero. Los jueces alemanes le otorgan un miserable 5.5". O esta otra: "El joven acaricia lentamente los hombros de su novia y parece que va camino a un 10 perfecto, pero... ¡qué es esto! Estamos en problemas... el muchacho calcula mal su posición y ¡se cae de la cama! Habrá que deducirle unos cuantos puntos, estimada audiencia".

Ten en cuenta que el coito no es una competencia: no habrá ningún panel de jueces evaluando el estilo, la técnica ni la ejecución.

¿Por qué la gente hace tanto ruido durante el coito?

Aunque te cueste creerlo, los gemidos y gritos que ves y escuchas en las películas no tienen que ver necesariamente con el coito. El acto sexual también puede ser muy silencioso y tranquilo y, de hecho, por lo general lo es. Los gritos, alaridos y gemidos no necesariamente mejoran el coito, a menos que así lo desee la pareja. Los sonidos que escuchas en la televisión y en el cine son un recurso del cual se vale el director de la película para que las escenas en cuestión sean más interesantes y no estén dominadas por el silencio. Otro recurso para realzar la escena es poner música acorde a la situación.

¡Las relaciones sexuales no son un evento olímpico!

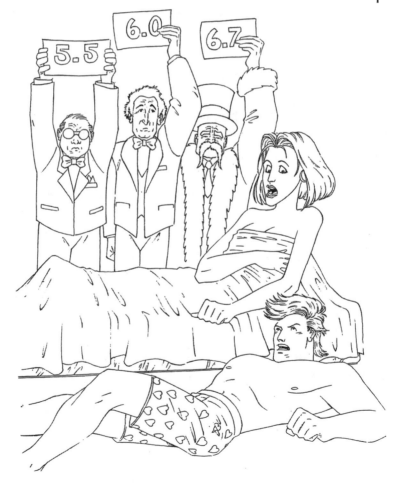

¿El sexo es realmente como se lo ve en las películas?

Vivimos en una sociedad controlada por los medios (la televisión, el cine, la música, Internet, los noticieros, etc.), que nos muestran una y otra vez el sexo de manera errónea, poco creíble, irreal y a menudo dañino para nosotros. Los mitos que presentan los medios dicen que para que el hombre sea un verdadero "macho" debe tener un pene monstruoso de diez pulgadas (25 centímetros), mantener una erección durante por lo menos media hora y saber exactamente dónde tocar y cómo excitar a su pareja. Y por supuesto, debe ser agresivo. Estos mitos aseguran que para que la mujer excite y estimule a su pareja debe ser agresiva o exactamente lo contrario, pasiva. Además, para que la mujer sea una buena compañera sexual, debe saber dónde y cómo tocar a su compañero, tener senos grandes, gemir y gritar y, claro, tener un orgasmo.

El estar expuesto constantemente a estos mitos que presentan los medios te hará pensar que así es como debe ser el coito, pero esto no es bueno.

Muchas personas tienen problemas durante las relaciones sexuales debido a un exceso de ansiedad por lo que está a punto de ocurrir. Estas personas creen que si no lo hacen "bien" (es decir, como se ve en la televisión, el cine o Internet), serán pésimos amantes y terminarán humillados y avergonzados. Recordemos que el coito no es un acto ni un evento olímpico. Lo que ves en la televisión y en las películas son actuaciones ficticias hechas para el público.

¿Cuál es la mejor manera de "hacer el amor"?

La respuesta puede no ser la que esperabas: no existe una manera óptima de "hacer el amor". Al menos no de la forma en que lo estás pensando. Las personas no son máquinas expendedoras de refrescos, en las que si uno presiona determinado botón, obtiene un refresco. El cuerpo humano no tiene botones que puedes presionar para obtener lo que quieres. No hay un botón de orgasmo que puedes apretar en otra persona y ya, obtienes un orgasmo instantáneo.

No hay posiciones ni técnicas especiales que debas conocer para poder tener relaciones sexuales placenteras o satisfactorias. Lo que sí hay que saber, no obstante, son ciertas responsabilidades que debes cumplir. Pero, en resumidas cuentas, todo es una cuestión de gustos. A cada persona la estimulan cosas diferentes. Algunos hombres prefieren que les toquen el pene de manera enérgica o vigorosa, mientras que a otros esto puede causarles dolor, y prefieren un contacto más suave. Por su parte, a algunas mujeres tal vez las exciten caricias más fuertes e intensas en los senos, mientras que para otras esto pueda resultar doloroso o molesto, y prefieren caricias más suaves y delicadas.

Recuerda que cada persona es diferente y que no hay una única posición, técnica o lugar donde tocar que sea excitante para todos por igual. En otras palabras, no a todos les gusta el helado de chocolate; hay gente que prefiere otros sabores. Así como no hay un sabor que a todas las personas les guste por igual, tampoco hay una única manera de tocar que a todos complazca. Primero es necesario averiguar qué le gusta a tu pareja.

¿Hay distintos tipos de coito?

Los tres tipos más comunes de coito son el vaginal (cuando el pene se introduce en la vagina), el oral (cuando la persona usa la boca para estimular los genitales de la otra) y el anal (cuando el pene se introduce en el ano de la otra persona).

Parte de esto puede resultarte raro o incluso repugnante, y es normal que así sea, ya que algunas personas prefieren determinados tipos de coito que a otras pueden no gustarle. A algunas personas les gusta que le besen el cuello o las orejas, pero a otras no les agrada. Como suele decirse, "Sobre gustos no hay nada escrito".

¿Cómo sabré qué le gusta a mi pareja?

La clave es la comunicación. Es importante que le digas lo que te gusta y lo que no te gusta, y que él o ella hagan lo propio contigo. Es cierto que hablar tal vez sea incómodo y hasta casi imposible, pero existen otras maneras de comunicarse en las que no hace falta hablar. ¿Qué crees que le darías a entender a tu pareja con una sonrisa? Probablemente, que te ha tocado de una manera que te gustó.

Otra manera de comunicar cómo y dónde uno quiere ser tocado es tomar suavemente la mano de la persona y colocarla en el lugar que tú quieres que te toque, y hacer el movimiento que quieres que haga. Esto también sirve para cuando te toquen en un lugar y de una manera que no te guste. Suavemente aléjate o empuja la mano de tu pareja. Si aún así no capta tu mensaje, tal vez tengas que decirle que se detenga o que no te gusta lo que está haciendo.

De la misma manera, tienes que estar atento a los mensajes de tu pareja. Y si te dice que te detengas, hazlo. "Detente" significa "detente".

¿Qué haces cuando "haces el amor"?

Para que te tranquilices, ten en cuenta que cuando dos personas "hacen el amor" pueden hacer muchas cosas, y no existe un método o posición mágica para todos.

He aquí lo que sucede en líneas generales cuando un hombre y una mujer tienen relaciones sexuales (supongamos que se trata de una pareja casada que quiere tener un bebé).

Tal vez comiencen besándose en la boca, la cara y el cuello, y a medida que lo hagan posiblemente también empiecen a acariciarse (tocarse) mutuamente. Luego, el hombre comienza a acariciar los hombros, la espalda, los brazos, el pecho, los senos, el estómago, las nalgas, los muslos y los genitales de la mujer. Por su parte, la mujer puede hacer algo similar y acariciar los hombros, la espalda, los brazos, el pecho, las nalgas, los muslos y los genitales del hombre. A continuación, la pareja se desvestirá. Pueden hacerlo el uno al otro o cada uno por su cuenta, según su preferencia. A medida que se desvistan o luego de que lo hayan hecho, seguirán besándose. Mientras la besa, el hombre puede descender por los labios, la cara y el cuello de su pareja hacia sus hombros y brazos, y seguir besando sus senos, pezones, estómago, nalgas, muslos y genitales. De igual manera, mientras la mujer besa al hombre, puede descender por los labios, la cara y el cuello hacia sus hombros, pecho, estómago, nalgas, piernas y genitales.

A medida que la pareja se bese y acaricie, el pene del hombre se pondrá duro y erecto, y si la mujer está lo suficientemente excitada, la vagina comenzará a humedecerse.

El coito se produce al introducir el pene erecto en la vagina. El hombre puede meter y sacar su pene erecto de la vagina o bien la mujer puede lograr el mismo efecto deslizando la vagina hacia arriba y hacia abajo sobre el pene. A medida que los movimientos y la penetración continúen, el hombre se excitará tanto que tendrá un orgasmo y eyaculará (es decir, expulsará semen del pene). La mujer tal vez se sienta excitada durante la penetración, pero puede o no tener un orgasmo. El orgasmo femenino puede consistir en un estremecimiento de la vagina, el ano o, incluso, el útero.

Luego de que uno o los dos hayan llegado al orgasmo, pueden seguir besándose, abrasándose y acariciándose. Generalmente, esto se hace de manera más lenta y suave que durante el coito.

Esto es básicamente lo que sucede cuando dos personas "hacen el amor". Con esta descripción hemos querido darte una idea general de lo que sucede. Como habrás notado, durante toda la descripción utilicé con bastante frecuencia palabras tales como "puede", "tal vez" y "posiblemente". Esto se debe a que cuando dos personas tienen relaciones sexuales pueden suceder una gran diversidad de cosas.

Como es de esperar, en este momento debes estar haciéndote unas cuantas preguntas, así que intentaré responder a algunas de ellas.

¿Cuánto tiempo lleva realizar el coito?

Depende. Puede llevar menos de un minuto, dos, cinco, diez, quince, treinta o incluso más.

¿Qué se siente durante el coito?

Esto también depende de ciertos factores. Físicamente, el sexo puede ser, y generalmente debería serlo, una experiencia maravillosa y muy placentera. La mayoría de las veces, cuando dos personas quieren tener relaciones sexuales y están muy excitadas, el coito es una sensación muy agradable.

No obstante, si la vagina de la mujer no está bien húmeda y lubricada, a veces puede resultar incómodo o incluso doloroso. Si esto sucede, la penetración del pene puede ser dificultosa o abrasiva (áspera) para ambas personas. También puede ser desagradable si una de las personas toca a la otra de manera que no le gusta.

¿Qué es un orgasmo?

El orgasmo es la liberación de energía sexual acumulada. Es la culminación o el punto máximo de la excitación sexual. Una forma de describirlo sería compararlo con fuegos artificiales: se encienden, se elevan por el cielo cada vez más alto hasta que finalmente explotan. La explosión de los fuegos artificiales sería el orgasmo en una persona.

Cuando dos personas tienen relaciones sexuales, la pasión es cada vez mayor. A medida que aumenta, la persona se excita cada vez más hasta que no puede controlar la excitación y el cuerpo libera toda la energía sexual acumulada.

¿Qué se siente cuando uno tiene un orgasmo?

Esto es difícil de explicar. Una manera de describir esta liberación de energía podría ser imaginarse que a uno le hacen cosquillas. Si tienes cosquillas en los pies, imagina que juegas a un juego que consiste en estar tendido en el suelo

¿Qué se siente cuando uno tiene un orgasmo?

El orgasmo es la liberación de energía sexual acumulada.

sin poder moverte. Luego, imagina que alguien te hace cosquillas en los pies con una pluma y que no puedes mover los pies ni reírte todavía. Detente unos segundos a pensar qué sentirías. ¿Puedes imaginar toda esta risa que se acumula dentro de ti? Un orgasmo se asemeja al momento en que ya no puedes contenerte y finalmente mueves los pies y te echas a reír a carcajadas (la única diferencia es que en el orgasmo liberas excitación sexual acumulada, no risa).

¿Cómo se sabe cuando el hombre llega al orgasmo?

Generalmente, cuando el hombre llega al orgasmo eyacula. Puede que sienta cómo se libera la tensión de la ingle, nalgas, piernas y espalda, como si un escalofrío le corriera por la espalda.

Por lo general, el hombre es capaz de tener un solo orgasmo en un periodo corto de tiempo. Deberán pasar algunos minutos o un par de horas para que pueda excitarse lo suficiente como para tener otra erección y un nuevo orgasmo. A menudo, la mujer se da cuenta cuando el hombre eyacula durante el coito.

¿Cómo se sabe cuando la mujer llega al orgasmo?

En el caso de la mujer, el cuerpo se tensa. El orgasmo femenino ocurre cuando la vulva e incluso el útero liberan la tensión sexual acumulada. La mujer puede sentir que la vagina, el ano, el útero, las caderas, la espalda o todo su cuerpo comienza a temblar o latir. Temblar de frío o tener un escalofrío es parecido a lo que siente el cuerpo de la mujer, con la diferencia que un orgasmo es mucho más placentero e intenso.

La mujer es capaz de tener más de un orgasmo en un periodo corto de tiempo, lo cual se conoce como "orgasmo múltiple". Siente que la vulva y el cuerpo palpitan y luego se detienen, y a continuación siente que otra ola de orgasmo la inunda por completo. Esto puede suceder varias veces.

El hombre no puede saber con seguridad si la mujer está o no teniendo un orgasmo. Muchas veces, la mujer siente la necesidad de fingir un orgasmo por el bien de su pareja o porque cree que es lo que se espera de ella, y el hombre no puede saber con seguridad si el orgasmo fue real o fingido.

¿Las mujeres eyaculan?

En general, no. La mayoría de las mujeres, al excitarse sexualmente producen poca o mucha lubricación vaginal, pero esto no es una eyaculación.

No obstante, algunas mujeres han "eyaculado" durante el orgasmo. Existen dos pequeñas glándulas llamadas "glándulas de Skene" ubicadas cerca del orificio urinario, que en algunas mujeres producen un líquido que saldrá o se "eyaculará" durante el orgasmo. Sin embargo, esto no le ocurre a la mayoría y es un tema aún bajo estudio.

¿Por qué las mujeres a veces fingen el orgasmo?

Puede haber diversas razones, pero la principal probablemente sea debido a la noción de que la mujer debe tener un orgasmo cada vez que tiene relaciones sexuales y que si no lo hace, significa que algo funciona mal en ella o su pareja. Después de todo, en las escenas de sexo en la televisión o en las películas, la mujer siempre parece tener un orgasmo. Entonces, en lugar de que su pareja piense que algo no está funcionando como debería, la mujer finge el orgasmo y de esa manera se asegura de que nadie pregunte nada. Otra razón por la cual una mujer puede fingir un orgasmo es para demostrar que estaba muy excitada y que su pareja la satisfizo sexualmente.

De acuerdo con la mayoría de las mujeres, no siempre que tienen relaciones sexuales llegan al orgasmo. No obstante, aseguran que a pesar de no tener un orgasmo, el coito igualmente les parece placentero.

¿Si la mujer no tiene un orgasmo significa que algo no le funciona bien?

En realidad, no. Hay muchos factores que determinan si la mujer o el hombre pueden o no tener un orgasmo. El hecho de que la mujer no llegue al orgasmo no la hace menos mujer ni significa que ella o su pareja tengan algún problema.

¿Qué puedes hacer para que una persona tenga un orgasmo?

En realidad tú no puedes hacer nada; al menos no sin la ayuda de la otra persona. Esto es bastante cuestionable y algunos tal vez objeten esta idea, pero la única persona que te puede hacer sentir bien y llegar al orgasmo eres tú mismo. Sigue leyendo y vas a ver por qué te lo digo.

Una persona puede excitarse cuando la tocan sólo si piensa que lo están haciendo de manera agradable. Por ejemplo, si tu novio o novia te tocara y besara en la boca, te gustaría y excitaría, ¿pero qué pasaría si tu hermano o hermana hiciera lo mismo? Dudo que eso te excitara. Entonces, ¿cuál es la diferencia?

La diferencia radica en lo que tú piensas y sientes respecto de tu pareja y de tu hermano o hermana. Te gusta que tu pareja te toque porque sientes una atracción especial. Pero como con tu hermano o hermana no sientes esa atracción, no te gustaría que te toque de esa manera.

Tú piensas que la forma en que te toca tu pareja es excitante y, por lo tanto, lo es, pero no piensas lo mismo acerca de cómo te toca tu hermano o hermana, entonces no lo es. La forma de percibir una cosa (ver o pensar acerca de algo) es lo que hace que algo sea estimulante o no.

¿Todos los orgasmos son iguales?

No. Los orgasmos pueden variar desde una ligera sensación de placer hasta una intensa y agotadora liberación de tensión sexual. No todos los orgasmos se sienten como las devastadoras explosiones de placer que presentan los medios de difusión.

¿Qué es el juego previo?

Se denomina "juego previo" a la estimulación sexual previa al coito. Puede consistir en besar, abrazar, tocar, acariciar, hablar, escuchar música o hacer cualquier otra actividad que estimule sexualmente a la pareja. Por lo general, el juego previo aumenta la tensión sexual.

Lamentablemente, una queja frecuente de parejas sexualmente activas es que una de las personas se apresura a pasar del juego previo al coito antes de que la otra esté lista. Debido a que cada persona es diferente, algunas se excitan rápidamente mientras que a otras les lleva más tiempo hacerlo.

Es por ello que las personas sexualmente activas deberían tratar de ser sensibles a las sensaciones de su pareja y prolongar el juego previo hasta tanto ambas sientan lo mismo. Esto pone de relieve una vez más la importancia de la comunicación.

¿Qué son los "coitos sin penetración"?

El término "coito sin penetración" se usa para describir a dos personas que se estimulan sexualmente una a la otra, a veces hasta llegar al orgasmo, sin que exista coito vaginal, oral ni anal.

Existen diversos nombres para ello, como, por ejemplo "masturbación mutua", "sexo sin coito" o, como tal vez hayas escuchado decir por ahí, "franelear". En los Estados Unidos es común hacer una analogía con el béisbol y decir "llegar a primera, segunda o tercera base". (En este contexto, un "jonrón" significa que hubo coito vaginal.)

Qué es el coito sin penetración, qué comprende y cuán bueno realmente es para una pareja joven es un tema bastante controvertido. Para la mayoría, el coito sin penetración comprende lo siguiente::

- Tocarse, acariciarse, estimular el pecho, las nalgas, las piernas, los senos, los genitales o cualquier otra parte del cuerpo de la pareja.
- Frotar sus cuerpos mutuamente (en inglés a esto se le suele llamar "boning").
- Estimulación con toda la ropa puesta, con algunas prendas o sin nada de ropa.

Ventajas:
+ No hay posibilidades de embarazo (a menos que el semen o líquido preeyaculatorio entre en contacto con el orificio vaginal, en cuyo caso las posibilidades son mínimas).
+ Hay pocas posibilidades de contagiarse alguna enfermedad de transmisión sexual (siempre y cuando no haya líquido preeyaculatorio, semen, sangre infectada o secreciones vaginales que entren en contacto con ningún orificio del cuerpo). Si bien hay una mínima posibilidad de contagiarse de herpes, ladillas o verrugas genitales, no es una vía frecuente de transmisión de estas infecciones.
+ La pareja puede explorar sus cuerpos, tener intimidad sexual y aliviar la tensión sexual sin correr los riesgos propios del coito con penetración (embarazo y contagio de enfermedades de transmisión sexual).
+ Se puede posponer (postergar) el coito durante años.

Desventajas:

– La situación se puede descontrolar y terminar en coito con penetración.
– Una cosa puede pasar a la otra muy rápidamente y conducir a un tipo de contacto físico para el cual una de las personas no esté lista.
– Una vez que ha empezado, puede resultar difícil detenerse o revertir la situación si una de las personas cambia de parecer

El coito sin penetración se asemeja a una fogata en el bosque. Puede ser un momento cálido y feliz, siempre y cuando no se descontrole, pero si las llamas son muy altas o fuertes, puede resultar difícil apagarlas antes de que todo termine en una tragedia.

¿Son ciertas partes del cuerpo más sensibles que otras?

Sí. El órgano más grande y sensible del cuerpo humano es la piel. Toda la parte externa del cuerpo está llena de nervios sensibles a la estimulación. Entre las áreas más sensibles del cuerpo se encuentran las siguientes:

En la mujer: los labios, la cara, los senos, las orejas, el cuello, la areola, los pezones, los hombros, el clítoris, los brazos, las manos, el orificio vaginal, el estómago, el ano, la espalda, las nalgas, el monte de Venus, los labios de la vulva, el periné, la parte interna de los muslos y los pies.

En el hombre: los labios, la cara, las orejas, el cuello, la areola, los pezones, los hombros, el pene (el glande y el cuerpo), el pecho, los testículos, los brazos, las manos, el estómago, el ano, la espalda, las nalgas, los muslos y los pies.

Lo que a cada persona la estimula más varía según la persona y la situación. Tocar estas partes del cuerpo no garantiza que una persona se excite. ¡Recuerda que la parte del cuerpo que generalmente necesita más estimulación no se encuentra entre las piernas sino entre las orejas!

¿Qué pastillas, vitaminas o alimentos mejoran la actividad sexual?

A decir verdad, no existe ninguno. Durante muchos años se han vendido afrodisíacos que, según dicen, le otorgan a la gente "superpoderes sexuales" o la predisponen a tener relaciones sexuales, lo cual no es cierto.

Generalmente estos son simplemente viejos mitos o chanchullos que prometen lo imposible para sacarle dinero a la gente.

Las ostras, el ginseng y la cantárida son sólo algunas de los cientos de cosas que dicen ser afrodisíacas y que supuestamente prometen resistencia sexual.

Algunos médicos recetan drogas cuyos efectos secundarios afectan la sensibilidad y la libido (deseo sexual) de una persona, pero no se venden como afrodisíacos.

¿Qué es el Viagra?

El Viagra es un fármaco que se les da a los hombres que tienen problemas de erección. Este fármaco no se receta a muchachos jóvenes.

¿Cuál es la mejor manera de "hacer el amor"?

¿Todavía te estás preguntando eso? No existe una forma "óptima". Existen muchos libros e historias que intentan decirle a la gente cuál es "la mejor" manera, pero nada de esto es cierto. La pareja es quien debe decidir qué es lo mejor para ellos.

Si tienes más preguntas acerca del amor, el encaprichamiento, las relaciones o alguna otra inquietud relativa a la sexualidad, puedes encontrar información adicional o realizar consultas en: Youth Embassy (http://www.YouthEmbassy.com).

6

Cómo se hacen los bebés

La creación de una persona es probablemente uno de los momentos más hermosos y asombrosos de la vida. El proceso que va desde la concepción hasta el nacimiento es milagroso, por decirlo de alguna manera escueta. Construir un rascacielos es algo insignificante en comparación.

El ser humano se compone de miles de millones de células. Cada uno de nosotros comenzó siendo una única célula, que durante un periodo de nueve meses se subdividió una y otra vez hasta formar un bebé.

En este capítulo, exploraremos cómo se hacen los bebés de principio a fin. Antes de proseguir con este capítulo, aconsejamos leer el de anatomía para conocer todas las partes del cuerpo femenino que participan en el embarazo.

¿Cómo hacen un hombre y una mujer para hacer un bebé?

Lo primero que sucede cuando un hombre y una mujer quieren tener un bebé es tener relaciones sexuales sin protección (es decir, sin usar un condón o método de control de la natalidad). El hombre mete y saca su pene erecto de la vagina de la mujer hasta que eyacula, es decir hasta que sale semen del pene. Cuando el hombre eyacula en la vagina de la mujer, entre 200 y 600 millones de espermatozoides (células germinales masculinas) presentes en el semen viajan o "nadan" rápidamente a través de la vagina.

¿A dónde van los espermatozoides una vez que están en la vagina de la mujer?

Una vez que los espermatozoides entran en la vagina, emprenden velozmente un difícil viaje hacia el útero a través del cuello uterino. El viaje es muy complicado para los espermatozoides porque la vagina es un ambiente hostil que tiende a destruirlos. Incluso cuando los espermatozoides han llegado al cuello uterino, muchos millones ya han sido destruidos.

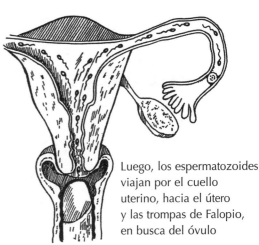

Luego, los espermatozoides viajan por el cuello uterino, hacia el útero y las trompas de Falopio, en busca del óvulo

Aquéllos que han sobrevivido y logran llegar al útero viajan a través de las trompas de Falopio. Algunos espermatozoides se dirigen a la trompa izquierda y otros, a la derecha. Generalmente, sólo una de las trompas de Falopio contiene la célula germinal femenina (el óvulo). Los espermatozoides que ingresen en la trompa vacía pronto se desintegrarán y serán expulsados del cuerpo de la mujer, mientras que aquéllos que entren en la trompa de Falopio que contiene el óvulo, lo rodearán e intentarán ingresar en él.

¿Qué es la concepción? ¿Es lo mismo que la fertilización?

La fertilización se refiere al momento cuando un único espermatozoide penetra en el óvulo.

Se habla de concepción cuando un único espermatozoide entra en el óvulo femenino y comienza a desarrollarse (este proceso dura aproximadamente veinticuatro horas).

Como verás, ambas palabras significan casi lo mismo y, de hecho, muchas personas los utilizan como sinónimos.

Recuerda que el semen que eyacula el hombre contiene cerca de 600 millones de espermatozoides, pero en el momento en que llegan al óvulo, sólo quedan cincuenta. De esos cincuenta, solamente uno podrá entrar.

¿Qué pasaría si dos espermatozoides entraran en el óvulo?

Eso nunca sucede. Cuando los espermatozoides llegan a la superficie del óvulo, éste empieza a atraer a uno de ellos cada vez más cerca hasta lograr que entre. Cuando esto sucede, una breve descarga eléctrica endurece la superficie del óvulo para impedir la entrada de otros espermatozoides. Los espermatozoides

¿Qué es la concepción?

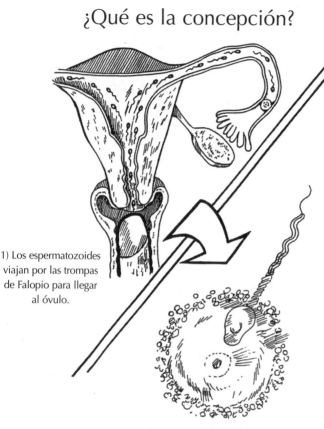

1) Los espermatozoides viajan por las trompas de Falopio para llegar al óvulo.

2) La concepción tiene lugar cuando un único espermatozoide penetra en el óvulo.

restantes pronto se desintegrarán y serán eliminados del cuerpo de la mujer.

Dicho en pocas palabras, de un total de 600 millones de espermatozoides que ingresan en la vagina de la mujer cuando el hombre eyacula, sólo uno fertilizará el óvulo y comenzará su transformación para convertirse primero en un feto y luego en un bebé. Imagínate lo que representa 1 entre 600 millones. Piénsalo de esta manera: tienes 1 probabilidad entre 14 millones de ganarte la lotería, lo cual significa que tienes más probabilidades de ganarte la lotería que de venir al mundo. ¡Ni más ni menos! ¿Alguna vez escuchaste decir: "Eres uno en un millón"? En realidad eres 1 en 600 millones. Sería como ir a una audición para una búsqueda de estrellas con otros 600 millones de personas y que te eligieran a ti. Tú tienes la información genética del único espermatozoide que logró llegar a destino. Si uno de los 599, 999,999 espermatozoides restantes hubiera logrado llegar al óvulo de tu mamá, tal vez tú no estarías aquí. Como vez, eres una persona muy especial. ¡Así que aprovecha tu vida al máximo!

(Por cierto, no mencionaremos el hecho que hay alrededor de 400,000 óvulos que podrían haber madurado y ser liberados por la madre. En otras palabras, eres una combinación de 1 entre 400,000 óvulos y 1 entre 600, 000,000 de espermatozoides. ¿Quién dijo que no eres una persona afortunada?)

¿Qué es un bebé probeta?

Los bebés probeta se conciben poniendo un espermatozoide masculino junto con un óvulo femenino en un tubo de ensayo o en un pequeño plato en un laboratorio. A esto también se lo conoce como "fecundación in vitro", que significa fecundación fuera del cuerpo. Luego, usando un dispositivo médico, se inserta cuidadosamente el óvulo fecundado dentro del útero, donde puede crecer durante 9 meses.

Aquellas parejas que no pueden tener hijos mediante el coito pueden optar por distintas clases de fecundación in vitro, pero deben ser precavidos a la hora de elegir cualquier médico o clínica que prometa buenos resultados, ya que la fecundación in vitro no garantiza que vayan a tener un bebé. Este método de concepción es muy costoso, $10,000 o más.

El primer bebé probeta de la historia fue una niña llamada Louise Brown, nacida el 25 de julio de 1978.

¿Qué es un bebé probeta? Fecundación in vitro

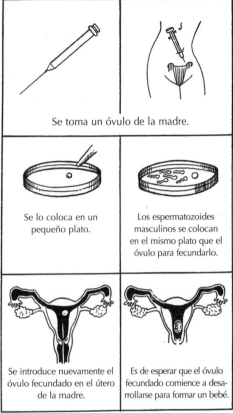

Se toma un óvulo de la madre.

Se lo coloca en un pequeño plato.

Los espermatozoides masculinos se colocan en el mismo plato que el óvulo para fecundarlo.

Se introduce nuevamente el óvulo fecundado en el útero de la madre.

Es de esperar que el óvulo fecundado comience a desarrollarse para formar un bebé.

¿Cómo se conciben los gemelos?

Los gemelos se desarrollan de dos maneras. La primera es cuando el óvulo, una vez fecundado por el espermatozoide, se divide en dos partes diferentes. A raíz de esto se desarrollarán gemelos idénticos, es decir que los dos hermanos tendrán exactamente la misma apariencia y será difícil diferenciarlos.

La segunda manera es cuando los ovarios de la mujer liberan dos óvulos en lugar de uno solo, y ambos son fecundados por diferentes espermatozoides. Por ejemplo, si se fecundara un óvulo de la trompa de Falopio derecha y uno de la izquierda, se desarrollarían gemelos fraternos (o mellizos), es decir dos hermanos, dos hermanas o un hermano y una hermana, que no se parecerían.

¿Cómo se conciben los gemelos?

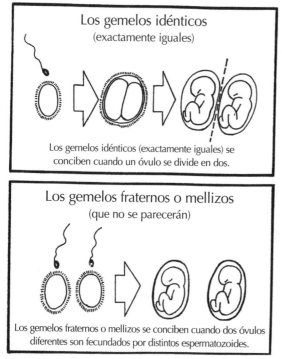

Los gemelos idénticos
(exactamente iguales)

Los gemelos idénticos (exactamente iguales) se conciben cuando un óvulo se divide en dos.

Los gemelos fraternos o mellizos
(que no se parecerán)

Los gemelos fraternos o mellizos se conciben cuando dos óvulos diferentes son fecundados por distintos espermatozoides.

Los trillizos (tres), cuatrillizos (cuatro), quintillizos (cinco) y sextillizos (seis) también pueden formarse si la mujer libera más de un óvulo y éstos son fecundados por espermatozoides. El récord de la mayor cantidad de nacidos vivos es doce, pero sólo ocho o nueve sobrevivieron. Ten en cuenta que dije nacidos "vivos". Lo que ocurre es que mientras más fetos se desarrollen en la matriz (útero) de la mujer más posibilidades habrá de que uno o más no logre llegar al nacimiento. También aumentan las probabilidades de que la madre muera o tenga complicaciones durante el parto.

Aparentemente los gemelos vienen de familia, lo cual significa que si alguno de tus padres, abuelos o tíos tienen una hermana o hermano gemelo, cuando tú tengas hijos, tendrás más probabilidades de tener gemelos.

En la actualidad, existen ciertos tipos de fármacos llamados "drogas de fertilidad" que se administran a mujeres para ayudarlas a ovular y liberar un óvulo de los ovarios. Muchas veces, estos fármacos hacen que los ovarios liberen más de un óvulo. Cuando esto sucede, dos o más óvulos pueden ser fertilizados por un espermatozoide al tener relaciones sexuales, lo cual dará como resultado mellizos, trillizos, etc.

¿Qué significa que una mujer está embarazada?

Cuando una mujer está embarazada significa que uno de sus óvulos ha sido fecundado por un espermatozoide y, si todo sale bien, tendrá un bebé. Se dice que una mujer está embarazada cuando el óvulo ha sido fecundado o se ha llevado a cabo la concepción.

¿Qué sucede después de la concepción?

Una vez que el espermatozoide penetró el óvulo, la cabeza se rompe y libera la información genética del padre. A continuación, este óvulo de una sola célula se divide en dos, luego en cuatro, luego en un grupo de ocho, dieciséis, treinta y dos, sesenta y cuatro, ciento veintiocho y así sucesivamente. ¡Un bebé, al nacer, está formado por miles de millones de células! Y todo comenzó con un óvulo de una sola célula. Asombroso, ¿verdad?

A medida que ocurre esta subdivisión, el grupo de células se desplaza a través de la trompa de Falopio hacia la matriz (útero). Cuando este conjunto de células (que ahora se denomina "blastocisto") finalmente llega al útero, se implanta en la pared uterina, llamada "endometrio". La implantación ocurre entre los diez y doce días posteriores a la fertilización. En este momento, el blastocisto comienza a recibir el oxígeno y los nutrientes del ya grueso endometrio.

Al cabo del decimocuarto día luego de la fecundación y hasta finalizar la octava semana de embarazo, el blastocisto recibe el nombre de "embrión". A partir de la novena semana de embarazo y hasta el nacimiento, el embrión se denominará "feto" y una vez que el feto nace, se lo llama "bebé". Estos nombres corresponden a una manera técnica y detallada de identificar las distintas fases de desarrollo. Muchas personas utilizan la palabra "bebé" para referirse a la forma en desarrollo dentro

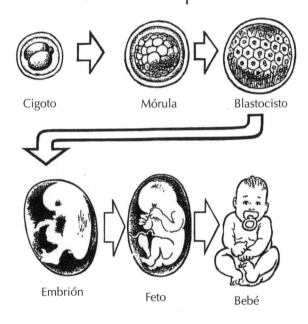

¿Qué sucede después de la concepción?

Cigoto   Mórula   Blastocisto

Embrión   Feto   Bebé

Después de la concepción, el óvulo fecundado se llama cigoto, que se transforma primero en la mórula, luego en el blastocisto, más tarde en el embrión, después en el feto y, por último, en un bebé.

de una mujer. A continuación encontrarás una lista donde podrás ver los distintos términos utilizados para describir el desarrollo de un bebé, desde la concepción hasta el nacimiento.

CIGOTO: Desde la fecundación hasta las primeras 30 horas.

MÓRULA: Desde las 30 horas posteriores a la fecundación hasta el tercer o cuarto día.

BLASTOCISTO: Desde el cuarto día posterior a la fecundación hasta el decimocuarto día.

EMBRIÓN: Desde el decimocuarto día posterior a la fecundación hasta la octava semana de embarazo.

FETO: Desde la octava semana de embarazo hasta el nacimiento.

BEBÉ: Al momento del nacimiento o bien todo el desarrollo completo.

¿Cómo vive el "bebé" dentro de la matriz (útero) de la madre?

A medida que el blastocisto se implanta en la pared del útero, diminutas partes del primero comienzan a formar un órgano blando y esponjoso llamado "placenta", mediante el cual el embrión o feto en desarrollo obtendrá el oxígeno de la sangre de la madre y los nutrientes de su alimento.

Asimismo, en este momento comienza a formarse alrededor del feto una bolsa o saco protector denominado "bolsa amniótica", que consta de dos finas capas de tejido llamadas "amnios" (la capa de tejido interna) y "corion" (la capa de tejido externa) respectivamente. La bolsa amniótica se llena de un líquido cálido

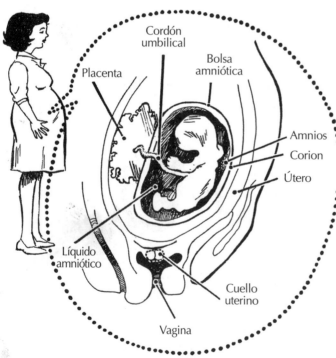

Cordón umbilical

Bolsa amniótica

Placenta

Amnios

Corion

Útero

Líquido amniótico

Cuello uterino

Vagina

y espeso llamado "líquido amniótico" y cumple varias funciones importantes. En primer lugar, funciona como un amortiguador que protege al bebé contra posibles impactos. Por ejemplo, si la madre accidentalmente se lleva algo por delante, el feto no se hará daño. La bolsa amniótica se asemeja mucho a una bolsa de cierre hermético llena de un líquido espeso parecido a la miel. Imagínate si adentro de la bolsa con miel pusieras un huevo: estaría bien protegido contra golpes y contusiones, ¿no? En segundo lugar, el líquido amniótico mantiene el feto a una temperatura cálida y agradable. En tercer lugar, debido a que la bolsa rodea por completo al feto, es difícil que gérmenes y bacterias se acerquen a él.

Al final de la quinta semana, el cordón umbilical, que es semejante a una cuerda, conecta el embrión o feto con la placenta mediante las dos arterias y la vena que lo constituyen. Es a través del cordón umbilical que el embrión o feto obtendrá los nutrientes y el oxígeno de la sangre de la madre, provenientes de la placenta. Asimismo, todo desecho producido por el embrión o feto se eliminará a través del cordón umbilical hacia la madre.

Siempre y cuando el embrión o feto esté recibiendo la cantidad suficiente de nutrientes que necesita para desarrollarse y la madre esté tomando todos los recaudos del caso, el embrión o feto comenzará a crecer rápidamente y a tener el aspecto de un bebé.

¿En qué momento el embrión comienza a tener el aspecto de un bebé?

Generalmente, al cabo de la octava semana se puede ver que el embrión comienza a tener la forma de un bebé, a pesar de que en este punto no puede sobrevivir por sí solo.

¿Cómo crece un bebé?

Durante el primer mes el blastocisto mide un milímetro. Es en este momento en que comienzan a desarrollarse el corazón, el cerebro, la médula espinal y el sistema nervioso, y puede incluso aparecer el contorno de los oídos.

Durante el segundo mes, se desarrollan pequeños apéndices que darán lugar a las piernas y los brazos. En este periodo comienzan a formarse las mandíbulas, los dientes y los músculos faciales, mientras los ojos y oídos continúan su desarrollo. Aquí también comienza el desarrollo óseo y se ven

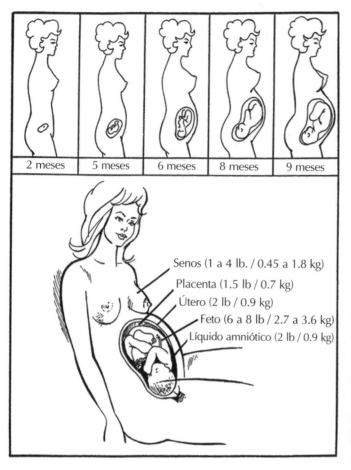

| 2 meses | 5 meses | 6 meses | 8 meses | 9 meses |

Senos (1 a 4 lb. / 0.45 a 1.8 kg)

Placenta (1.5 lb / 0.7 kg)

Útero (2 lb / 0.9 kg)

Feto (6 a 8 lb / 2.7 a 3.6 kg)

Líquido amniótico (2 lb / 0.9 kg)

los pies por primera vez. Al final del segundo mes, el feto mide unas 1.2 pulgadas (3 centímetros).

En el tercer mes se pueden ver las uñas de las manos y los pies, las pestañas y los genitales femeninos y masculinos. Ya están formados los órganos más importantes, aunque no por completo.

En el cuarto mes aparecen los labios, las huellas digitales y el cabello. El feto comienza a tragar pequeñas cantidades de líquido amniótico (esto se conoce como "respiración fetal") y también comienza a moverse. Cuando la madre lo percibe por primera vez, se lo conoce como "primeros movimientos" (*quickening*).

Al quinto mes se pueden escuchar los latidos del corazón, y el feto responde a los sonidos que escucha. Puede estar muy activo o, por el contrario, muy quieto.

Al final del sexto mes, los ojos del feto se abren. El feto mide alrededor de 30 centímetros (12 pulgadas) y pesa 1.5 libras (689 gramos). Si naciera en este momento, tendría pocas probabilidades de sobrevivir.

Al cabo del séptimo mes, el cerebro y el sistema nervioso están prácticamente desarrollados por completo. Si el feto naciera en este punto de la gestación, tendría un 20% de probabilidades de sobrevivir.

En el octavo mes, la mayor parte de los sistemas corporales están desarrollados. A esta altura, probablemente el feto adopte una posición inversa (con la cabeza hacia abajo) en el útero. Si naciera en este momento, tendría un 85% de probabilidades de sobrevivir.

Durante el noveno mes, el feto no es tan activo como antes debido a que tiene poco espacio para moverse. Los ojos en este momento son azules. (Otros colores de ojos, como café, almendra o verde, se desarrollarán luego del nacimiento cuando la luz los ilumine.)

Al final del noveno mes, el feto mide unas 20 pulgadas (50 centímetros) y pesa de 6 a 7.5 libras (2.5 a 3.5 kilos). (Claro que puede pesar un poco más o un poco menos.)

¿Durante cuánto tiempo está embarazada la mujer?

La mujer está embarazada durante alrededor de nueve

Los cromosomas determinan qué aspecto tendrá el bebé

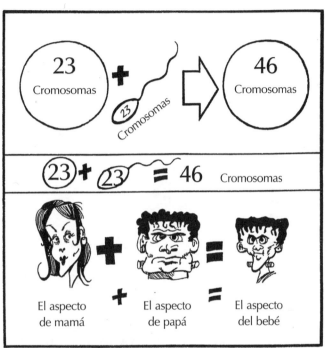

Los 23 cromosomas del óvulo de la madre más los 23 cromosomas del espermatozoide del padre determinarán el aspecto físico del bebé.

meses. A veces el bebé puede nacer antes de que se cumplan los nueves meses, pero la mayoría de los embarazos duran ese lapso.

Con frecuencia vas a escuchar la palabra "trimestre" para hacer referencia a la etapa del embarazo en que se halla la mujer o el feto en desarrollo. Un trimestre es un periodo de tres meses. La mujer está embarazada durante nueve meses, lo cual equivale a tres trimestres. El primero comprende los tres primeros meses. El segundo, el cuarto, quinto y sexto mes, mientras que el tercero abarca el séptimo, octavo y noveno mes.

¿Qué hace que un bebé sea niño o niña?

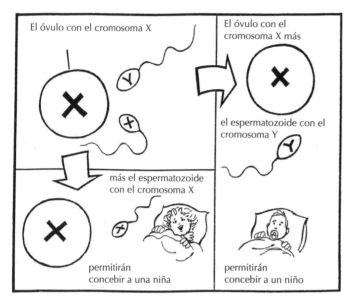

El óvulo con el cromosoma X

El óvulo con el cromosoma X más

el espermatozoide con el cromosoma Y

más el espermatozoide con el cromosoma X

permitirán concebir a una niña

permitirán concebir a un niño

¿Qué hace que un bebé sea niño o niña?

Los responsables de esto son los cromosomas, diminutos paquetes de información que determinan el sexo y el aspecto físico del bebé, que también se denominan "genes".

El óvulo de la madre tiene veintitrés cromosomas, exactamente la misma cantidad que tiene el espermatozoide del padre. Cuando el óvulo de la madre se combina con el espermatozoide del padre, hay cuarenta y seis cromosomas que serán responsables de determinar la apariencia del bebé. Los cromosomas de los padres determinan todos los rasgos físicos de una persona: desde el color de cabello y piel hasta la estatura. Debido a que veintitrés cromosomas provienen del padre y veintitrés, de la madre, el niño tendrá un aspecto similar al de la madre o al del padre, o una combinación de ambos.

El sexo del bebé depende de dos cromosomas en particular: uno es el cromosoma X y el otro es el Y. El cromosoma X dará lugar a una niña, mientras que el Y, a un niño. El óvulo de la madre siempre tiene un cromosoma X y el espermatozoide del padre tiene un cromosoma X o uno Y. Si un espermatozoide con un cromosoma X fecunda el óvulo con cromosoma X de la madre, el resultado será una niña (X + X = niña). Por el contrario, si un espermatozoide con un cromosoma Y fecunda al óvulo con cromosoma X de la madre, el resultado será un niño (X + Y = niño).

Como puedes ver, el responsable del sexo del bebé es el padre, no la madre, como algunos creen.

¿Cómo se siente la mujer durante el embarazo?

Esto varía de mujer a mujer, pero he aquí una generalización basada en los trimestres.

Durante el primer trimestre (es decir, el primer, segundo y tercer mes de embarazo), la mujer puede sentir "náuseas matutinas" (que es la sensación de querer vomitar) o tener vómitos. Es posible que la mujer experimente esto en cualquier momento del día, no sólo durante la mañana. Si bien no todas las mujeres tienen estos síntomas, la mayoría los tiene. Generalmente, las náuseas desaparecerán por completo en uno o dos meses. Durante el primer trimestre, por lo general la mujer suele ir mucho al baño (micción frecuente), se siente cansada y sus senos se agrandan y se vuelven más sensibles.

En cuanto al aspecto emocional, la mujer puede sentirse muy contenta y emocionada por el hecho de saber que va a tener un bebé. O, al igual que muchas adolescentes que quedan embarazadas, puede sentirse triste, deprimida, avergonzada, enojada o asustada. Sus sentimientos dependen en gran medida de si quería tener un bebé o no y de si siente que está lista para las responsabilidades que la maternidad conlleva.

Durante el segundo trimestre (cuarto, quinto y sexto mes de embarazo), el cuerpo de la mujer comienza a cambiar de forma. Su abdomen (el espacio entre el estómago y los genitales) se abulta y crece a medida que el feto se agranda. Los senos siguen creciendo y la vestimenta habitual no le entra. Para esta época, puede que la mujer no esté muy contenta respecto de su apariencia.

Algunos síntomas posibles durante el segundo trimestre son estreñimiento (le cuesta ir de cuerpo), aparición de estrías, edemas (retención de líquido) y várices (venas grandes y dolorosas), y agrandamiento y oscurecimiento de los

Una mujer embarazada puede tener:

Náuseas matutinas

(pueden ocurrir en cualquier momento del día)

pezones. Un líquido llamado "calostro" a veces puede salir de los pezones. El calostro es un líquido amarillento de aspecto aguachento que los senos producen antes de la leche materna.

Durante el cuarto mes, la mujer siente por primera vez que el feto se mueve dentro del útero, lo cual suele ser una experiencia muy emocionante. La mujer siente pataditas o pequeños golpes que da el feto.

Durante el tercer y último trimestre (séptimo, octavo y noveno mes de embarazo) todo se mantiene bastante estable para la mujer, quien, probablemente, haya aumentado un mínimo de 20 libras (9 kilos) y experimentado un gran aumento en el tamaño del abdomen. A esta altura le duele la espalda, tiene calambres en las piernas y le cuesta encontrar una postura cómoda. Muchas mujeres dicen que a esta altura se sienten como una "vaca echada". Puede que la mujer se ponga temperamental e irritable y que llore sin razón aparente. En esta etapa también le cuesta dormir y va al baño con frecuencia.

También puede comenzar a sentirse cansada, asustada, preocupada y deprimida (si es que ya no lo estaba). Pero la mayoría de las mujeres están contentas y ansiosas por que nazca su bebé, el momento sin dudas más emocionante.

¿Cómo nace un bebé?

Alrededor del noveno mes de embarazo la mujer sentirá que un líquido baja por la vagina. Esto significa que "rompió bolsa" (en realidad lo que ha sucedido es que la bolsa amniótica se ha roto y el líquido amniótico está saliendo). Romper bolsa generalmente es indicio de que el trabajo de parto probablemente empezará dentro de un día. Durante el trabajo de parto el útero comienza a encogerse repentinamente. Esto se conoce con el nombre de "contracción", reflejo que ayuda a expulsar al bebé. Es entonces que la mujer comienza a sentir ciertas molestias. De hecho, el trabajo de parto puede ser un episodio doloroso. La mayoría de las mujeres que han tenido hijos con gusto relatarán con lujo de detalles el dolor que sintieron durante el trabajo de parto.

A medida que el útero se contrae, la mujer también siente otro tipo de "molestia". El cuello uterino (que es la pequeña abertura del útero hacia la vagina) comienza a expandirse y ensancharse. Este proceso se llama "dilatación". La abertura del cuello uterino normalmente tiene el grosor de un lápiz pero para que el bebé pueda salir del útero por la vagina y nacer, el cuello uterino debe ensancharse alrededor de 4 pulgadas (10 centímetros). Imagínate un orificio del grosor de un lápiz ensanchándose 4 pulgadas. ¿Crees que la futura mamá puede estar sintiendo un poco de dolor o molestia? Yo también.

El trabajo de parto puede durar varias horas. La primera vez que una mujer queda embarazada, el trabajo de parto generalmente dura alrededor de catorce horas, pero según el caso puede durar mucho más o mucho menos. A menudo, el segundo o tercer parto de una mujer es mucho más rápido y fácil.

Una vez que el cuello uterino se ha dilatado diez centímetros, el bebé comienza su viaje de salida del útero, a través del cuello uterino por la vagina.

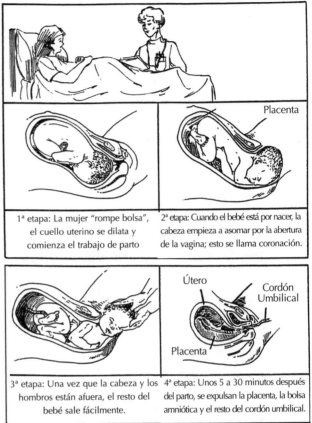

1ª etapa: La mujer "rompe bolsa", el cuello uterino se dilata y comienza el trabajo de parto

2ª etapa: Cuando el bebé está por nacer, la cabeza empieza a asomar por la abertura de la vagina; esto se llama coronación.

3ª etapa: Una vez que la cabeza y los hombros están afuera, el resto del bebé sale fácilmente.

4ª etapa: Unos 5 a 30 minutos después del parto, se expulsan la placenta, la bolsa amniótica y el resto del cordón umbilical.

Normalmente, la primera parte del cuerpo del bebé que el médico o la partera ven es la parte superior de la cabeza. El momento en que la cabeza comienza a asomarse por la abertura de la vagina se denomina "coronación".

A medida que la madre "puje" (acción que consiste en tensar los músculos abdominales para ayudar a que salga el bebé), aparecerán la cabeza y luego los hombros del bebé. Una vez que los hombros han salido, el resto del cuerpo suele salir con más facilidad.

El médico o la partera limpiarán todo líquido de la cara del bebé y utilizarán un pequeño dispositivo de succión para aspirar líquido amniótico de su nariz, boca y garganta. Una vez que el bebé ha nacido, inspirará por primera vez solo o con ayuda del médico o la partera.

Los médicos procederán a pinzar y luego cortar el cordón umbilical. A continuación, limpiarán al bebé y se lo presentarán a la mamá y al papá para su primer encuentro familiar. La mayoría de los padres coinciden en que éste es un momento de indescriptible e intensa emoción como nunca antes habían vivido.

Generalmente, a la media hora del nacimiento del bebé, la placenta y todo resto de la bolsa amniótica y cordón umbilical saldrán por la vagina y, generalmente, se desecharán.

Los senos de la madre todavía producen calostro (el líquido amarillento de aspecto aguachento previo a la leche) para que tome el bebé. Pasados dos días, la madre producirá leche materna y el bebé obtendrá todos los nutrientes necesarios a través de la lactancia, o bien los padres pueden optar por alimentar al bebé con un biberón utilizando un preparado para lactantes que se compra en las tiendas.

¿Puede la mujer tener problemas durante el embarazo?

Sí. Durante el embarazo pueden aparecer algunas complicaciones.

Los bebés prematuros (que en inglés también se conocen como *"preemies"*) son aquéllos que nacen antes del noveno mes de embarazo. Estos bebés tienen más probabilidades de sufrir problemas de salud o morir debido a que no se han desarrollado del todo como para poder sobrevivir fuera del útero. Pero esto depende en gran medida de cuán antes de tiempo hayan nacido. Si el bebé nace durante el séptimo mes de embarazo, tiene solamente un 20% de probabilidades de vivir (pocas). Si el bebé nace durante el octavo mes de embarazo, tiene un 85% de probabilidades de vivir (muchas). En la actualidad, los hospitales cuentan con diversos tipos de equipos para ayudar a que los bebés prematuros sobrevivan hasta tanto estén mejor desarrollados.

La toxemia es otro problema que puede surgir durante el embarazo. Ocurre cuando la mujer de repente tiene presión arterial alta, edema (hinchazón) grave y proteína en la orina (lo cual no es bueno). Si no se controla, la madre o el feto pueden morir. No se sabe con seguridad cuál es la causa de la toxemia, pero si se la trata no debería causar problemas graves.

Las malformaciones congénitas pueden ser responsables de que el bebé no se desarrolle normalmente. Un ejemplo es el síndrome de Down, que es un tipo de retraso mental causado por un trastorno cromosómico. Otras causas de malformaciones congénitas pueden ser infecciones, consumo de drogas o la edad en que la mujer queda embarazada. Algunas malformaciones congénitas son heredadas. Para ayudar a reducir el riesgo de malformaciones congénitas, se recomienda tomar ácido fólico o folicina (una vitamina B).

El embarazo ectópico ocurre cuando la gestación se produce fuera del útero. Cuando el creciente grupo de células de un embarazo comienza a desarrollarse en una de las trompas de Falopio en lugar del útero (donde se supone que debe desarrollarse), la vida de la madre corre peligro. Las trompas de Falopio son muy finas. Si un embarazo se produjera allí, rompería la trompa y la madre podría morir. La mayoría de los embarazos ectópicos no llegan tan lejos, pero a veces es necesario que el médico realice una cirugía para interrumpir el embarazo antes de que se produzcan daños mayores.

La causa más frecuente de un embarazo ectópico es la enfermedad inflamatoria pélvica (EIP), que produce una hinchazón de la trompa de Falopio afectada a punto tal que se obstruye e impide el paso del óvulo fecundado.

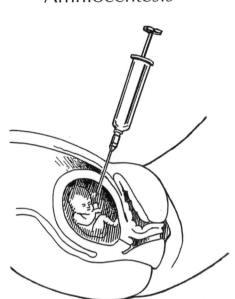

Amniocentesis

En la amniocentesis se toma una muestra del líquido amniótico para detectar si hay malformaciones congénitas.

El aborto espontáneo o parto de feto muerto ocurre cuando el embrión o feto muere dentro de la matriz (útero) de la madre. Tal vez la mujer vea y sienta salir un abundante flujo de sangre y líquido por la vagina. Si esto sucede, es posible que haya sufrido un aborto espontáneo. Si se produce en el segundo o tercer trimestre de embarazo, el médico tendrá que extraer el feto mediante una cirugía. Aún no se conocen con certeza las causas de los abortos espontáneos. Una mujer puede sufrirlos por diversas razones: quizás tenía una dieta deficiente, fumaba (cualquier tipo de sustancia) o consumía drogas y alcohol mientras estaba embarazada. Algunos médicos piensan que la causa de los abortos espontáneos son malformaciones congénitas en el embrión o feto. Pero generalmente se desconoce la razón exacta.

¿Existen pruebas para detectar malformaciones congénitas durante el embarazo?

Sí. A menudo las mujeres se hacen entre 1 y 3 pruebas para detectar si el feto tiene alguna malformación genética.

La amniocentesis consiste en introducir una fina aguja a través del abdomen de la mujer en la bolsa amniótica (el saco de piel que rodea al feto) a fin de succionar líquido amniótico y examinarlo para detectar si presenta malformaciones congénitas. Con la amniocentesis los padres pueden saber si el feto tendrá síndrome de Down o distrofia muscular e incluso si será varón o mujer. La amniocentesis no puede hacerse antes del tercer o cuarto mes de embarazo.

La toma de muestras de vellosidades coriónicas (cvs, por sus siglas en inglés) puede hacerse tan pronto como la mujer entre en el segundo mes de embarazo. Mediante esta prueba, se introduce un delgado tubo en el útero de la mujer a través de la vagina y el cuello uterino. Luego, se toma una pequeña muestra de la capa externa de la bolsa amniótica (el corion) y se la examina para detectar si el feto tiene alguna malformación.

Los estudios de ultrasonido también pueden detectar ciertas malformaciones, la presencia de gemelos y el sexo del feto. El ultrasonido utiliza ondas sonoras para "tomar una fotografía" de cómo se ve el feto.

Toma de muestras de vellosidades coriónicas (CVS, por sus siglas en inglés)

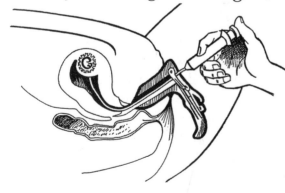

Esta prueba toma una pequeña muestra del corion (bolsa amniótica) para detectar si hay malformaciones congénitas.

Vale la pena mencionar que hay riesgos mínimos propios de este tipo de pruebas, por lo cual es aconsejable consultar con el médico antes de llevar a cabo cualquiera de ellas.

¿Puede haber problemas durante el nacimiento del bebé?

Puede darse el caso de un parto de nalgas, que puede poner en peligro la vida tanto del bebé como de la madre. Este tipo de partos ocurre cuando el bebé sale primero por los pies o las nalgas, en lugar de hacerlo por la cabeza, que es la posición habitual. En este caso, el médico o la partera pueden intentar reposicionar al bebé, de modo que la cabeza salga primero. Pero si esto no es posible, el médico podrá optar por practicar una intervención quirúrgica llamada "cesárea".

El prolapso del cordón umbilical también puede poner en peligro la vida del bebé durante el nacimiento. Esto ocurre cuando el bebé tiene el cordón umbilical enrollado en el cuello, de manera que el flujo de sangre hacia él a través del cordón se interrumpe. El médico o la partera intentarán reposicionar al bebé o desenredar el cordón umbilical, y si esto no funciona el médico practicará una cesárea.

Episiotomía

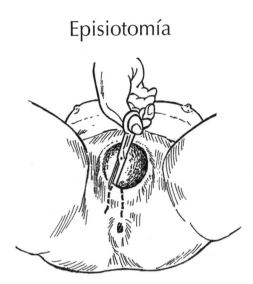

Si la cabeza y el cuerpo del bebé son muy grandes, el doctor practica una episiotomía, que consiste en un corte que va desde la abertura de la vagina hasta el periné.

¿Qué es una cesárea?

La cesárea es una operación que consiste en sacar al bebé a través del abdomen de la madre. Con un bisturí (un cuchillo pequeño y filoso), se realiza una incisión en el abdomen de la madre para que el médico pueda sacar al bebé. Las cesáreas se practican si la salud del bebé o de la madre corre peligro.

¿El médico corta la abertura de la vagina durante el parto?

A veces el médico deberá hacer un pequeño corte que va desde la abertura de la vagina hasta el periné (el espacio entre la vagina y el ano). A este procedimiento se lo conoce con el nombre de "episiotomía". El doctor realiza una episiotomía para aliviar un poco la presión ejercida sobre la cabeza del bebé al salir por la vagina o para evitar que el periné se desgarre. Aunque no lo creas, por lo general la episiotomía no es dolorosa para la madre. La sutura del corte, por su parte, se realiza después del parto.

¿Qué debe hacer una mujer embarazada para tener un bebé saludable?

Visitar al médico periódicamente para cuidados prenatales

Comer muchos alimentos nutritivos

Hacer ejercicios regularmente

¡No fumar, beber ni consumir drogas!

¿Qué debería hacer la mujer durante el embarazo para garantizar la salud de su bebé?

En realidad, la mujer debe empezar a cuidarse antes de quedar embarazada, pero una vez embarazada, la manera en que vive es esencial para la salud del feto. Los recaudos que la madre toma para cuidarse y así aumentar las probabilidades de tener un bebé saludable se denominan "cuidados prenatales".

Cuando la mujer queda embarazada, es importante que acuda al médico para que la revise y le diga todo lo relativo a los cuidados prenatales a fin de tener un bebé sano. El tipo de médico que debe ver es un obstetra-ginecólogo ("ob/gyn" es la abreviatura en inglés). Un obstetra es un médico que ha sido especialmente capacitado en todo lo relativo al embarazo. Por su parte, un ginecólogo es un médico que ha sido especialmente capacitado en el conocimiento de las hormonas, los órganos reproductores sexuales femeninos y los problemas de la mujer en general. Un obstetra-ginecólogo está capacitado tanto en obstetricia como en ginecología, así que la mujer obtiene todo lo que necesita con un solo profesional. El obstetra-ginecólogo le hará controles a la mujer, le dará indicaciones respecto del cuidado prenatal y verificará que el embarazo se desarrolle sin complicaciones.

He aquí algunas de las cosas que la futura mamá debe hacer para aumentar sus probabilidades de tener un bebé sano.

HACERSE CONTROLES PERIÓDICOS CON EL MÉDICO: Esto alertará a la futura mamá en caso de que surja algún problema, la guiará y le indicará qué hacer, al tiempo que le brindará apoyo emocional.

COMER BIEN Y TENER BUENOS HÁBITOS NUTRICIONALES: La mujer necesitará calorías adicionales de alimentos proteicos tales como la carne, pollo, pavo, pescado, leche, huevos, queso, yogur, como también calorías adicionales de alimentos ricos en carbohidratos, como, por ejemplo, vegetales, arroz, pan de trigo, pastas, avena, papas, frijoles y frutas. Si la persona es vegetariana o no tiene una alimentación variada, es aconsejable que hable con un nutricionista, quien puede elaborarle un programa de alimentación sana. El nutricionista también podrá recomendarle si ha de tomar un suplemento de vitaminas y minerales. La mujer no debe elegir cualquier suplemento vitamínico suponiendo que es bueno para ella y el feto, sino que debe consultarlo con el nutricionista o médico.

A veces, la mujer siente que está bien comer "cualquier cosa y mucho". Si bien la mayoría de los médicos recomiendan que la mujer suba entre 20 y 25 libras (9 y 11 kilos) al término de los nueve meses de embarazo, aumentar demasiado (más de 40 libras / 18 kilos) puede no ser bueno para la mujer ni para el feto, sin mencionar lo difícil que va a ser intentar bajar esas libras de más luego de que el bebé nazca.

HACER EJERCICIO FÍSICO: Ejercitarse antes, durante y después del embarazo casi siempre es beneficioso y generalmente recomendado por los médicos. La mayoría de los ejercicios, como caminar, andar en bicicleta fija, hacer aerobismo de bajo impacto e incluso jugar al tenis o salir a trotar le ayudarán a la mujer a estar mejor preparada para el nacimiento del bebé. Claro que a la hora de elegir la actividad física tiene que primar el sentido común. Toda actividad que obligue a la mujer embarazada a golpearse contra árboles, paredes o superficies duras, obviamente debe evitarse. Además, la embarazada debe recordar que no debe excederse ni ejercitarse con demasiada intensidad durante mucho tiempo. El cuerpo de la mujer se calienta y ella suda, lo cual es bueno, pero el feto no tiene manera de enfriarse allí dentro, lo cual puede ser perjudicial. La embarazada debe hablar con el médico antes de realizar cualquier tipo de ejercicio físico y debe recordar ingerir gran cantidad de agua durante estas actividades.

¡No fumar nada! Fumar cigarrillos de tabaco o marihuana (también conocida como "hierba", "porro", "toque", "maría", etc.), ya sea la mujer embarazada o cualquier persona de su entorno, aumentará las probabilidades de tener un bebe con bajo peso al nacer (lo cual puede provocar la muerte del bebé), un bebé con bajo coeficiente intelectual (no tan inteligente como hubiera podido ser), un aborto espontáneo, problemas durante el embarazo o el parto y problemas de salud en el bebé luego de que nazca. Los cigarrillos, los cigarros y la marihuana contienen toxinas (sustancias tóxicas). Cuando la mujer embarazada fuma, o alguien cerca de ella lo hace, estas sustancias tóxicas pasan de los pulmones de la madre a su torrente sanguíneo y son transportadas al feto. La futura mamá no debe fumar durante el embarazo y debe hacer todo lo posible por evitar situaciones donde la gente a su alrededor lo haga. Recuerda que el feto no puede protegerse a sí mismo, sólo los padres pueden hacerlo.

No consumir drogas: Esto incluye cualquier tipo de bebida alcohólica, entre ellas la cerveza, el vino, refrescos alcohólicos o bebidas destiladas fuertes como el vodka, el whisky o el tequila. Todas las drogas ilegales, como la cocaína, heroína o LSD (por nombrar sólo algunas), al igual que las píldoras o medicamentos recetados que se venden en las farmacias pueden provocar abortos espontáneos, bajo peso al nacer, malformaciones (partes del cuerpo con forma anormal) e incluso problemas después del nacimiento.

¿Se puede tener relaciones sexuales mientras la mujer está embarazada?

La mayoría de las veces la respuesta es sí. La pareja puede continuar teniendo relaciones sexuales sin problema alguno hasta el octavo o noveno mes de embarazo. La única diferencia consiste en que la pareja tendrá que ser más creativa. Antes de que lo preguntes, aquí va la respuesta: no, el pene no puede dañar al feto. (Recuerda que el pene entra en la vagina, y el feto se desarrolla en el útero, que son lugares distintos.) Algunas parejas tienen coito oral durante el embarazo, sin que esto tampoco ocasione problemas.

En el único caso en que la pareja no debe tener relaciones sexuales durante el embarazo es cuando la mujer tiene antecedentes de abortos espontáneos. No obstante, para mayor seguridad, la pareja debe consultarlo con el médico.

¿Cómo hace una mujer para saber si está embarazada?

La mujer podrá saber si está embarazada mediante una prueba de embarazo. Hasta tanto se haga una, no sabrá con total seguridad. Algunos indicios de embarazo son la falta de un periodo, micción frecuente (necesidad de orinar con frecuencia), náuseas (ganas de vomitar), vómitos, sensibilidad en los senos y fatiga (sentirse cansada).

Incluso si la mujer tiene todos estos signos, no significa que esté embarazada con total seguridad. A menudo, los cambios en los niveles hormonales, la alimentación, el estrés y las preocupaciones también provocan síntomas similares. Muchas veces, una mujer que ha tenido relaciones sexuales pensará que está embarazada si tiene alguno de estos signos, aunque lo más probable es que esté preocupada o bajo mucha presión, no embarazada.

Otras veces, una mujer que haya tenido relaciones sexuales sin usar protección puede que no tenga ninguno de estos cinco signos (salvo por la falta de un periodo) y en realidad está embarazada. La única manera de saber con seguridad si una mujer está embarazada es mediante una prueba de embarazo.

¿Cómo se hacen las pruebas de embarazo?

Hay varias opciones. Puedes ir al consultorio del médico o a una clínica de salud, o bien comprar una prueba de embarazo casera en una farmacia o supermercado. La forma más precisa es ir al médico o a una clínica y hacerse la prueba allí.

Si la mujer tiene razones para pensar que está embarazada, puede acudir al médico o a una clínica y hacerse la prueba allí rápidamente y con precisión sin que nadie más sepa o se entere. Una vez allí, entrará en el consultorio del médico y él o la enfermera le pedirán que orine (haga pis) en un pequeño frasco. La orina será analizada para verificar si contiene una sustancia química llamada gonadotropina coriónica humana (GCH). Si la mujer está embarazada, la placenta produce GCH, sustancia que se puede detectar en la orina mediante las pruebas del caso. Si la orina contiene GCH, el médico dirá que la prueba de embarazo de la mujer es positiva, es decir, que está embarazada. Si el médico dice que la prueba es negativa, significa que la mujer no está embarazada.

El costo de las pruebas de embarazo varía. Puede ser gratuito o costar hasta quince dólares o más, según dónde se la haga y de qué parte del país sea la persona. Lo mejor es llamar al departamento de salud local y averiguar. Otras organizaciones, como Planned Parenthood (Paternidad Planificada), ofrecen pruebas de embarazo o información sobre dónde hacerse una. Cualquier persona, cualquiera sea su edad, pueda hacerse una prueba de embarazo.

¿Son precisas las pruebas de embarazo caseras?

Sí. Generalmente, las pruebas de embarazo caseras son muy confiables, aunque a veces son difíciles de interpretar (cuesta leer los resultados). La ventaja de este tipo de pruebas de embarazo es que la mujer puede hacerla en la privacidad de su propio hogar sin tener que esperar en una clínica ni programar una cita con el médico. La desventaja es que si la prueba da positivo (la mujer está embarazada), tendrá que hacerse otra prueba en el consultorio médico de todas maneras para estar completamente segura. El costo de la mayoría de las pruebas de embarazo caseras varía entre diez y quince dólares, y son de venta libre, es decir, cualquiera puede comprarlas.

Las pruebas de embarazo caseras funcionan de manera muy similar a las que se hacen en las clínicas y consultorios médicos. Es recomendable leer y seguir detenidamente las instrucciones para garantizar la precisión de los resultados. La mayoría de las pruebas requieren que la mujer orine (haga pis) en un pequeño frasco y que luego mezcle algunas gotas de orina con el preparado químico de la prueba de embarazo. Los resultados por lo general están listos en cinco a diez minutos.

¿Puede la mujer tener el periodo aunque esté embarazada?

Es posible que la mujer tenga un óvulo fecundado en una trompa de Falopio e igualmente despida el revestimiento del útero durante el primer mes, pero a veces durante el embarazo puede salir por la vagina una secreción (un líquido) rojizo y mucoso que no es el periodo. En ciertas mujeres, puede aparecer una secreción durante el embarazo pero, nuevamente, no se trata del periodo.

Si la mujer se ha hecho una prueba de embarazo con resultado positivo (es decir, está embarazada) y al cabo de unas semanas ve que tiene un flujo de sangre o una secreción inusualmente abundante que le sale por la vagina, deberá ver al médico o partera inmediatamente; podrían ser los signos de un aborto espontáneo.

¿Hay signos que alerten acerca de posibles problemas?

Existen algunos indicios de que puede haber algún problema, entre ellos los siguientes:
- Flujo vaginal abundante o sangrado vaginal.
- Rostro o dedos de la mano hinchados.
- Dolores de cabeza continuos.
- Visión borrosa.
- Dolor abdominal y escalofríos o fiebre.
- Micción dolorosa.

¿Qué es una partera?

Una enfermera-partera está especialmente capacitada para ayudar a las mujeres durante el embarazo y el parto. Generalmente, las parteras acompañan a la embarazada durante todo el trabajo de parto y pueden asistirla en ese momento, a menos que exista una situación potencialmente mortal o que sea necesario practicar una cesárea. En la mayoría de los partos normales, la partera brinda apoyo, orientación y asistencia a la mujer durante todo el proceso. En la actualidad, mucha gente opta por que una partera asista en el parto de sus hijos.

El síndrome de Couvade

El síndrome de Couvade se produce cuando el hombre siente los mismos síntomas que la embarazada.

¿Qué le pasa?

¿Es cierto que la mujer tiene antojos de alimentos durante el embarazo?

Muchas mujeres sienten un intenso deseo de comer ciertos tipos de alimentos durante el embarazo, que no necesariamente tienen que ser combinaciones de alimentos extraños como pickles con helado (aunque puede serlo). Este deseo se materializa en forma de ganas irresistibles de comer ciertos alimentos corrientes.

También es común que la mujer tenga una fuerte aversión a un alimento que comúnmente le gusta. A veces, el sólo hecho de pensar en un alimento puede darle ganas de vomitar.

Algunos médicos opinan que los antojos de alimentos son la manera en que el cuerpo le hace saber a la mujer los nutrientes que necesita.

Las clases de preparto o clases de Lamaze

ayudan a la madre a prepararse para el parto.

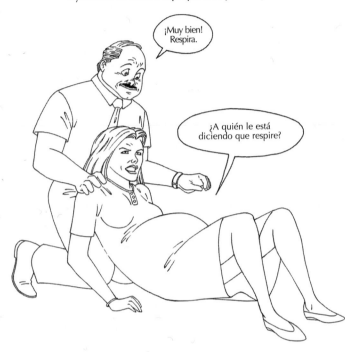

¿El padre siente algún tipo de molestia durante el embarazo de la mujer?

Algunos hombres sienten lo mismo que siente la mujer durante el primer trimestre. Este se conoce con el nombre de "síndrome de Couvade". El esposo puede sentir náuseas y vomitar, o tener hinchazones. Incluso algunos pueden sentir antojos de alimentos y nadie sabe por qué sucede todo esto.

¿Qué son las clases de preparto y las clases de Lamaze?

Las clases de preparto y las clases de Lamaze son parecidas, ya que ambas tratan de reducir el estrés y dolor que siente la mujer durante el parto. El objetivo de las clases de Lamaze es que los futuros padres se preparen para el parto aprendiendo maneras de relajarse mediante técnicas especiales de respiración, ejercicios físicos y concentración.

Si miras mucha televisión, tal vez hayas visto distintos programas donde el marido y la mujer se sientan en el piso en una habitación con otras mujeres embarazadas y respiran de manera extraña. Lo que has visto es una clase de preparto, también llamada clase de Lamaze.

En las clases de preparto se prepara a las mujeres para un "parto natural". Así se designa al tipo de parto en que la mujer dará a luz a un bebé sin medicamentos analgésicos para aliviar el dolor. Es por ello que las parejas acuden a clases de preparto o de Lamaze: para que la mujer aprenda cómo respirar y concentrarse para controlar el dolor.

Si bien se supone que en el parto natural la mujer no debe tomar calmantes, sólo usar las técnicas de respiración aprendidas en las clases de preparto, generalmente se lo considera natural aunque tome este tipo de medicamentos. Un calmante habitual usado en la actualidad es la anestesia epidural, que se coloca en la espalda de la madre y hace que no sienta dolor alguno por debajo del abdomen.

No hay de qué avergonzarse si a la madre se le administran calmantes durante el trabajo de parto. Tampoco significa que sea cobarde ni nada por el estilo. El dolor del trabajo de parto varía según la mujer, pero si puedes imaginarte sacarte una naranja por la nariz, tal vez puedas comprender por lo que tiene que pasar una madre durante un parto natural. Así que ahora que sabes por lo que ha pasado, ¡ve a darle un beso a tu mamá ya mismo!

Si tienes más preguntas acerca de cómo se hacen los bebés, el embarazo, los cuidados prenatales, el nacimiento o alguna otra inquietud relativa a la sexualidad, puedes encontrar información adicional o realizar consultas en: Youth Embassy (http://www.YouthEmbassy.com).

7

Anticonceptivos (Control de la natalidad)

¡Qué bueno tenerte de vuelta! Y qué bueno que seas tú quien da el primer paso para emprender una actitud responsable e informada acerca de cómo protegerte y proteger a tu pareja de algunas de las consecuencias derivadas de las relaciones sexuales. Antes de referirme a cuáles son algunas de las mejores formas de protección contra embarazos no deseados y enfermedades de transmisión sexual, quizás deba adelantarte algo de lo que te ocurrirá en el futuro. Para eso deberé usar mis poderes mentales. Así que apoya los dedos sobre esta página para que pueda sentir tu energía cósmica y ver tu futuro. ¿Pusiste los dedos sobre la página? Muy bien, ahora sí estoy empezando a ver...

Las realidades de la vida

REALIDAD NÚMERO 1: A veces conocerás gente en la que no debes confiar. Tendrán buen aspecto, una sonrisa amable y una personalidad encantadora, pero en realidad, mucha gente (incluso esa persona que quizás te parezca especial) sencillamente no le da importancia a los embarazos ni a las enfermedades de transmisión sexual.

Esto no significa que todos intentarán aprovecharse de ti, pero debes saber que hay quienes dirán y harán cualquier cosa con tal de lograr lo que quieren. A veces es difícil darse cuenta de quién actúa con honestidad y quién intenta engañarte. Sin embargo, cuando se trata de relaciones sexuales, de tu cuerpo y de tu vida, debes preocuparte por tu propia protección y nunca dejarla en manos de los demás.

REALIDAD NÚMERO 2: A veces, la confusión y la inseguridad se apoderarán de ti y no sabrás qué hacer. Todos hemos pasado por situaciones complicadas y hemos tenido que tomar decisiones difíciles (especialmente cuando de cuestiones sexuales se trata), y tú no serás la excepción. Una manera de ayudarte a salir airoso de esos momentos delicados es siguiendo este plan de tres etapas:

1. Prepárate. Busca toda la información necesaria (lo cual ya estás haciendo al leer este libro). Luego, elabora una estrategia y un plan de acción para el momento en que te enfrentes con una situación difícil. Es decir, antes de incursionar en algo nuevo, analízalo y decide de antemano qué harás.

2. Asume el control. Cuando te encuentres en una situación confusa, asume el control de ti mismo y sigue tu plan de acción.

3. Protégete. Recuerda que a veces estarás solo y no habrá nadie para defenderte ni defender lo que desees. Debes hacerte valer por ti mismo y asegurarte de que tu pareja no ponga en peligro tu salud ni tu futuro. Asegúrate de explicar claramente lo que sientes y lo que quieres.

REALIDAD NÚMERO 3: Es posible que sientas la presión de tener relaciones sexuales con el único fin de complacer a tu pareja. A veces tenemos la necesidad de que nos amen y acepten, y creemos que debemos hacer cualquier cosa a fin de complacer a nuestro compañero.

Si alguna vez sientes eso, vuelve a leer las realidades número 1 y 2 y recuerda que si a la otra persona realmente le importas, no querrá hacerte sentir incómodo ni obligarte a hacer algo que no desees.

Casi todos quienes cometieron el error de tener relaciones sexuales por esta razón se arrepienten de su decisión. Probablemente ésta sea una buena oportunidad para aprender de los errores ajenos y no acceder a tener relaciones sexuales sólo para retener a alguien a nuestro lado o para complacerlo.

A ver... ¿qué es esto? Creo que veo algo más en tu futuro. No estoy seguro, pero me parece que alguien te llama "mamá" o "papá". No es muy claro, pero me parece verte muy pálido y cubierto con llagas sin cicatrizar, típicas de una enfermedad de transmisión sexual... Aunque todo lo que veo es borroso y confuso. El futuro está en tus manos, así que toma las decisiones adecuadas.

¿Qué son los anticonceptivos o "el control de la natalidad"?

Los anticonceptivos o "control de la natalidad" son una forma de prevenir embarazos no deseados y, en algunos casos, enfermedades de transmisión sexual. Algunos métodos anticonceptivos son excelentes para prevenir ambos, mientras que otros son excelentes para evitar sólo los embarazos no deseados, pero no las enfermedades de transmisión sexual. Asimismo, algunos no son efectivos para prevenir ninguna de las dos cosas.

Muchos métodos anticonceptivos, usados correctamente siempre que una pareja tiene relaciones sexuales, ofrecen una eficaz protección contra embarazos no deseados y la mayoría de las enfermedades de transmisión sexual. El nivel de protección varía con cada método anticonceptivo. A pesar de que existe una sola forma de anticoncepción 100% segura, la abstinencia, siempre y cuando se la practica sistemáticamente, existen otras que son excelentes, aunque no perfectas.

La mayoría de los métodos anticonceptivos son baratos, están al alcance de los jóvenes y, con un poco de práctica, muchos son rápidos y fáciles de usar.

¿Por qué a algunas personas no les gusta usar métodos anticonceptivos?

Hay quienes buscan pretextos para no usarlos. Por ejemplo, entre los pretextos más frecuentes, se encuentran éstos:
- Arruinan el romance y la espontaneidad del momento.
- Disminuyen la sensibilidad, las sensaciones y el placer.
- Son demasiado caros.
- Significan que no confías en tu pareja.
- No son naturales.
- Me dan vergüenza.

Estos pretextos varían según las personas, pero todos son meras excusas para disfrazar las verdaderas razones. He aquí algunas de ellas:

LA PERSONA NO CONOCE LOS RIESGOS QUE IMPLICA UNA RELACIÓN SEXUAL SIN PROTECCIÓN. Mucha gente no tiene la información que tú tienes (o que estás adquiriendo) al respecto. Algunos ni siquiera saben que las relaciones sexuales sin protección pueden desencadenar en un embarazo o en enfermedades de transmisión sexual. Por ello, la gente busca pretextos para no usar métodos anticonceptivos: porque no conocen o no creen en los posibles peligros implícitos. Si te encuentras con una persona de estas características, instrúyelo y, por supuesto, protégete.

A LA PERSONA NO LE IMPORTAN LOS RIESGOS QUE UNA RELACIÓN SEXUAL SIN PROTECCIÓN IMPLICA. Aunque parezca mentira, a algunos individuos no les importa en absoluto si su pareja queda embarazada o si se contagia alguna enfermedad de transmisión sexual que pueda producir SIDA. Es la cruel y triste realidad. Estos individuos usan todas las excusas habidas y por haber con tal de no usar métodos anticonceptivos. Por lo tanto, ¡prepárate y protégete!

LA PERSONA PIENSA QUE LOS EMBARAZOS NO DESEADOS Y LAS ENFERMEDADES DE TRANSMISIÓN SEXUAL LES OCURREN ÚNICAMENTE A OTROS. Si conoces alguien que piensa de ese modo, o si tú piensas así, es hora de abrir los ojos y ver la realidad. Aunque cada individuo es único, hay algo que todos tenemos en común: un cuerpo humano que se puede enfermar.

Toda persona que tenga relaciones sexuales sin protección está abriendo las puertas a un embarazo no deseado o a enfermedades de transmisión sexual. Por supuesto que a veces podrás salir airoso, pero no siempre. Y créeme cuando te digo que un embarazo no deseado o una enfermedad de transmisión sexual pueden cambiar tu vida para siempre.

Independientemente de qué punto del planeta o del universo sea una persona, nadie es inmune a los embarazos no deseados ni a las enfermedades de transmisión sexual. Así que, protégete.

LA PERSONA NO SABE CÓMO USAR LOS MÉTODOS ANTICONCEPTIVOS. Como dijimos antes, mucha gente no accede al tipo de información que tú adquirirás a medida que leas sobre este tema. A nadie le gusta aceptar que no sabe algo, especialmente en lo referente al sexo. De modo que en lugar de demostrar su ignorancia, inventan excusas para no usar ningún método anticonceptivo. Si vas a tener relaciones sexuales, asegúrate de saber cómo usar por lo menos uno de ellos. Si consideras que tu pareja quizás no sepa cómo hacerlo, prepárate para usar el método anticonceptivo que tú hayas elegido ¡y protégete!

LA PERSONA NO SE SIENTE SEGURA CUANDO USA UN MÉTODO ANTICONCEPTIVO Y LE DA VERGÜENZA. La mejor solución para este problema es la práctica. Mientras más veces hagamos algo, más hábiles llegaremos a ser en ello. Mientras más hábiles seamos en algo, más confianza tendremos y más cómodos nos sentiremos haciéndolo. Y mientras más confianza tengamos y más cómodos nos sintamos al hacer algo, más probable es que sigamos haciéndolo y que lo convirtamos en un hábito positivo.

¿Recuerdas la primera vez que intentaste atarte los cordones de los zapatos? Quizás te sentías muy torpe con las manos y necesitaste tiempo hasta poder hacerlo bien. Después de diez o veinte intentos, fue un poco más fácil. Al poco tiempo podías hacerlo con los ojos cerrados y sin siquiera pensar en lo que estabas haciendo.

Más allá del método anticonceptivo que elijas, siéntate en casa, solo, y practica cómo usarlo una y otra vez hasta que puedas hacerlo rápidamente y con los ojos cerrados. Practica, gana confianza y protégete.

Si alguna vez alguien te da una excusa para no usar métodos anticonceptivos, recuerda algunas de las verdaderas razones por las que quizás esa persona no quiera utilizarlos y prepárate para protegerte.

¿Quién es responsable de usar métodos anticonceptivos: el varón o la mujer?

Ambos. Dado que un embarazo o una enfermedad de transmisión sexual afectarán tanto al varón como a la mujer, ambos son igualmente responsables de protegerse.

Sin embargo, ¿quién de los dos estará embarazada durante 9 meses? Señoritas, esto no es un comentario sexista, sino que como son ustedes quienes pueden quedar embarazadas y, en dicho caso, enfrentar la situación de inmediato, deben protegerse a toda costa y no contar con que su compañero asuma la responsabilidad que le corresponde, independientemente de lo que sientan por él.

Muchachos, no crean que se van a librar tan fácilmente de la cosa. Aunque es la mujer quien queda embarazada, ustedes siguen siendo responsables del cuidado de un hijo, lo cual implica muchísimos años (mucho más tiempo de lo que duró la relación sexual). Para que se den una idea, la ley les exige que aporten 18 años de cuota alimentaria para sus hijos. Además, la responsabilidad de tener que cuidar a un hijo puede cambiar radicalmente sus planes de estudiar una carrera, tener una profesión, lograr una situación económica y una vida familiar favorables. De modo que protéjanse ustedes también.

¿Por qué debo usar métodos anticonceptivos?

¿Puedes imaginarte lo que le ocurriría a un oficial de policía que no usara un chaleco antibalas en un tiroteo? ¿Y un corredor de automóviles de carrera que no usara cinturón de seguridad ni casco durante una competición de alta velocidad? Piensa en lo que le sucedería a un jugador profesional de fútbol americano que no usara casco ni hombreras en un partido violento. Como podrás imaginar, estas personas estarían asumiendo un riesgo si enfrentaran cada una de estas situaciones sin protección. Los métodos anticonceptivos son la protección necesaria para tener relaciones sexuales. Tener relaciones sexuales sin métodos anticonceptivos sería tan peligroso y poco inteligente como participar en el Super Bowl y no usar casco ni el equipo protector adecuado.

Si bien ningún método ofrece 100% de protección contra los embarazos no deseados y las enfermedades de transmisión sexual (salvo la abstinencia, si se la practica sistemáticamente), el uso de métodos anticonceptivos durante las relaciones sexuales te dará una protección excelente, buena o por lo menos mucho mejor que la que tendrías si no usaras ningún método. ¿Por qué debes usar métodos anticonceptivos?

- Los métodos anticonceptivos previenen los embarazos no deseados.
- El uso correcto de condones cada vez que una pareja tiene relaciones sexuales la ayudará a protegerse de la mayoría de las enfermedades de transmisión sexual, incluso del VIH/SIDA
- Los métodos anticonceptivos te dan "tranquilidad mental". Usarlos durante las relaciones sexuales ayuda a que una pareja se relaje y disfrute de la experiencia sin tener que preocuparse.
- El uso de métodos anticonceptivos le demuestra a tu pareja que su salud y futuro te importan lo suficiente como para usar protección y prevenir embarazos no deseados y enfermedades de transmisión sexual.
- El uso de métodos anticonceptivos demuestra que conoces las posibles consecuencias de las relaciones sexuales, que sabes qué son los métodos anticonceptivos y cómo usar un método excelente, y que conoces por qué es necesario que utilices alguno cada vez que tienes relaciones sexuales.
- Al usar métodos anticonceptivos demuestras poseer suficiente madurez como para comprender que son necesarios, y suficiente responsabilidad como para protegerte y proteger la salud y el futuro de tu pareja.

La lista continúa, pero seguramente ya has captado la idea. No saltes de un avión sin paracaídas. No tengas relaciones sexuales sin usar métodos anticonceptivos.

¿Los métodos anticonceptivos son fáciles de usar?

Efectivamente. Con un poco de práctica, la mayoría son fáciles de usar, y aplicarlos sólo es cuestión de segundos.

¿Cuáles son los mejores métodos anticonceptivos?

Al final de este capítulo encontrarás una lista de los métodos anticonceptivos disponibles en los Estados Unidos. La tabla no incluye otros métodos usados o probados en Europa.

Abstinencia

"Abstinencia" significa no tener relaciones sexuales. Es el único método que, practicado sistemáticamente, brinda 100% de protección contra embarazos no deseados y enfermedades de transmisión sexual. La abstinencia parece ser una buena idea, pues las enfermedades de transmisión sexual y los embarazos no deseados siguen siendo muy frecuentes, especialmente en adolescentes.

¿Cuál es su eficacia para prevenir embarazos no deseados?

Si se la practica sistemáticamente, tiene siempre el 100% de eficacia.

¿Cuál es su eficacia como protección contra enfermedades de transmisión sexual?

Si se la practica sistemáticamente, ofrece siempre el 100% de protección.

¿Cómo se la practica?

La decisión de abstenerse a veces requiere una férrea disciplina y la capacidad de resistir presiones, especialmente en la adolescencia, época en que las hormonas, los sentimientos y la presión de los pares alcanzan niveles sin precedentes.

Recordar los siguientes puntos quizás te ayude a decidirte a practicar la abstinencia. Nunca se producirá un embarazo, el cual puede poner en peligro:

- Todo lo que tienes para disfrutar durante el resto de tu adolescencia;
- Tus planes de graduarte de la escuela secundaria;
- Tus planes de lograr un título universitario o una capacitación profesional;
- Tus planes profesionales y el dinero que podrías ganar durante toda tu vida;
- La libertad para hacer lo que desees;
- Tu reputación;
- Las relaciones con tus padres y amigos.

No contraerás una enfermedad de transmisión sexual que podría:

- Ser dolorosa;
- Hacerte sentir que estás enfermo;
- Dejarte estéril (es decir, no podrás tener hijos nunca);
- Necesitar tratamiento médico de por vida;
- Poner en peligro tus posibilidades de tener un hijo sano en el futuro;
- Acortar tu vida.

Recuerda, podrás tener relaciones sexuales más adelante, cuando tú y tu cónyuge o pareja estén mejor preparados. Podrás demostrar tu afecto y amor sin tener relaciones sexuales. Estarás haciendo lo que tú deseas, no lo que otro quiere que hagas.

¿Cómo funciona?

Al no tener relaciones sexuales, no existen posibilidades de que un espermatozoide del varón fertilice un óvulo de la mujer y dé lugar a un embarazo. Tampoco hay intercambio de líquidos corporales que pudieran transportar gérmenes de transmisión sexual.

¿Cuáles son los efectos secundarios?

Ninguno.

¿Dónde se consigue?

En ti mismo.

¿Cuánto cuesta?

Es gratuita.

¿Cuáles son las desventajas?

Tal vez sientas la presión de tu pareja o de tus amigos. O quizás te parezca que todos los demás están teniendo relaciones sexuales (lo cual está lejos de ser cierto) y que te estás perdiendo algo. Además, algunas personas deciden practicar la abstinencia, pero terminan por mantener relaciones sexuales de todos modos, a menudo sin usar ningún método anticonceptivo.

¿Cuáles son las ventajas?

Proteges tu salud, tu futuro y no tienes que preocuparte por nada de lo que pueda ocurrirte ni por lo que la gente pueda pensar.

¿Necesito el consentimiento de mis padres?

¿Lo preguntas en serio?

¿Alguna sugerencia?

Si te interesa conocer algunas formas de negarte a tener relaciones sexuales, lee los capítulos "Enfermedades de transmisión sexual" y "Cómo decir que no a propuestas sexuales".

Píldoras anticonceptivas

Las píldoras anticonceptivas o píldoras anticonceptivas orales (BC o OCP, por sus siglas en inglés, respectivamente) son uno de los métodos de control de la natalidad más populares usados en la actualidad. También son uno de los métodos no quirúrgicos disponibles más eficaces para prevenir embarazos no deseados.

¿Cuál es su eficacia para prevenir embarazos no deseados?

Las píldoras anticonceptivas o píldoras anticonceptivas orales (BC o OCP, por sus siglas en inglés, respectivamente) son muy eficaces para prevenir emfaumento o pérdida de peso barazoa no deseados, ya que tienen un índice de eficacia superior al 99% cuando se las toma correctamente.

¿Cuál es su eficacia como protección contra enfermedades de transmisión sexual?

Las píldoras anticonceptivas no ofrecen ninguna protección contra enfermedades de transmisión sexual. Por lo tanto deberías utilizar un método anticonceptivo complementario que te proteja de este tipo de enfermedades, como el condón.

¿Cómo se usan?

Se venden en pequeños paquetes de veintiuna o veintiocho pequeñas píldoras individuales. Las píldoras anticonceptivas son confiables y fáciles de usar. Lo más difícil de este método es acordarse de tomar una todos los días.

Es la mujer quien debe tomar una todos los días y es importante que lo recuerde para poder mantener las hormonas en un nivel que impida la ovulación. Si un día se olvida de tomarla, al día siguiente deberá tomar dos. Si se olvida de tomarla durante dos días seguidos, debe tomar dos en cuanto lo recuerde y luego dos más al día siguiente. Luego, debe seguir tomando una píldora por día. Si no toma la píldora durante dos días seguidos, deberá usar otro método anticonceptivo durante el resto de su ciclo menstrual, ya que el nivel de hormonas puede alterarse significativamente.

Si la mujer olvida tomar la píldora durante tres días seguidos o tres o más veces durante su ciclo, debe dejar de tomarla por lo que queda del ciclo. A partir de ese momento y hasta que finalice su ciclo deberá usar otro método anticonceptivo para evitar quedar embarazada.

Podrá volver a usar las píldoras anticonceptivas cuando comience su siguiente periodo. Las píldoras anticonceptivas no deben compartirse con nadie.

Es importante recordar que la mujer debe tomarlas todos los días durante un mes antes de que pueda confiar en su eficacia para prevenir un embarazo. Durante ese primer mes en el que tome la píldora debe usar otro método para no quedar embarazada.

Las píldoras anticonceptivas no deben usarse solamente los días en que la mujer tendrá relaciones sexuales. Deben tomarse todos los días, incluso aquéllos en los que no las tenga.

¿Cómo funcionan?

Las píldoras anticonceptivas tienen hormonas o sustancias químicas similares denominadas "estrógeno" y "progestina" (similar a la hormona femenina progesterona). Son hormonas presentes en el cuerpo de la mujer que impiden que los ovarios ovulen. Si no hay ovulación (es decir, si no se libera un óvulo), no hay célula germinal que pueda ser fertilizada por los espermatozoides del varón. Al no poderse fertilizar el óvulo, la mujer no puede quedar embarazada.

¿Cuáles son los efectos secundarios?

Algunos son positivos y otros, no tanto. Algunas mujeres presentan:
- Náuseas;
- Sensibilidad en los senos;
- Edema (hinchazón);
- Sarpullido;
- Aumento o pérdida de peso (aunque muy poco, si es que ocurre);
- Goteo vaginal (sangrado vaginal leve durante el mes);
- Dolores de cabeza.

Se han estudiado otros efectos secundarios desde que apareció la píldora anticonceptiva en 1960, pero son muy poco frecuentes y no se ha comprobado que tengan relación con este fármaco.

También cabe mencionar que muchas mujeres que toman la píldora anticonceptiva no experimentan ningún efecto secundario. Si en la mujer se presenta alguno de los efectos enumerados, especialmente el goteo vaginal y los dolores de cabeza, debe consultar a su médico. La mayoría de las veces, un simple cambio de dosis (concentración) de las píldoras aliviará los efectos colaterales. Asimismo, tomarlas todos los días exactamente a la misma hora ayuda a reducir las probabilidades de sangrado menstrual irregular. Las píldoras anticonceptivas también tienen efectos secundarios positivos, pues pueden ayudarle a la mujer a reducir los riesgos de:

- Cáncer ovárico;
- Cáncer de endometrio;
- Quistes de ovario;
- Tumores de mama benignos (bultos no cancerosos);
- Enfermedad inflamatoria pélvica;
- Acné.

Las píldoras anticonceptivas también le pueden ayudar a regularizar el ciclo menstrual (la mujer tendrá su periodo aproximadamente en la misma fecha todos los meses) y a reducir los calambres y la cantidad de flujo menstrual.

Cuando consultes al médico o enfermero acerca de las píldoras anticonceptivas, pregúntale acerca de los posibles efectos secundarios y qué debes hacer en caso de que tuvieras alguno.

¿Dónde se consiguen?

Puedes conseguir píldoras anticonceptivas en la mayoría de las clínicas de salud y consultorios médicos. Si acudes a uno de ellos, probablemente el profesional te dé una receta para que las adquieras en una farmacia.

También hay clínicas de salud donde los jóvenes pueden acceder a diferentes métodos anticonceptivos. Planned Parenthood es una organización de alcance nacional dedicada a la planificación familiar. Puedes llamar a su número telefónico gratuito 1-800-230-7526 en EE. UU. para averiguar cuál es la sede cercana a tu domicilio.

A veces, los profesores o consejeros de salud pueden informarte acerca de las clínicas de tu zona. También puedes preguntarles a tus padres, a tus tíos o al personal de la escuela (en caso de que tengas una buena relación con ellos) si hay clínicas de salud cercanas donde puedas informarte.

No debes obtener píldoras anticonceptivas en ningún lugar que no sea un consultorio médico, una clínica o una farmacia (si tienes una receta).

¿Cuánto cuestan?

Pueden conseguirse gratis o costar entre $5 y $30 por mes, sin incluir los honorarios, las consultas ni chequeos médicos. Generalmente las clínicas de salud regalan píldoras anticonceptivas durante el primer o dos primeros meses. Normalmente, las clínicas del departamento de salud tienen los mejores precios, mientras que los consultorios médicos y Planned Parenthood suelen ser más caros.

¿Cuáles son las desventajas?

– Debes acordarte de tomar una píldora todos los días.
– Pueden tener efectos secundarios.
– Debes acudir al médico o clínica para obtenerlas.
– No protegen contra las enfermedades de transmisión sexual.

¿Cuáles son las ventajas?

+ Son muy eficaces para prevenir embarazos no deseados.
+ Son fáciles de usar.
+ Se pueden conseguir a bajo costo.
+ Pueden ser beneficiosas para tu salud.

¿Necesito el consentimiento de mis padres?

Esto varía según los estados, pero en su mayoría el consentimiento de los padres no es necesario.

¿Alguna sugerencia?

Pídele a un médico o enfermero capacitado que te explique todos los posibles efectos secundarios de las píldoras anticonceptivas y cómo utilizarlas correctamente.

Consérvalas en un lugar que te ayude a recordar tomarlas todos los días. Muchas mujeres optan por usar el cajón de la ropa interior.

Compra la cantidad suficiente para uno o dos meses, de modo que nunca corras el riesgo de pasar un día sin tomarla.

También se debe usar el condón como protección contra enfermedades de transmisión sexual, a menos que tú y tu pareja se hayan realizado las pruebas para detectarlas y mantengan una relación monogámica.

Las mujeres que fuman (especialmente las mayores de 35) no deben tomar píldoras anticonceptivas. O, mejor aún, deberían dejar de fumar y luego podrán tomarlas.

Parche anticonceptivo Ortho Evra

El parche anticonceptivo Ortho Evra es similar a las píldoras anticonceptivas, salvo que en lugar de administrarse por vía oral, la mujer se pega un parche de 1 $^3/_4$ por 1 $^3/_4$ pulgadas (4.5 x 4.5 cm) en la piel del abdomen, la parte superior del brazo, la espalda, el pecho o las nalgas. El parche Ortho Evra libera hormonas en el organismo a través de la piel y, al igual que las píldoras anticonceptivas, impide la ovulación (la liberación de un óvulo o célula germinal femenina).

¿Cuál es su eficacia para prevenir embarazos no deseados?

El parche Ortho Evra es muy eficaz para prevenir embarazos no deseados (tiene una eficacia superior al 99%).

¿Cuál es su eficacia como protección contra enfermedades de transmisión sexual?

El parche Ortho Evra no brinda ninguna protección contra enfermedades de transmisión sexual.

¿Cómo se utiliza?

Los parches Ortho Evra se usan una vez por semana y se reemplazan el mismo día de cada semana durante tres semanas seguidas. La cuarta semana es una "semana sin parche". La mujer puede usar el parche Ortho Evra en cualquiera de las siguientes zonas del cuerpo: el abdomen, la parte superior del brazo, la espalda, el pecho o las nalgas. El parche permanece adherido a la piel incluso cuando la mujer se baña, nada, hace ejercicios o transpira.

¿Cómo funciona?

El parche Ortho Evra libera hormonas en el organismo a través de la piel para impedir que los ovarios ovulen (que liberen un óvulo o célula germinal femenina). Si la mujer no libera un óvulo, no se puede producir el embarazo.

¿Cuáles son los efectos secundarios?

Los efectos secundarios son similares a los de las píldoras anticonceptivas:
- Náuseas
- Sensibilidad en los senos
- Edema (hinchazón)
- Sarpullido
- Aumento o pérdida de peso (aunque muy poco, si es que ocurre)
- Goteo vaginal (sangrado vaginal leve durante el mes)
- Dolores de cabeza

También existen efectos secundarios positivos. Los posibles beneficios del parche son similares a los de las píldoras anticonceptivas y pueden ayudar a la mujer a reducir los riesgos de:
- Cáncer ovárico;
- Cáncer de endometrio;
- Quistes de ovario;
- Tumores de mama benignos (bultos no cancerosos);
- Enfermedad inflamatoria pélvica.

Sin embargo, estos beneficios aún no han sido confirmados por investigaciones de los fabricantes.

¿Dónde se consigue?

En consultorios médicos y clínicas.

¿Cuánto cuesta?

Pueden conseguirse gratis o costar hasta $30 por mes, sin incluir los honorarios, las consultas ni chequeos médicos. Normalmente, las clínicas de salud tienen los mejores precios, mientras que los consultorios médicos suelen ser más caros.

¿Cuáles son las desventajas?

– La mujer debe acordarse de cambiar el parche todas las semanas.
– Pueden tener efectos secundarios.
– Para conseguirlos debes ir al médico o a la clínica.
– No protegen contra las enfermedades de transmisión sexual.

¿Cuáles son las ventajas?

+ Son muy eficaces para prevenir embarazos no deseados.
+ Son fáciles de usar.
+ Se pueden conseguir a bajo costo.
+ Pueden ser beneficiosos para tu salud.
+ No requieren atención diaria (sólo semanal).
+ Tienen los mismos beneficios que las píldoras anticonceptivas pero no hace falta tomar pastillas ni colocarse inyecciones.

¿Necesito el consentimiento de mis padres?

Esto varía según los estados, pero en su mayoría el consentimiento de los padres no es necesario.

¿Alguna sugerencia?

Pídele a un médico o enfermero capacitado que te explique todos los posibles efectos del parche Ortho Evra y cómo utilizarlo correctamente.

Guarda los parches en un lugar que te ayude a recordar que debes cambiártelos todas las semanas.

Compra la cantidad suficiente para uno o dos meses, de modo que nunca corras el riesgo de pasar una semana sin colocártelo.

Durante la primera semana que se usa un parche Ortho Evra, se debe incorporar otro método anticonceptivo o forma de control de la natalidad (abstinencia o condones, por ejemplo). Después de la primera semana, la mujer puede confiar en la eficacia del uso del parche para prevenir embarazos no deseados (pero no enfermedades de transmisión sexual).

También se debe usar el condón como protección contra enfermedades de transmisión sexual, a menos que tú y tu pareja se hayan realizado las pruebas para detectarlas y mantengan una relación monogámica.

Al igual que en el caso de las píldoras anticonceptivas, las mujeres que fuman (especialmente las mayores de 35) no deben usar parches Ortho Evra, o, mejor aún, deberían dejar de fumar y luego podrán usarlos.

NuvaRing

NuvaRing es un anillo plástico blando y flexible de aproximadamente 2 pulgadas (5 cm) de ancho que se coloca en el interior de la vagina. Allí, el anillo libera hormonas (al igual que lo hacen las píldoras anticonceptivas) que impiden la ovulación. Sólo se necesita un NuvaRing por mes para obtener una excelente protección contra embarazos no deseados.

¿Cuál es su eficacia para prevenir embarazos no deseados?

NuvaRing es muy eficaz para prevenir embarazos no deseados: entre el 98% y el 99% de eficacia.

¿Cuál es su eficacia como protección contra enfermedades de transmisión sexual?

NuvaRing no brinda ninguna protección contra enfermedades de transmisión sexual.

¿Cómo se utiliza?

La mujer debe colocarse el anillo flexible dentro de la vagina y no es necesario que lo haga en ningún lugar específico, lo cual facilita aún más su utilización. Allí se lo deja durante 3 semanas y, al comenzar la cuarta semana, se lo retira. Sin embargo, su efecto dura todo el mes (durante 4 semanas). Si la mujer así lo desea, puede sacárselo durante 3 horas durante una relación sexual, pero luego debe colocárselo nuevamente. Se debe colocar un NuvaRing nuevo todos los meses.

¿Cómo funciona?

El anillo NuvaRing libera hormonas en el organismo para impedir que los ovarios ovulen (que liberen un óvulo o célula germinal femenina). Si la mujer no libera un óvulo, no se puede producir el embarazo.

¿Cuáles son los efectos secundarios?

Los efectos secundarios son similares a los de las píldoras anticonceptivas:
- Náuseas
- Sensibilidad en los senos
- Edema (hinchazón)
- Sarpullido
- Aumento o pérdida de peso (aunque muy poco, si es que ocurre)
- Goteo vaginal (sangrado vaginal leve durante el mes)
- Dolores de cabeza

También existen efectos secundarios positivos. Los posibles beneficios del parche son similares a los de las píldoras anticonceptivas y pueden ayudar a la mujer a reducir los riesgos de:
- Cáncer ovárico;
- Cáncer de endometrio;
- Quistes de ovario;
- Tumores de mama benignos (bultos no cancerosos);
- Enfermedad inflamatoria pélvica.

Sin embargo, estos beneficios aún no han sido confirmados por investigaciones de los fabricantes.

¿Dónde se consigue?

En consultorios médicos y clínicas.

¿Cuánto cuesta?

Pueden conseguirse gratis o costar hasta $30 por mes, sin incluir los honorarios, las consultas ni chequeos médicos. Normalmente, las clínicas de salud tienen los mejores precios, mientras que los consultorios médicos suelen ser más caros.

¿Cuáles son las desventajas?

– La mujer debe recordar colocarse un NuvaRing nuevo todos los meses.
– Puede tener efectos secundarios.
– Para conseguirlo debes ir al médico o a la clínica.
– No protege contra las enfermedades de transmisión sexual.
– A la mujer puede resultarle extraño o incómodo colocarse algo dentro de la vagina.

¿Cuáles son las ventajas?

+ Es muy efectivo para prevenir embarazos no deseados.
+ Es fácil de usar.
+ Se puede conseguir a bajo costo.
+ Puede ser beneficioso para tu salud.
+ No requiere atención diaria (sólo mensual).
+ Tienen los mismos beneficios que las píldoras anticonceptivas pero no hace falta tomar pastillas ni colocarse inyecciones, lo cual es una buena noticia para quienes no les guste ninguna de las dos cosas.

¿Necesito el consentimiento de mis padres?

Esto varía según los estados, pero en su mayoría el consentimiento de los padres no es necesario.

¿Alguna sugerencia?

Pídele a un médico o enfermero capacitado que te explique todos los posibles efectos del anillo NuvaRing y cómo utilizarlo correctamente.

Guarda los anillos NuvaRings en un lugar que te ayude a recordar que debes cambiártelos todos los meses.

Compra la cantidad suficiente para uno o dos meses, de modo que nunca corras el riesgo de pasar un mes sin colocártelo.

Durante la primera semana que se usa un anillo NuvaRing, se debe incorporar otro método anticonceptivo o forma de control de la natalidad (abstinencia o condones, por ejemplo). Después de la primera semana, la mujer puede confiar en la eficacia del anillo NuvaRing para prevenir embarazos no deseados (pero no enfermedades de transmisión sexual).

También se debe usar el condón como protección contra enfermedades de transmisión sexual, a menos que tú y tu pareja se hayan realizado las pruebas para detectarlas y mantengan una relación monogámica.

A igual que en el caso de las píldoras anticonceptivas, las mujeres que fuman (especialmente las mayores de 35) no deben usar anillos NuvaRing, o mejor aún, deberían dejar de fumar y luego podrán usarlos.

DIU (dispositivo intrauterino)

Un DIU (dispositivo intrauterino) es un pequeño objeto de plástico similar a una letra "T". Tiene un cordón en su parte inferior, y el médico lo coloca en el útero de la mujer para prevenir embarazos. Según el tipo de DIU, puede permanecer en el útero 2, 5 o 10 años o hasta que la mujer desee que se lo saquen.

¿Cuál es su eficacia para prevenir embarazos no deseados?

El DIU es muy efectivo para prevenir embarazos no deseados.

¿Cuál es su eficacia como protección contra enfermedades de transmisión sexual?

El DIU no protege contra las enfermedades de transmisión sexual.

¿Cómo se utiliza?

La mujer debe acudir a un médico o profesional de la salud para que le coloque el DIU en el útero. El proceso puede causar una ligera molestia, pero no es doloroso. Si la mujer lo desea, se le puede administrar algún fármaco para relajarla.

El procedimiento consiste en introducir un tubo delgado a través del cuello uterino hasta llegar al útero. El tubo en cuestión lleva en su interior el DIU.

DIU

El médico es quien coloca
el DIU dentro del útero.

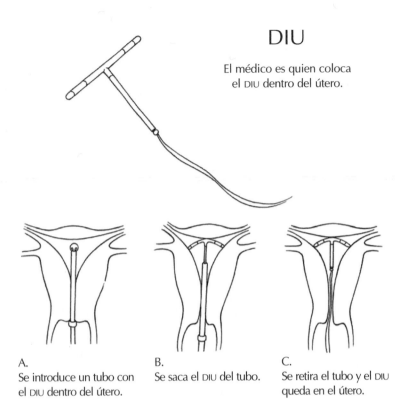

A.
Se introduce un tubo con
el DIU dentro del útero.

B.
Se saca el DIU del tubo.

C.
Se retira el tubo y el DIU
queda en el útero.

Cuando el DIU haya llegado a la parte superior del útero, el médico retirará el tubo y dejará el DIU adentro, con un delgado cordón fuera del cuello uterino.

El médico le enseñará a la mujer cómo buscar el cordón para verificar que el DIU esté puesto como corresponde dentro del útero. Si bien no es frecuente que el DIU cambie de posición dentro del útero, tampoco es imposible. Si sucediera, la mujer debe acudir al médico para que lo controle y posiblemente vuelva a colocarlo.

Luego de que se colocó el DIU, la mujer puede tener relaciones sexuales con una buena protección contra embarazos no deseados.

¿Cómo funciona?

El DIU previene los embarazos pues bloquea el paso de los espermatozoides impidiéndoles que lleguen al óvulo de la mujer o, en el caso de que un óvulo sea fertilizado, no permite que se adhiera a la pared del útero (endometrio).

¿Cuáles son los efectos secundarios?

He aquí algunos de los posibles efectos:
- Daño del útero (cuando el médico coloca el DIU).
- Periodos menstruales más abundantes y largos (según el tipo de DIU).
- Goteo vaginal (sangrado vaginal durante el mes) entre periodos.
- Mayores posibilidades de desarrollar enfermedad inflamatoria pélvica.
- Calambres abdominales, aunque algunos DIU vienen con una hormona que puede reducir los calambres menstruales.

¿Dónde se consigue?

Puedes conseguir un DIU en consultorios médicos y clínicas de salud.

¿Cuánto cuesta?

Los honorarios médicos para colocar y retirar el DIU varían según los profesionales y las clínicas. Los precios pueden oscilar entre $175 y $400. Estos valores pueden ser inferiores si demuestras que no tienes suficiente dinero y si la clínica usa lo que se denomina una "escala progresiva" (*sliding scale*). Además, el costo de la consulta a un médico o clínica puede variar.

¿Cuáles son las desventajas?

- Tiene efectos secundarios.
- No protege contra las enfermedades de transmisión sexual.
- Lo debe colocar un médico o profesional de la salud.
- Debe ser controlado regularmente para garantizar que permanezca correctamente colocado.
- El costo inicial puede ser alto.

¿Cuáles son las ventajas?

+ Es muy eficaz para prevenir embarazos no deseados.
+ Una vez colocado, la mujer no tiene que preocuparse por tomar píldoras diariamente ni insertarse nada en la vagina antes de una relación sexual.
+ El médico lo retira fácilmente.

¿Necesito el consentimiento de mis padres?

Esto varía según los estados, pero en su mayoría el consentimiento de los padres no es necesario.

¿Alguna sugerencia?

Usa también condones como protección contra enfermedades de transmisión sexual, a menos que tú y tu pareja se hayan realizado las pruebas para detectarlas y mantengan una relación monogámica.

Pídele al médico que te explique los posibles efectos secundarios, cómo verificar que el DIU sigue correctamente colocado y qué hacer en caso de problemas.

Diafragma

El diafragma es una semiesfera de goma blanda que la mujer se coloca en la vagina antes de tener relaciones sexuales. Debe usarse junto con un gel espermicida y permanecer en la vagina por lo menos durante 6 horas después de una relación sexual.

Con los cuidados adecuados, puede usarse en forma reiterada, generalmente hasta por un año.

¿Cuál es su eficacia para prevenir embarazos no deseados?

Si se lo usa correctamente, el diafragma es un anticonceptivo efectivo. Lejos de ser tan efectivo como los métodos quirúrgicos (explicados a continuación), las píldoras anticonceptivas, el DIU, e incluso los condones, el diafragma es, sin embargo, una forma confiable de prevenir embarazos no deseados (tiene una eficacia del 80% al 94%).

¿Cuál es su eficacia como protección contra enfermedades de transmisión sexual?

Aunque el diafragma puede protegerte de algunas enfermedades de transmisión sexual, no se lo considera muy buena en ese sentido y no protege contra el VIH (el virus que provoca el SIDA).

El diafragma

El diafragma se debe comprar en un consultorio médico. El doctor te explicará cuál es el apropiado para ti.

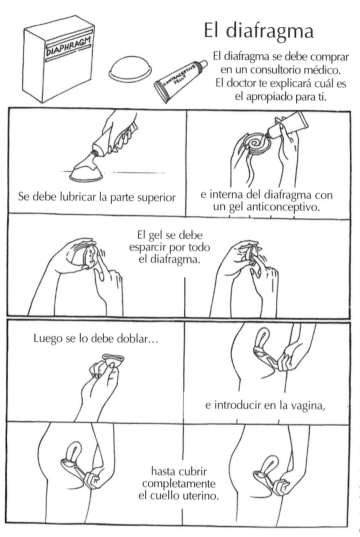

Se debe lubricar la parte superior

e interna del diafragma con un gel anticonceptivo.

El gel se debe esparcir por todo el diafragma.

Luego se lo debe doblar...

e introducir en la vagina,

hasta cubrir completamente el cuello uterino.

¿Cómo se utiliza?

El diafragma se puede insertar en la vagina inmediatamente antes de tener relaciones sexuales o hasta dos horas antes. Antes de colocarlo, sin embargo, debe lubricarse con un gel espermicida. La mujer cubre con gel todo el interior, el exterior y el borde del diafragma semiesférico.

Cuando está lubricado con el espermicida, la mujer tomará el diafragma por el borde con el pulgar y los otros cuatro dedos para hacerlo más pequeño, lo colocará en la vagina y lo presionará suavemente hacia abajo hasta llegar lo más profundo que sea posible. Luego, deberá asegurarse de que cubra completamente el cuello uterino.

Cuando esté segura de que está bien ubicado, puede tener relaciones sexuales. Luego de tenerlas, no debe retirarlo hasta que pasen por lo menos 6 horas. Si al cabo de las seis horas la pareja desea volver a tener relaciones sexuales, la mujer debe agregar más espermicida al diafragma. Para hacerlo sin retirarlo, debe usar un aplicador plástico que le permita recubrir el diafragma con el espermicida.

Una vez pasadas un mínimo de 6 horas después de una relación sexual, la mujer puede sencillamente retirar el diafragma con los dedos, lavarlo con agua fría y volver a colocarlo en su estuche hasta que desee volver a tener relaciones sexuales.

Puede usarlo varias veces, pero debe volver al médico o clínica si necesita obtener uno nuevo, si se le perforó, o bien si ella adelgazó o engordó 15 libras (7 kilos) o más.

¿Cómo funciona?

El diafragma cubre el cuello uterino para que los espermatozoides no lleguen al útero. Al no poder hacerlo, el óvulo no puede ser fertilizado y, por consiguiente, no se producirá el embarazo.

Debido a que el diafragma no siempre cubre el cuello uterino perfectamente, se usa un espermicida para mayor protección.

¿Cuáles son los efectos secundarios?

No existen efectos secundarios comunes asociados con el uso del diafragma. En raras ocasiones, la mujer puede presentar una reacción alérgica al caucho o, si el diafragma no ha sido correctamente limpiado o si se produce una reacción al espermicida, puede desarrollar una infección en la vejiga o en la vagina.

¿Dónde se consigue?

Puedes conseguir un diafragma en consultorios médicos y clínicas de salud. Existen diferentes tamaños, de modo que el médico o profesional de la salud te informará cuál es el más adecuado para ti. Luego te enseñará cómo usarlo, cómo colocarlo correctamente en la vagina y cómo cuidarlo.

¿Cuánto cuesta?

El precio puede variar aproximadamente entre $15 y $50. Junto con el diafragma también se debe usar un gel espermicida, que cuesta entre $8 y $15 en las farmacias. La pareja debe comprar más espermicida cuando se le termine.

¿Cuáles son las desventajas?

- – Es necesario realizar una consulta médica.
- – Para usarlo correctamente, exige práctica.
- – El diafragma puede salirse de su posición durante una relación sexual.
- – A la mujer puede resultarle extraño o incómodo colocarse algo dentro de la vagina.
- – La mujer debe volver a aplicar espermicida antes de cada relación sexual, incluso si se trata de una seguida de la otra.

¿Cuáles son las ventajas?

- +Es un buen método anticonceptivo.
- +Ofrece cierta protección contra enfermedades de transmisión sexual, la enfermedad inflamatoria pélvica y el cáncer cervical.
- +Es improbable que tenga efectos secundarios perjudiciales.

¿Necesito el consentimiento de mis padres?

No.

¿Alguna sugerencia?

Úsalo con condones para reforzar su eficacia contra embarazos no deseados y enfermedades de transmisión sexual.

Practica el uso del diafragma hasta que te resulte cómodo.

Utiliza un enfoque preventivo y lleva el diafragma en tu cartera o mochila, incluso si la posibilidad de que tengas relaciones sexuales sea mínima. Asegúrate también de llevar gel espermicida.

Depo-Provera (DMPA), o el anticonceptivo inyectable ("the shot")

Depo-Provera es una inyección de hormonas que impide la ovulación durante 3 meses.

¿Cuál es su eficacia para prevenir embarazos no deseados?

Depo-Provera es un excelente método anticonceptivo (su eficacia supera el 99%).

¿Cuál es su eficacia como protección contra enfermedades de transmisión sexual?

Depo-Provera no protege contra ninguna enfermedad de transmisión sexual.

¿Cómo se usa?

Luego de una inyección de Depo-Provera, la mujer no tiene que preocuparse demasiado, excepto protegerse de enfermedades de transmisión sexual cuando tiene relaciones sexuales (y, por supuesto, recordar ponerse otra inyección a los 3 meses).

¿Cómo funciona?

El médico le administrará a la mujer una inyección de Depo-Provera, lo cual impedirá la ovulación durante 3 meses. El método DMPA es absolutamente reversible.

¿Cuáles son los efectos secundarios?

Entre los posibles efectos secundarios se encuentran:
- El sangrado menstrual irregular (goteo vaginal);
- Periodos menstruales más escasos o abundantes;
- Amenorrea (ausencia de periodos menstruales);
- Aumento de peso.

¿Dónde se consigue?

La inyección de Depo-Provera se puede conseguir en un consultorio médico o en una clínica de salud.

¿Cuánto cuesta?

Cada inyección trimestral de Depo-Provera cuesta $35 o más. Además, la consulta médica puede ser gratuita o tener un costo que ascienda hasta superar los $100 dólares.

¿Cuáles son las desventajas?

– El costo inicial puede ser alto.
– Tiene efectos secundarios.
– La mujer debe acudir a un médico o clínica para colocarse la inyección.
– No protege contra las enfermedades de transmisión sexual.
– Puede provocar amenorrea (ausencia de periodos menstruales).

¿Cuáles son las ventajas?

+ Es muy eficaz para prevenir embarazos no deseados.
+ Es fácil de usar.
+ Su efecto dura 3 meses.
+ Puede provocar amenorrea (ausencia de periodos menstruales).

¿Necesito el consentimiento de mis padres?

Esto varía según los estados, pero en su mayoría el consentimiento de los padres no es necesario.

¿Alguna sugerencia?

Usa también condones para protegerte contra las enfermedades de transmisión sexual.

Lunelle

Lunelle es otro tipo de inyección de hormonas, pero que impide la ovulación durante 1 mes.

¿Cuál es su eficacia para prevenir embarazos no deseados?

Lunelle es un excelente método anticonceptivo (su eficacia supera el 99%).

¿Cuál es su eficacia como protección contra enfermedades de transmisión sexual?

Lunelle no protege contra ninguna enfermedad de transmisión sexual.

¿Cómo se usa?

Luego de una inyección de Lunelle, la mujer no tiene que preocuparse demasiado, excepto protegerse de enfermedades de transmisión sexual cuando tiene relaciones sexuales (y, por supuesto, recordar ponerse otra inyección al mes).

¿Cómo funciona?

El médico o enfermero le administrará a la mujer una inyección de Lunelle, lo cual impedirá la ovulación durante 1 mes. El método Lunelle es absolutamente reversible.

¿Cuáles son los efectos secundarios?

Entre los posibles efectos secundarios se encuentran:
- El "goteo vaginal" (gotas de sangre durante el mes);
- Aumento o pérdida de peso;
- Sensibilidad en los senos;
- Náuseas (sensación de tener deseos de vomitar).

¿Dónde se consigue?

La inyección de Lunelle se puede conseguir en un consultorio médico o en una clínica de salud.

¿Cuánto cuesta?

Cada inyección mensual de Lunelle cuesta $30 o más. Además, la consulta médica puede ser gratuita o tener un costo que ascienda hasta superar los $100 dólares. Algunas clínicas ofrecen "escalas progresivas" (lo cual significa que si eres estudiante y no trabajas, tal vez te cuesten menos).

¿Cuáles son las desventajas?

- Puede tener efectos secundarios.
- La mujer debe acudir a un médico o clínica para colocarse la inyección todos los meses.
- No protege contra las enfermedades de transmisión sexual.

¿Cuáles son las ventajas?

+ Es muy eficaz para prevenir embarazos no deseados.
+ Es fácil de usar.
+ Su efecto dura todo un mes.
+ Puede ofrecer cierta protección contra la enfermedad inflamatoria pélvica (infección de las trompas de Falopio), determinados tipos de cáncer y algunos síntomas del síndrome premenstrual.

¿Necesito el consentimiento de mis padres?

Esto varía según los estados, pero en su mayoría el consentimiento de los padres no es necesario.

¿Alguna sugerencia?

Usa también condones para protegerte contra las enfermedades de transmisión sexual.

Capuchón cervical

El capuchón cervical tiene la forma de un pequeño dedal y está hecho de látex blando y flexible o de plástico más duro. Funciona como una ventosa que la mujer se coloca dentro de la vagina, perfectamente calzado sobre el cuello uterino. Es una versión más pequeña del diafragma.

¿Cuál es su eficacia para prevenir embarazos no deseados?

El capuchón cervical es un buen método para prevenir embarazos no deseados, aunque no el mejor.

¿Cuál es su eficacia como protección contra enfermedades de transmisión sexual?

Completamente nula. Si con el capuchón cervical se usa un espermicida, éste puede ofrecer algún tipo de protección contra enfermedades de transmisión sexual.

¿Cómo se usa?

El capuchón cervical se inserta en la vagina y se lo coloca sobre el cuello uterino por lo menos 30 minutos antes de una relación sexual. Después de una relación sexual, se lo debe dejar en la vagina por lo menos durante 8 horas, donde puede permanecer hasta dos días.

¿Cómo funciona?

El capuchón cervical es una barrera mecánica que bloquea el paso de los espermatozoides hacia el útero a través del cuello uterino. Para permanecer en su posición se adhiere como una ventosa al cuello uterino. Como los espermatozoides no pueden llegar al útero, el óvulo no se puede fertilizar y el embarazo no puede producirse.

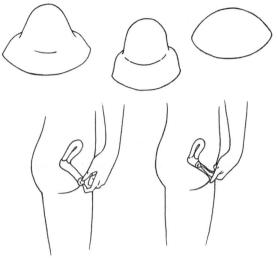

El capuchón cervical

El capuchón cervical se consigue en un consultorio médico o una clínica de salud.

La mujer introduce en la vagina el capuchón, el cual se adhiere como una ventosa al cuello uterino.

La mujer debe seguir detenidamente las instrucciones del médico.

¿Cuáles son los efectos secundarios?

Pueden presentarse irritaciones cervicales y molestias leves. Se recomienda que la mujer consulte al médico cada 3 meses para realizarse una prueba de Papanicolaou y un chequeo.

No se han comprobado efectos secundarios asociados con el uso del capuchón cervical.

¿Dónde se consigue?

En un consultorio médico o en una clínica de salud.

¿Cuánto cuesta?

El costo varía, pero el precio promedio del capuchón cervical es de aproximadamente $50, sin incluir la consulta médica ni el chequeo, que pueden ser gratuitos o ascender hasta un costo superior a los $100 dólares.

¿Cuáles son las desventajas?

- No protege contra las enfermedades de transmisión sexual.
- Puede salirse del cuello uterino durante una relación sexual.
- Es necesario acudir a un médico o clínica para una consulta.
- Para usarlo correctamente, exige práctica.
- A la mujer puede resultarle extraño o incómodo colocarse algo dentro de la vagina.
- La mujer debe realizarse un chequeo cada 3 meses.

¿Cuáles son las ventajas?

+ Se puede usar muchas veces.
+ Se puede usar sin espermicida (aunque con espermicida es más eficaz para prevenir embarazos no deseados).

¿Necesito el consentimiento de mis padres?

No.

¿Alguna sugerencia?

Usa también un condón y espermicida para reforzar la protección contra enfermedades de transmisión sexual, a menos que tú y tu pareja se hayan realizado las pruebas para detectarlas y mantengan una relación monogámica.

Esponja Today

La esponja anticonceptiva Today es una pequeña espuma de poliuretano que contiene el espermicida nonoxinol-9. Después de ser humedecida con agua e insertada en la vagina, la esponja Today se torna eficaz inmediatamente al brindar protección contra un embarazo en las siguientes veinticuatro horas. No es necesario agregar una pomada ni gel espermicida, aun cuando se tiene relaciones sexuales varias veces.

¿Cuál es su eficacia para prevenir embarazos no deseados?

Cuando se la usa correctamente, la esponja Today actúa bastante bien (tiene una eficacia del 85 al 90%) para prevenir un embarazo no deseado. Éste no es el mejor método para las mujeres que no quieren quedar embarazadas, en particular las adolescentes.

¿Cuál es su eficacia como protección contra enfermedades de transmisión sexual?

La esponja Today no brinda ninguna protección contra enfermedades de transmisión sexual.

¿Cómo se usa?

Primero, se humedece la esponja con un poco de agua del grifo. Luego se la escurre un poco para sacar el exceso de agua, lo cual haría que tuviera una consistencia medio espumosa. Esto activa el espermicida en la esponja.

La esponja se debe doblar, con el cordón hacia abajo, e insertar en la vagina. La esponja se debe insertar en la vagina lo más profundo que se pueda para que recubra completamente el cuello uterino. La mujer puede tener relaciones sexuales tantas veces como lo desee sin que sea necesario agregar un espermicida.

Para que la esponja Today sea efectiva, la mujer debe dejar la esponja en su vagina durante al menos seis horas después de tener relaciones sexuales. Para retirarla, debe tirar simplemente del aro del cordón sujeto a la esponja, y ésta se deslizará hacia fuera.

¿Cómo funciona?

La esponja Today impide el embarazo al tapar el cuello uterino para que los espermatozoides no puedan ingresar en el útero y fertilizar el óvulo. La esponja también contiene un espermicida que ayuda a destruir los espermatozoides.

¿Cuáles son los efectos secundarios?

El efecto secundario más común es una ligera irritación de la vagina o del pene, causada por el espermicida, pero parece que esto ocurre solamente en el 5% de las personas que usan la esponja.

El único otro efecto secundario conocido posible es el Síndrome de shock tóxico (SST) causado por una bacteria; esto es muy poco frecuente.

¿Dónde se consigue?

Se puede comprar en forma electrónica en muchos sitios web que ofrecen anticonceptivos (por ejemplo, http://www.birthcontrol.com). Pronto estará a la venta en casi todas las farmacias, en el pasillo de los condones.

¿Cuánto cuesta?

El precio puede variar, pero puede ser $3 o más por esponja.

¿Cuáles son las desventajas?

– Se debe insertar correctamente.
– No protege contra las enfermedades de transmisión sexual.

¿Cuáles son las ventajas?

+ Brinda una protección aceptable contra embarazos no deseados.
+ Es fácil de usar.
+ Se puede conseguir a bajo costo.
+ Se puede comprar en un sitio web o una farmacia.

¿Necesito el consentimiento de mis padres?

No.

¿Alguna sugerencia?

Asegúrate de leer las instrucciones del paquete y de usar la esponja con un condón para protegerte contra las enfermedades de transmisión sexual.

Condón

El condón es una funda (vaina) que calza perfectamente alrededor del pene durante una relación sexual. Cuando se lo usa correctamente, brinda una excelente protección contra embarazos no deseados y contra la mayoría de las enfermedades de transmisión sexual, incluso el VIH. Por esa razón, los condones son cada vez más populares. A menudo son el método anticonceptivo favorito de los jóvenes porque son eficaces y fáciles de obtener, de transportar y de usar.

¿Cuál es su eficacia para prevenir embarazos no deseados?

El condón es un excelente método para prevenir embarazos no deseados (con una eficacia del 95% o más cuando se lo usa correctamente).

¿Cuál es su eficacia como protección contra enfermedades de transmisión sexual?

Aparte de la abstinencia, el condón es el mejor método anticonceptivo para protegerse contra la mayoría de las enfermedades de transmisión sexual, incluso el VIH (el virus que provoca el SIDA).

¿Cómo se usa?

Con un poco de práctica, cualquiera puede colocarse un condón rápidamente y usarlo correctamente.

Lo primero que se debe recordar es colocarlo cuando el pene está erecto (duro) y antes de que comience todo contacto genital. Esto significa que si un varón y una mujer van a tener una relación sexual vaginal, el varón (o la mujer) debe colocar el condón en el pene después de que se ponga erecto, pero antes de introducirlo en la vagina.

A veces las parejas cometen el error de tener varias penetraciones vaginales y luego colocan el condón, antes de que el varón eyacule. ¡Así no se hace! A veces, mucho antes de que el varón eyacule, sale un líquido preeyaculatorio del pene que puede tener espermatozoides. Ni el varón ni la mujer sentirán cuando este líquido salga del pene. Los espermatozoides pueden depositarse en la vagina y fecundar el óvulo. Las mujeres pueden quedar embarazadas (y de hecho quedan) de ese modo. Por lo tanto, usa un condón antes de que el pene entre en la vagina.

Para que el condón pueda ofrecer protección contra embarazos no deseados y la mayoría de las enfermedades de transmisión sexual, debes usarlo a la perfección. He aquí los pasos necesarios para llegar a ser un experto.

ERECCIÓN: El condón se debe colocar cuando se produce una erección, es decir, cuando el pene se pone duro.

FECHA DE CADUCIDAD: Antes de usar un condón, fíjate en la fecha de caducidad que está en la caja o envoltorio. Si es viejo, es más probable que se rompa; por lo tanto, no uses condones luego de su fecha de caducidad.

PRUEBA DE COLCHÓN DE AIRE: Con el dedo pulgar y el índice presiona suavemente el centro del envoltorio del condón para formar un colchón de aire. Si se forma, significa que el envoltorio del condón no está perforado y no se ha dañado por el calor o la presión. Si no se forma, no utilices ese condón. Deséchalo y usa otro.

PELLIZCA LA PUNTA DEL CONDÓN: Presiona la punta del condón a medida que lo colocas en el extremo del pene. Los varones no circuncidados deben deslizar el prepucio hacia atrás antes de colocar el condón.

DESENROLLA EL CONDÓN HASTA LA BASE DEL PENE PARA CUBRIRLO COMPLETA-MENTE: Desenróllalo presionando siempre la punta del condón, hasta llegar a la base del pene y el vello del pubis. Trata de eliminar el aire que pueda haber en el condón. Esto aumentará la sensibilidad y contribuirá a impedir que el condón se rompa. Ahora la pareja puede tener una relación sexual.

Retira el condón y el pene de la vagina al mismo tiempo: Luego de que el varón haya eyaculado, él o la mujer deben sujetar el condón en la base del pene y retirar ambos al mismo tiempo. Esto ayudará a impedir que el condón se salga del pene y quede en la vagina, o que se escape semen del condón y entre por el orificio vaginal.

TIRA EL CONDÓN A LA BASURA: Luego de retirar el condón, tíralo. También es aconsejable lavarse los genitales con agua o jabón (o por lo menos con agua) para protegerse de gérmenes que pudieran quedar en la piel.

Muchas parejas arruinan todo porque no retiran el condón y el pene de la vagina al mismo tiempo.

A veces el varón desea dejar el pene en la vagina después de eyacular, pero después de la eyaculación el pene se torna flácido (blando) rápidamente. Si el varón se retira cuando el pene está flácido, el condón puede salirse. Si eso ocurre, el semen atrapado en el condón se derramará en el interior de la mujer y la pareja habrá frustrado así el objetivo de usar un condón, pues los espermatozoides viajarán hacia el útero dando lugar a un posible embarazo y contagio de enfermedades de transmisión sexual.

Además, puede resultar algo molesto que el varón retire el pene y el condón quede adentro, pues en ese caso, la mujer tendrá que buscarlo dentro de la vagina para sacarlo. ¡Dudo que esto te ayude a disfrutar del momento!

¿Cómo funciona?

El condón ayuda a prevenir embarazos impidiendo que los espermatozoides (y el líquido preeyaculatorio) entren en la vagina.

Cuando el varón eyacula, el semen permanece en el receptáculo del condón que se presionó al colocarlo. Esto evita que los espermatozoides entren en la vagina de la mujer. Si los espermatozoides no pueden llegar al útero ni a las trompas de Falopio, no podrán fecundar el óvulo.

Los condones de látex (no los de piel de cordero) protegen contra la mayoría de las enfermedades de transmisión sexual porque no permiten que ingrese al organismo ningún líquido corporal que pueda transportar bacterias o virus. El condón impide que el líquido preeyaculatorio y semen masculinos entren en el cuerpo de otra persona. También impide que los líquidos de otra persona (sangre, lubricación vaginal) entren en el organismo del varón. Cuando el condón se usa correctamente, ambas personas gozan de buena protección contra la mayoría de las enfermedades de transmisión sexual.

¿Cuáles son los efectos secundarios?

El único efecto secundario que se informó en algunos casos es una reacción alérgica al látex del condón o al espermicida que traen algunos de ellos como lubricante, que puede irritar el pene o la vagina. Sin embargo, no es un efecto demasiado común.

Cómo usar un condón como un experto

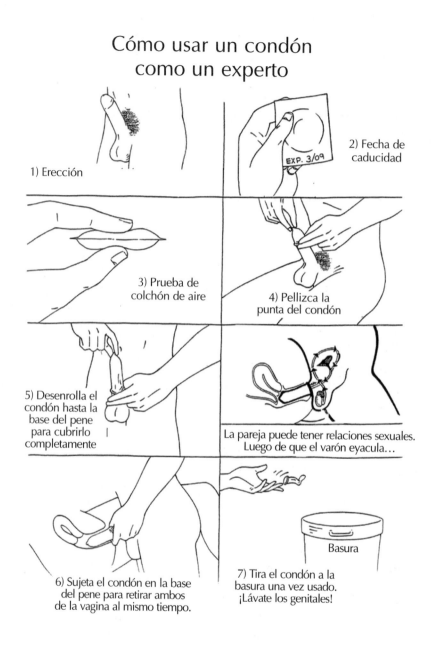

1) Erección

2) Fecha de caducidad

EXP. 3/09

3) Prueba de colchón de aire

4) Pellizca la punta del condón

5) Desenrolla el condón hasta la base del pene para cubrirlo completamente

La pareja puede tener relaciones sexuales. Luego de que el varón eyacula…

Basura

6) Sujeta el condón en la base del pene para retirar ambos de la vagina al mismo tiempo.

7) Tira el condón a la basura una vez usado. ¡Lávate los genitales!

¿Dónde se consigue?

Puedes conseguir condones en farmacias, clínicas de salud e incluso en máquinas expendedoras. Cualquiera puede conseguirlos. No hay por qué avergonzarse cuando uno compra condones, aunque seas mujer. Para que tengas una idea, casi la mitad de los condones vendidos son comprados por mujeres. Todos pueden comprar condones, ya sean varones, mujeres, jóvenes o viejos. No existen leyes que te prohíban comprar condones y, generalmente, la experiencia de comprarlos no es tan catastrófica como uno cree al principio.

¿Cuánto cuesta?

En general, se consiguen gratis o hasta por $2 cada uno. En las clínicas de salud suelen entregarse gratuitamente. En las farmacias se los vende en cajas de tres, seis, doce o veinticuatro unidades. El precio varía según la marca, la farmacia y las características del condón. Normalmente un condón cuesta alrededor de 1 dólar o menos.

¿Cuáles son las desventajas?

– El condón puede romperse (aunque esto no sucede con frecuencia si se lo usa correctamente).
– Se debe usar cada vez que se tengan relaciones sexuales.
– Debes tener uno justo en el momento de tener una relación sexual.
– El condón se daña fácilmente con el calor, el paso del tiempo, la vaselina y el aceite para bebés o de otro tipo.
– Hace falta tomarse un momento para colocarlo.

¿Cuáles son las ventajas?

+ Previene embarazos no deseados.
+ Protege contra la mayoría de las enfermedades de transmisión sexual.
+ Es fácil de conseguir.
+ No es caro.
+ Es fácil de llevar.
+ Puede ayudar a impedir la eyaculación precoz.

+ Los condones lubricados pueden brindar mayor bienestar si la mujer no tiene suficiente lubricación vaginal.

+ Ayuda a que la pareja se sienta protegida contra embarazos no deseados y la mayoría de las enfermedades de transmisión sexual.

¿Necesito el consentimiento de mis padres?

No.

¿Alguna sugerencia?

Antes de tener relaciones sexuales, aprende los pasos para llegar a ser un experto y practica colocándolo en la oscuridad y rápidamente.

Los condones de látex con espermicida son los mejores. No uses ningún lubricante con base oleosa (vaselina, aceites minerales, aceites bronceadores, cremas para las manos o la cara) ni expongas los condones al calor.

Verdades acerca del condón

TAMAÑO DEL CONDÓN: Si tomaras un condón y lo pusieras en tu puño, podrías estirarlo y cubrir hasta el codo. En las farmacias, quizás encuentres condones grandes y extragrandes, pero en general sólo se trata de una técnica de venta o de marketing para lograr que los varones con un gran ego los compren. A los condones grandes generalmente los compran varones con un gran amor propio, no con un gran pene. No debes preocuparte por el tamaño del condón: todos calzan bien.

LUBRICADOS O NO LUBRICADOS: los condones lubricados tienen un lubricante de base acuosa (un gel resbaladizo) que facilita la penetración del pene en la mujer. A algunas parejas no les gusta la sensación que generan estos condones. Si la mujer produce suficiente lubricación vaginal, usar condones sin lubricante no debería causar ningún tipo de problema.

CONDONES ESTRIADOS (PARA EL PLACER DE ELLA): En realidad, no son lo que prometen. Se trata más que nada de una técnica de venta o de marketing. Quizás el varón desee complacer a su compañera todo lo posible o tal vez la

Comprar condones no es tan dramático ni bochornoso.

mujer quiera disfrutar de la experiencia al máximo y ambos crean que comprar estos condones (con pequeñas rugosidades en los costados) ayudará a que la mujer llegue al orgasmo. Esto no es real. La mayoría de las mujeres no alcanzan a sentir la diferencia entre los condones estriados y los comunes. Pero si quieres usarlos, no hay ningún problema; úsalos.

ESPERMICIDAS: Un espermicida es un producto químico que ayuda a destruir los espermatozoides. La mayoría de los lubricantes que vienen con los condones actualmente contienen espermicidas para brindar una mayor protección contra embarazos no deseados.

Nonoxinol-9 es otra sustancia química que pueden tener los condones. Recientemente se ha demostrado que ayuda a reducir las probabilidades de embarazos no deseados, pero no las enfermedades de transmisión sexual, incluso el VIH

FECHA DE CADUCIDAD: La fecha de caducidad te informa hasta cuándo es seguro usar el condón. Si la fecha actual es posterior a la de caducidad que se indica en el envoltorio del condón, no lo uses. Tíralo. Quizás pierdas un dólar, pero te habrás salvado de un posible embarazo no deseado o de una enfermedad de transmisión sexual.

ALMACENAMIENTO: No guardes los condones en la billetera durante mucho tiempo, en un automóvil ni en ningún otro lugar sujeto a altas temperaturas. Guárdalos en un lugar fresco y seco. Siempre guarda una buena cantidad de condones para que nunca se te acaben cuando los necesites. Cuando te queden 3 condones, significa que ha llegado el momento de comprar más.

RECEPTÁCULO: ALGUNOS condones tienen un receptáculo en el extremo (un espacio adicional en la punta) para alojar el semen en el momento de la eyaculación. En caso de que el condón no lo tenga, si presionas la punta del condón al colocarlo en el pene formarás un receptáculo similar.

CONDONES MULTICOLORES: Éste es simplemente otro incentivo adicional para que la gente compre o use condones. Lo importante es que los condones sean de látex y de una marca reconocida.

CONDONES CON SABORES O CON DISEÑOS DIFERENTES: Se pueden usar condones con sabores si se desea tener relaciones sexuales orales. Asegúrate de que el condón haya sido aprobado para tener relaciones sexuales y que no se trate simplemente de un juguete novedoso para divertirse. Esto debería estar especificado en el envoltorio. Si es un artículo gracioso únicamente, no lo uses.

LUBRICANTES: No uses lubricantes con base oleosa con los condones. Ese tipo de lubricantes debilitan el látex y lo resquebrajan. Tampoco uses vaselina, mantequilla ni aceite vegetal, aceite para bebés, aceites para masajes ni cremas para las manos o la cara.

Si una pareja desea usar un lubricante, debe ser de base acuosa. Este tipo de lubricante se consigue en cualquier farmacia. El más popular es el gel lubricante K-Y.

USA CONDONES DE LÁTEX: Los condones de látex previenen embarazos no deseados y la mayoría de las enfermedades de transmisión sexual, incluso el VIH. Los condones de piel de cordero son porosos (tienen orificios microscópicos) que dejan pasar muchas enfermedades de transmisión sexual, entre ellas el VIH y la hepatitis B. Por lo tanto, no los uses. Tira el condón luego de usarlo.

NUEVOS CONDONES DE PLÁSTICO: Actualmente también hay condones de poliuretano (un tipo de plástico). Tienen varias ventajas:
- Pueden usarlos quienes son alérgicos al látex.
- Probablemente sean más resistentes que los de látex.
- Tal vez permitan mayor sensibilidad que los de látex.
- Pueden usarse con cualquier tipo de lubricante.
- No se rompen tan fácilmente en contacto con el calor.

Si bien aún no se han publicado todos los resultados de las pruebas, todo indica que los nuevos condones de poliuretano pueden ser un gran éxito. Son un poco más caros que los de látex, pero te ofrecen ventajas adicionales.

MAYOR O MENOR SENSIBILIDAD: Mucha gente desconoce que en realidad usar condones puede aumentar la sensibilidad (la intensidad de las sensaciones del pene o la vagina) durante las relaciones sexuales.

Si el varón desea gozar de más sensibilidad durante una relación sexual, él (o su pareja) puede colocar una pequeña cantidad de lubricante de base acuosa (por ejemplo, K-Y o Astroglide) en el glande (la cabeza del pene) inmediatamente antes de colocar el condón. Esto incrementará notablemente la sensibilidad. Sin embargo, si el lubricante se aplica en el tronco del pene antes de colocar el condón, este último puede salirse durante el coito. ¡Seguramente esto no es lo que buscas!

Luego de que el condón esté colocado, presiona el receptáculo del extremo para asegurarte de eliminar todo el aire que pudiera haberse acumulado. Además de contribuir a impedir que el condón se rompa, esto también aumentará la sensibilidad.

Algunos varones dicen que con estos consejos, la sensación que logran usando un condón es mejor que si no lo usaran (además, de ese modo tienen una gran protección contra embarazos no deseados y la mayoría de las enfermedades de transmisión sexual).

En el caso de las mujeres, usar un condón lubricado o agregar lubricación adicional a la parte externa del condón ayuda a reducir la fricción o las molestias cuando no hay suficiente lubricación vaginal.

Por otro lado, muchos varones pueden experimentar eyaculación precoz. Esto ocurre cuando el varón se excita tanto que eyacula antes o pocos segundos después del coito. En ese caso, quizás sea conveniente disminuir la sensibilidad, para lo cual puede usar un condón de látex no lubricado. De ese modo se reduce el nivel de sensibilidad que experimenta el varón y a menudo se demora su orgasmo y eyaculación, aunque la falta de lubricante puede causar una molestia a la mujer.

UN COMENTARIO PARA LOS CABALLEROS: Ser un experto en el uso del condón ofrece una serie de ventajas. En primer lugar, proyecta una imagen de seguridad y confianza. Segundo, causan una buena impresión en su pareja al mostrar que son responsables y que les importa la protección de ambos. Tercero, ayudan a que su pareja se relaje, pues no deberá preocuparse por embarazos ni enfermedades de transmisión sexual.

Como pueden ver, aparte de la protección contra el embarazo y las ETS, ser un experto en el uso del condón ofrece otras ventajas. Practiquen el uso del condón hasta que les resulte cómodo usarlo en cualquier situación.

UN COMENTARIO PARA LAS DAMAS: el hecho de que su pareja quiera o se niegue a usar un condón les ayudará a identificar el nivel de madurez emocional y responsabilidad del sujeto en cuestión. Lamentablemente, muchos varones no usan condones porque no saben cómo o no se sienten cómodos usándolos. Pero ustedes deben protegerse aun si el varón no quiere. Por eso es muy importante que ustedes también sean expertas en el uso del condón. Si van a tener relaciones sexuales, asegúrense de tener condones a mano. Si el varón parece tener alguna dificultad para usarlos, estén preparadas para colocárselo ustedes y, después de que él eyacule, retirar el condón y el pene de su vagina. La mejor forma de prepararse es practicar cómo poner un condón en algo que tenga una forma similar a la del pene.

Sean expertas en el uso del condón, incluso si el varón no lo es. Si dice que los condones reducen el placer que siente, pregúntenle cuánto gozaría si directamente no tuvieran relaciones sexuales.

Condón femenino

El condón femenino está diseñado para la vagina, en lugar de el pene. El condón masculino cubre la parte externa del pene, mientras que el femenino cubre el interior de la vagina. El condón femenino es un tubo hueco con un extremo cerrado que se inserta en la vagina.

¿Cuál es su eficacia para prevenir embarazos no deseados?

El condón femenino es un excelente método para la prevención de embarazos no deseados (tiene una eficacia de hasta el 95%).

¿Cuál es su eficacia como protección contra enfermedades de transmisión sexual?

El condón femenino, al igual que el masculino, brinda excelente protección contra la mayoría de las enfermedades de transmisión sexual.

¿Cómo se usa?

El condón femenino es un tubo hueco de poliuretano (un tipo de estuche delgado, blando y resistente) de aproximadamente 7 pulgadas (18 centímetros) de largo con un anillo flexible en cada extremo. Uno de los extremos del tubo está abierto y el otro, cerrado. El extremo cerrado se inserta en la vagina y se lo ubica en el cuello uterino como un diafragma. El extremo abierto permanece fuera de la vagina. Las paredes del condón protegen el interior de la vagina. El condón femenino puede insertarse mucho antes de una relación sexual y debe estar debidamente colocado antes de que haya cualquier tipo de contacto genital.

Durante el coito, el pene entrará en el condón femenino, el varón puede eyacular en el interior del condón femenino y el semen quedará allí atrapado sin derramarse en la vagina.

Después de la relación sexual, la mujer puede retirar el condón y tirarlo exactamente como haría con un condón masculino. Si la pareja vuelve a tener relaciones sexuales, deberá usar un nuevo condón femenino.

El condón femenino

El condón femenino se puede comprar en la
farmacia. Se deben seguir cuidadosamente las
instrucciones de la caja.
	Es un tubo de poliuretano delgado y
resistente que se coloca dentro de la vagina
antes del coito.

¿Cómo funciona?

El condón femenino previene los embarazos no deseados impidiendo que los
espermatozoides entren en la vagina.

Protege contra la mayoría de las enfermedades de transmisión sexual al
impedir que entren al organismo de la otra persona los líquidos corporales
(como sangre, líquido preeyaculatorio, semen y secreciones vaginales) que
puedan estar infectados con bacterias o virus.

¿Cuáles son los efectos secundarios?

Los únicos posibles efectos secundarios conocidos son la irritación de la
vagina o el pene debido a reacciones alérgicas al lubricante o, posiblemente,
al poliuretano.

¿Dónde se consigue?

El condón femenino se consigue en clínicas de salud y en farmacias.

¿Cuánto cuesta?

En clínicas de salud, el condón femenino suele distribuirse gratuitamente o a un precio bajo. En las farmacias, probablemente cueste entre $2 y $3.

¿Cuáles son las desventajas?

– Es más caro que el condón masculino.
– Su aspecto puede impresionar a algunas mujeres.
– A la mujer puede resultarle extraño o incómodo colocarse algo dentro de la vagina.
– Sólo puede usarse una vez y luego debe desecharse.

¿Cuáles son las ventajas?

+ Es fácil de conseguir.
+ Es más resistente que el condón masculino.
+ Protege de embarazos no deseados.
+ Protege de la mayoría de las enfermedades de transmisión sexual.
+ Puede insertarse mucho antes de comenzar una relación sexual.
+ Le da a la mujer más control para usar un condón sin depender de su pareja.
+ Es bueno para las parejas con problemas ocasionales de erección.

¿Necesito el consentimiento de mis padres?

No.

¿Alguna sugerencia?

Practica el uso del condón femenino antes de tener relaciones sexuales.

Usa un lubricante con base acuosa. Si eres sexualmente activa, siempre guarda una buena cantidad de condones femeninos para que no se te acaben.

Espermicidas

Los espermicidas son sustancias químicas que se introducen en la vagina para ayudar a destruir los espermatozoides que entran en ella. Vienen en diferentes presentaciones y varían en cuanto a su eficacia, el modo y el momento en que deben usarse. Algunos tipos comunes de espermicidas vienen en forma de espuma, gel, crema, comprimidos, supositorios o cuadraditos de papel denominados "películas anticonceptivas vaginales" (vaginal contraceptive film).

Incluso los mejores espermicidas ofrecen apenas una mediana protección contra embarazos no deseados y algunas enfermedades de transmisión sexual.

¿Cuál es su eficacia para prevenir embarazos no deseados?

Cada presentación de espermicida tiene un nivel diferente de eficacia para prevenir embarazos no deseados. Las espumas y los supositorios suelen ser los mejores, pero aun si los usas correctamente, ofrecen apenas una mediana protección contra embarazos no deseados.

¿Cuál es su eficacia como protección contra enfermedades de transmisión sexual?

Los espermicidas pueden ofrecer algún tipo de protección contra la gonorrea, la enfermedad inflamatoria pélvica y algunas infecciones vaginales, pero no se los considera muy eficaces para protegerse de enfermedades de transmisión sexual en general.

¿Cómo se usa?

Cada tipo de espermicida se usa de un modo diferente. Algunos deben aplicarse 15 minutos antes de tener relaciones sexuales para que sean eficaces, mientras que otros lo son inmediatamente después de la penetración. Debido a la cantidad de diferentes tipos de espermicidas disponibles, el usuario debe leer detenidamente las instrucciones del paquete.

Los espermicidas tienen una eficacia de una duración determinada, de modo que la pareja debe tener relaciones sexuales dentro de un cierto periodo después de aplicarlos en la vagina. Cada vez que la pareja tenga relaciones sexuales, la mujer debe aplicar más espermicida.

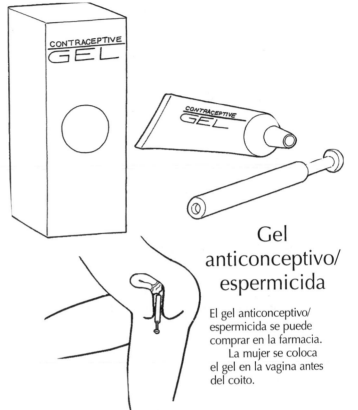

Gel anticonceptivo/ espermicida

El gel anticonceptivo/ espermicida se puede comprar en la farmacia. La mujer se coloca el gel en la vagina antes del coito.

¿Cómo funciona?

Los espermicidas pueden prevenir los embarazos no deseados gracias a una sustancia química que destruye los espermatozoides. También pueden bloquear los espermatozoides para que no puedan entrar en el cuello uterino.

¿Cuáles son los efectos secundarios?

Aproximadamente 1 de cada 20 personas (5%) que usa espermicidas puede sentir ardor o irritación en la vagina o el pene, aunque a veces el problema se resuelve cambiando de espermicida. Aparte de esto, no existen otros efectos secundarios conocidos.

¿Dónde se consigue?

En clínicas de salud y en farmacias.

¿Cuánto cuesta?

El precio de los espermicidas varía según el producto. Las clínicas de salud suministran espermicidas gratuitamente o a un precio bajo. Los precios de las farmacias varían entre $5 y $15 según el tipo de espermicida.

¿Cuáles son las desventajas?

– Sólo ofrecen una mediana protección contra embarazos no deseados.
– Su uso puede ser complicado.
– A la mujer puede resultarle extraño o incómodo colocarse algo dentro de la vagina.
– No son muy eficaces contra enfermedades de transmisión sexual.

¿Cuáles son las ventajas?

+ Son fáciles de conseguir.
+ Brindan una protección adicional cuando se los usa en combinación con otros métodos anticonceptivos.
+ Pueden ofrecer cierta protección contra enfermedades de transmisión sexual.

¿Necesito el consentimiento de mis padres?

No.

¿Alguna sugerencia?

Úsalos en combinación con otro método anticonceptivo y lee detenidamente las instrucciones del paquete.

Ligadura tubárica (ligadura de trompas)

Cuando una mujer se hace "ligar las trompas", significa que se ha sometido a una cirugía denominada "ligadura tubárica". La ligadura tubárica también se conoce como "esterilización" porque impide en forma permanente que la mujer quede embarazada. Este proceso consiste en cortar, atar o cauterizar (quemar) las trompas de Falopio para obstruirlas por completo.

¿Cuál es su eficacia para prevenir embarazos no deseados?

Después de la abstinencia, la ligadura tubárica (y la vasectomía) es el método anticonceptivo más eficaz para prevenir embarazos.

¿Cuál es su eficacia como protección contra enfermedades de transmisión sexual?

Aunque la ligadura tubárica es excelente para prevenir embarazos no deseados, no ofrece ningún tipo de protección contra las enfermedades de transmisión sexual.

¿Cómo se usa?

En el ombligo de la mujer se realiza una pequeña incisión (corte) de aproximadamente 1 pulgada (2.5 cm) de largo. Por allí se introduce un instrumento (laparoscopio) con luces y un visor y se lo desplaza hasta las trompas de Falopio, que se cortan y cauterizan para que ya no puedan pasar los óvulos.

Ligadura tubárica

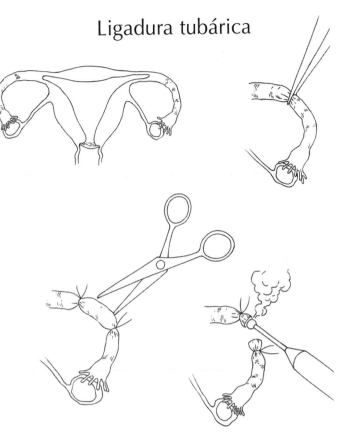

Las trompas de Falopio se atan, cortan o cauterizan (queman) para obstruirlas por completo, de modo tal que los óvulos no puedan desplazarse por ellas.

¿Cómo funciona?

La ligadura tubárica corta, cauteriza o bloquea las trompas de Falopio de modo de impedir la fecundación del óvulo por un espermatozoide.

¿Cuáles son los efectos secundarios?

Ninguno. Aparte de una posible infección o sangrado posterior a la cirugía, no existen efectos secundarios.

¿Dónde se consigue?

A la ligadura tubárica la puede realizar un médico en un hospital o en una clínica de salud. Este método sólo está disponible para las mujeres que no desean tener más hijos y no para las adolescentes en general.

¿Cuánto cuesta?

El precio, por supuesto, varía según el médico, pero oscila entre $600 y más de $1,000.

¿Cuáles son las desventajas?

- Es irreversible.
- No protege contra las enfermedades de transmisión sexual.
- Tiene un alto costo inicial.

¿Cuáles son las ventajas?

+ Es muy eficaz para prevenir embarazos no deseados.

¿Necesito el consentimiento de mis padres?

Efectivamente. A tal punto que este método no está recomendado ni disponible para mujeres jóvenes.

¿Alguna sugerencia?

También se deben usar condones para prevenir enfermedades de transmisión sexual.

Vasectomía

La vasectomía es la versión masculina de la ligadura tubárica femenina. La vasectomía es un sencillo y rápido procedimiento quirúrgico en el que se cortan y cauterizan los conductos deferentes del varón, de modo de bloquear el paso de los espermatozoides.

Dado que es permanente, se la considera una forma de esterilización (no obstante, existen muchas probabilidades de revertirla).

Vasectomía

La vasectomía masculina es un procedimiento quirúrgico rápido y fácil, efectuado por un doctor que corta y cauteriza los vasos deferentes.

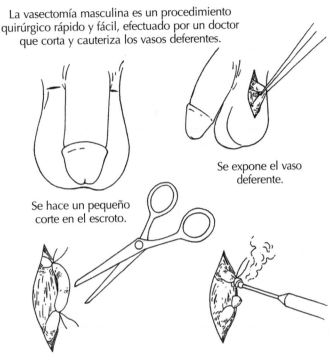

Se expone el vaso deferente.

Se hace un pequeño corte en el escroto.

Luego se lo ata y corta.

También se lo puede cauterizar para bloquear el paso de los espermatozoides.

¿Cuál es su eficacia para prevenir embarazos no deseados?

Una vasectomía es casi perfecta para prevenir embarazos no deseados. Sólo la supera la abstinencia, si se la practica sistemáticamente.

¿Cuál es su eficacia como protección contra enfermedades de transmisión sexual?

Aunque la vasectomía es casi perfecta para prevenir embarazos no deseados, no ofrece ninguna protección contra las enfermedades de transmisión sexual.

¿Cómo se usa?

Al varón se le administra anestesia local (calmante) para esta cirugía que lleva de 15 a 20 minutos. Se realiza una pequeña incisión (corte) en el escroto y se cortan, atan o cauterizan los conductos deferentes para sellarlos de modo que los espermatozoides no puedan llegar a la uretra.

El varón puede volver a su hogar inmediatamente después del procedimiento y retomar la actividad física intensa en pocos días.

Seguirá teniendo espermatozoides en el semen durante aproximadamente 12 eyaculaciones (o durante 6 a 8 semanas), por lo que debe usar un método anticonceptivo adicional hasta que no queden espermatozoides en su semen.

¿Cómo funciona?

El corte de los vasos deferentes impide que los espermatozoides salgan del organismo desde el epidídimo. Como los espermatozoides no pueden salir del organismo del varón, tampoco pueden fecundar el óvulo de la mujer y, por lo tanto, el embarazo no es posible. El varón sigue eyaculando semen, pero éste no contiene espermatozoides.

¿Cuáles son los efectos secundarios?

El varón puede estar un poco dolorido durante unos 10 días posteriores a la cirugía, pero no existen otros efectos secundarios.

¿Dónde se consigue?

El médico puede realizar este procedimiento en un hospital o en una clínica. No está indicada ni disponible para hombres jóvenes.

¿Cuánto cuesta?

El costo varía según el médico, pero oscila entre $250 y $900.

¿Cuáles son las desventajas?

- Puede ser irreversible.
- No protege contra las enfermedades de transmisión sexual.
- Tiene un alto costo inicial.

¿Cuáles son las ventajas?

+ Es muy eficaz para prevenir embarazos no deseados.

¿Necesito el consentimiento de mis padres?

Efectivamente. A tal punto que este método no está recomendado ni disponible para varones jóvenes.

¿Alguna sugerencia?

Se deben usar condones como protección contra enfermedades de transmisión sexual.

Anticoncepción de emergencia (la píldora del día siguiente)

La anticoncepción de emergencia previene un embarazo cuando un condón se rompe o cuando se practica cualquier tipo de relación sexual sin protección. Si alguna de estas situaciones ocurre, la mujer o la pareja puede acudir a una clínica de salud o a un consultorio médico para que se le suministre anticoncepción de emergencia (la píldora del día siguiente). No se debe usar como un anticonceptivo, sino más bien como un método de apoyo en el caso de una emergencia.

¿Cuál es su eficacia para prevenir embarazos no deseados?

Su eficacia es muy alta si se la toma dentro de las 72 horas (aproximadamente 3 días) después de la relación sexual. No obstante, los mejores resultados se obtienen si se la toma al día siguiente de una relación sexual.

¿Cuál es su eficacia como protección contra enfermedades de transmisión sexual?

La anticoncepción de emergencia no brinda ninguna protección contra enfermedades de transmisión sexual.

¿Cómo se usa?

Si la mujer considera que existe una posibilidad de quedar embarazada, puede acudir a una clínica de salud, a un médico o a Planned Parenthood dentro del plazo de 3 días posteriores al momento en que el coito tuvo lugar. Se le administrarán dos píldoras por vía oral y le suministrarán otras dos para que tome aproximadamente 12 horas más tarde.

¿Cómo funciona?

La píldora del día siguiente es una alta dosis de hormonas con capacidad de impedir que los espermatozoides fertilicen el óvulo o de inhibir al revestimiento uterino de modo que sea incapaz de recibir un óvulo fertilizado.

¿Cuáles son los efectos secundarios?

Principalmente náuseas y vómitos. El médico te informará acerca de cualquier otro efecto secundario.

¿Dónde se consigue?

En un consultorio médico, una clínica de salud o una sucursal de Planned Parenthood. Existe un número de teléfono para llamadas gratuitas en todo EE. UU. 1-888-NOT-2-LATE ó 1-800-584-9911. También puedes consultar el sitio Web http://ec.princeton.edu.

¿Cuánto cuesta?

Aproximadamente entre $10 y $20, según el lugar. Este precio no incluye los gastos de la consulta médica en un consultorio o clínica. En muchas clínicas los costos pueden ser inferiores para quienes no puedan pagarlos.

¿Cuáles son las desventajas?

- Tiene efectos secundarios.
- Debe tomarse lo antes posible luego de una relación sexual sin protección (dentro de las 72 horas o los 3 días posteriores).

¿Cuáles son las ventajas?

+ Es muy eficaz para prevenir un embarazo no deseado.
+ Se puede usar en caso de emergencia.

¿Necesito el consentimiento de mis padres?

No.

¿Alguna sugerencia?

Infórmate dónde está ubicada la clínica más cercana que administra anticoncepción de emergencia para que puedas llegar allí rápidamente en caso de necesitarla y no perder tiempo buscando el lugar en medio de una situación preocupante. En la línea directa de Emergency Contraception (1-888-NOT-2-LATE ó 1-800-584-9911) podrás solicitar más información y consultar acerca de los recursos disponibles en tu zona. (Es una línea para llamadas gratuitas).

¡No uses los siguientes métodos!
Método de "eyacular afuera"

Eyacular afuera, es decir que el varón eyacule afuera de la vagina, no es un método anticonceptivo confiable que se deba usar si a uno le preocupan los embarazos o las enfermedades de transmisión sexual. En este procedimiento, un varón y una mujer tienen relaciones sexuales sin otro método anticonceptivo y el varón retira su pene de la vagina antes de eyacular. Cree que si no eyacula dentro de la vagina, los espermatozoides no entrarán en el cuello uterino ni el útero y, de ese modo, la mujer no quedará embarazada. Este razonamiento es erróneo en varios sentidos.

Cuando el varón y la mujer tienen una relación sexual, antes de la eyaculación sale un líquido preeyaculatorio del pene del varón. Ese líquido puede contener espermatozoides capaces de producir un embarazo. El varón no siente cuando este líquido le sale del pene. Además, este método depende de la capacidad del varón de saber cuándo está a punto de eyacular y "sacar" el pene antes. Esto puede ser problemático para algunos varones, especialmente si han consumido alcohol o drogas o si no tienen ese tipo de control. De modo que la mujer deja la protección de su salud sexual y de su futuro completamente en manos del varón, lo cual no es muy responsable ni inteligente.

Como si esto fuera poco, este método no ofrece protección contra las enfermedades de transmisión sexual.

¿Alguna sugerencia?

Nunca uses el método de eyacular afuera a menos que puedas enfrentar la posibilidad de un embarazo, tú y tu pareja se hayan realizado las pruebas para detectar enfermedades de transmisión sexual y ambos mantengan una relación monogámica.

Método de los días

Quienes usan los métodos de los días tratan de determinar qué días del ciclo menstrual femenino son "seguros" para tener relaciones sexuales. En los días "peligrosos", cuando la mujer probablemente esté ovulando (liberando un óvulo), la pareja debe abstenerse (no tener relaciones sexuales). En los días "seguros", cuando no hay un óvulo presente ni liberándose, la pareja da por sentado que puede tener relaciones sexuales sin protección. Los tres métodos más populares de los días son:

- Método del calendario: Utiliza cálculos basados en la cantidad de días que tiene un ciclo menstrual femenino regular.
- Método de la temperatura: Se toma la temperatura basal femenina todos los días para determinar cuándo es "seguro" tener relaciones sexuales.
- Método de la ovulación: En este método, para saber cuándo es "seguro" tener relaciones sexuales, se observa el moco cervical que la mujer elimina por la vagina.

Aunque algunos estudios afirman que el uso correcto de los métodos de los días ofrece cierta eficacia para prevenir embarazos no deseados, una abrumadora mayoría de estadísticas demuestra que estos métodos son muy riesgosos. Por otro lado, no ofrecen ninguna protección contra enfermedades de transmisión sexual.

¿Alguna sugerencia?

No uses el método de los días solamente. Usa además otro método anticonceptivo confiable. Sólo deberían usar estos métodos las parejas que deseen correr el riesgo de tener un hijo.

Duchas vaginales

Una ducha vaginal posterior a una relación sexual es otro método que en realidad no es efectivo para prevenir embarazos no deseados. Una ducha es una botella de plástico con líquido que la mujer introduce a chorros en la vagina con fines higiénicos (los cuales tampoco son muy eficaces). Algunas mujeres creen que si se realizan una ducha vaginal inmediatamente después de una relación sexual, lavan todo el semen y los espermatozoides de la vagina y, por lo tanto, no se producirá un embarazo.

Esto no es así. Cuando el varón eyacula en la vagina, algunos espermatozoides entran en el cuello uterino casi enseguida. Una vez que los espermatozoides entran en el cuello uterino, ninguna ducha ni lavado los hará salir. Los espermatozoides ya van camino al útero y las trompas de Falopio, y se puede producir un embarazo. Las duchas vaginales tampoco brindan protección confiable contra enfermedades de transmisión sexual.

¿Alguna sugerencia?

Usa otro método anticonceptivo; uno que sea confiable.

Si tienes más preguntas acerca del control de la natalidad, los métodos anticonceptivos, las enfermedades de transmisión sexual o cualquier otra inquietud acerca de la sexualidad, puedes encontrar más información o realizar preguntas en: Youth Embassy: http://www.YouthEmbassy.com.

Guía sobre anticonceptivos (control de la natalidad)

TIPO	EFICACIA	¿ETS?	COSTO	¿DÓNDE SE CONSIGUE	MÁS INFOR- MACIÓN
Abstinencia	El mejor	Si	$0	_____	Pág. 178
Píldora del día siguiente	Excelente	No	$10*	Clínica/Doctor	Pág. 183
Depo-Provera	Excelente	No	$35*	Clínica/Doctor	Pág. 154
Lunelle	Excelente	No	$30*	Clínica/Doctor	Pág. 156
Píldoras anticonceptivas	Excelente	No	$0–$30*	Clínica/Doctor	Pág. 137
NuvaRing	Excelente	No	$0–$30*	Clínica/Doctor	Pág. 145
Ortho Evra	Excelente	No	$30	Clínica/Doctor	Pág. 142
Condón	Muy buena	Si++	$0–$2	Farmacia/Clínica	Pág. 163
Condón femenino	Muy buena	Si++	$2–$3	Farmacia/Clínica	Pág. 173
Diafragma	Buena	No**	$15–$50	Clínica/Doctor	Pág. 151
Espermicidas	Regular	No**	$5–$15	Farmacia	Pág. 176
Capuchón cervical	Regular	No	$50*	Clínica/Doctor	Pág. 158
Esponja Today	Regular	No	$3	Internet/ Farmacia	Pág. 160

NO RECOMENDADOS PARA ADOLESCENTES

TIPO	EFICACIA	¿ETS?	COSTO	¿DÓNDE SE CONSIGUE	MÁS INFOR- MACIÓN
Vasectomía	Excelente	No	$250–$900*	Clínica/Doctor	Pág. 180
Ligadura tubárica	Excelente	No	$600–$1000*	Clínica/Doctor	Pág. 178
DIU	Excelente	No	$175–$400*	Clínica/Doctor	Pág. 148
Eyacular afuera‡	Mala	No	$0	_____	Pág. 185
Método de los días‡	Mala	No	$0	_____	Pág. 186
Duchas ‡ vaginales	Mala	No	$2	Farmacia	Pág. 187

++	Protege contra la mayoría de las ETS, entre ellas el VIH, pero no todas.
*	El precio no incluye el costo de la visita al médico/clínica, el cual podría variar de $10 a más de $100. Además, algunas clínicas tienen una "escala progresiva", lo cual significa que las personas que tienen poco dinero (como los adolescentes) pagarán menos o muy poco por los servicios.
**	Sólo protege contra algunas ETS.
‡	¡Es un método muy riesgoso!

8

Enfermedades de transmisión sexual y VIH/SIDA

¿Te imaginas lo que debe ser tener unas ampollas como pequeñas burbujas que te duelen y pican en la vagina o el pene? ¿Y qué tal una secreción espesa, blanca y con aspecto de queso que sale por tu vagina? ¿O un gran cráter blando y lleno de pus en la punta o el cuerpo del pene? ¿Preferirías un silencioso microorganismo que te destruye las vísceras y te produce esterilidad (incapacidad de tener hijos), ceguera, parálisis, demencia o incluso la muerte? Suena divertido, ¿no? De hecho, esto les ocurre todos los años a millones de personas que tienen relaciones sexuales sin protección. ¡Pues créelo! Independientemente de quién seas, el color de piel que tengas; si eres rico o pobre; joven o viejo; débil o fuerte; inteligente o no; si tienes relaciones sexuales vaginales, orales o anales sin protección, corres el riesgo de infectarte con un germen transmitido sexualmente y de contagiarte una enfermedad grave.

Las relaciones sexuales son como jugar a la lotería: nunca se sabe qué número saldrá. De igual manera, cada vez que tienes relaciones sexuales sin protección, te arriesgas con lo que pueda suceder.

A pesar de todas las sensaciones maravillosas que una relación sexual puede provocar, los gérmenes que una persona le puede transmitir a otra si no usan protección pueden provocar llagas, ampollas, secreciones o cambios físicos potencialmente molestos, vergonzosos, dolorosos y hasta mortales.

Tampoco olvidemos que, si se produce un embarazo, tanto el varón como la mujer deberán correr con la responsabilidad que un hijo conlleva.

En este capítulo, sin embargo, nos abocaremos al estudio de los gérmenes, bacterias, virus y hongos que pueden pasar de una persona a otra durante el coito. Estos tipos de gérmenes reciben el nombre de "enfermedades de transmisión sexual" (ETS) o "infecciones de transmisión sexual" (ITS). Se puede usar cualquiera de estos dos nombres indistintamente, ya que ambos son correctos. Las enfermedades de transmisión sexual solían llamarse enfermedades venéreas, pero esta expresión dejó de usarse hace unos años. Si alguna vez escuchas o lees estos nombres (enfermedades o infecciones de transmisión sexual o enfermedades venéreas), recuerda que se refieren a lo mismo: gérmenes que una persona transmite a otra durante el coito.

¿Cómo se trasmiten las enfermedades de transmisión sexual?

Generalmente, las enfermedades de transmisión sexual se contagian mediante ciertos líquidos corporales como la sangre, el semen, los líquidos vaginales y el líquido preeyaculatorio. Cuando dos personas tienen contacto sexual (ya sea coito vaginal, oral o anal) o incluso tan sólo contacto de piel (en ciertos casos), estos líquidos pueden entrar en tu organismo a través de lesiones diminutas que no puedes ver ni sentir en la piel de la vagina, el pene, el ano o la boca.

¿Cuántas enfermedades de transmisión sexual hay?

Aunque no lo creas, mediante las relaciones sexuales sin protección una persona se puede contagiar más de veinte diferentes gérmenes transmitidos sexualmente y otras afecciones físicas. Algunas de las enfermedades de transmisión sexual más comunes aparecen junto con sus tratamientos en el cuadro de las páginas siguientes.

¿Se puede desarrollar inmunidad para las enfermedades de transmisión sexual?

Lo triste acerca de las enfermedades de transmisión sexual es que tu organismo no se hace inmune a ellas. Eso significa que las puedes contraer repetidamente, e incluso más de una al mismo tiempo.

Y eso no es todo. Algunas enfermedades de transmisión sexual, como puedes apreciar en el cuadro, no tienen cura. Si las contraes, las tendrás de por vida. Parece algo sacado de una película de terror, ¿no? Lo cierto es que estas enfermedades pertenecen a un mundo muy real y les cambian la vida a millones de personas año tras año. ¿Te interesa ser la próxima víctima?

¿Qué aspecto tiene la gente con enfermedades de transmisión sexual?

Es importante que te quede claro que la gente que padece una enfermedad de transmisión sexual tiene un aspecto absolutamente normal y que no hay forma de saber si está infectada o no. A menudo los mismos enfermos no saben que están infectados. Con frecuencia ocurre que una persona de aspecto normal, que se siente bien y no tiene signos ni síntomas de ningún tipo, contagia a otra sin saberlo. También existen, por supuesto, quienes a pesar de saber que están enfermos, mienten y contagian a otros. Así es, ¡hay gente perversa capaz de cualquier cosa!

¿Por qué se propagan tan rápidamente las enfermedades de transmisión sexual?

Las enfermedades de transmisión sexual se propagan velozmente en una sociedad. Supongamos que Mónica tuvo relaciones sexuales solamente con un muchacho llamado Claudio. ¿Es posible que Mónica se contagie alguna enfermedad de transmisión sexual? Veamos...

Claudio tuvo relaciones sexuales con otras dos mujeres antes que con Mónica. Se llamaban Ana y Luisa. Ana tuvo relaciones sexuales con otros tres muchachos antes que con Claudio. Se llamaban Javier, Sebastián y Tomás. Luisa también tuvo relaciones sexuales con otros muchachos antes que con Claudio. Se llamaban Guillermo y Daniel. Y esto puede continuar infinitamente, pero detengámonos aquí. Gran parte depende de cuándo cada persona tuvo relaciones sexuales con quién primero, pero supongamos que Daniel le contagió herpes a Luisa. Después Luisa tuvo relaciones sexuales con Guillermo y luego, con Claudio. ¿Podrían Guillermo y Claudio también haberse contagiado herpes? Seguramente. Ahora Claudio tuvo relaciones sexuales con Ana. ¿Podría ella estar infectada también? Exactamente. Después

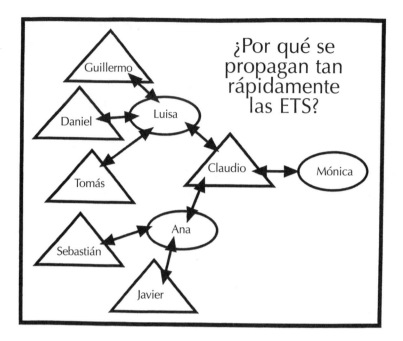

Ana tuvo relaciones sexuales con Javier, Sebastián y Tomás. ¿Y ellos, pueden haberse contagiado también? Efectivamente. Y la pregunta del millón es: ¿Puede Mónica haberse contagiado herpes? ¡Correcto! Éste es un caso simplificado, pero probablemente te dé una idea de cómo se propagan las enfermedades de transmisión sexual.

Mientras mayor sea la cantidad de gente con la que tengas relaciones sexuales, mayores son las probabilidades de que contraigas una enfermedad de transmisión sexual.

¿Es peligroso tener relaciones sexuales con prostitutas?

Una prostituta (también llamada puta, ramera, zorra, trabajadora sexual, dama de la noche o acompañante) es una persona que tiene relaciones sexuales a cambio de algún tipo de retribución, generalmente dinero, o para satisfacer su adicción a las drogas. La prostitución ha existido durante siglos y, con ella, el debate de si debería legalizarse o no.

Una cosa es cierta, sin embargo: debido a que quienes ejercen la prostitución tienen relaciones sexuales con mucha gente, es muy probable que tengan una o más enfermedades de transmisión sexual. Aunque una prostituta o un prostituto afirmen que siempre usan condones, algunas enfermedades de transmisión sexual (como el herpes y las verrugas genitales) pueden contagiarse incluso si se usa un condón.

Volviendo al tema anterior, mientras mayor sea la cantidad de gente con la que tengas relaciones sexuales, mayores serán las probabilidades de que contraigas una enfermedad de transmisión sexual. Muchas personas que ejercen la prostitución tienen relaciones sexuales con seis o siete personas diferentes en un solo día (calcula a cuánta gente asciende en un año). Y no nos olvidemos que muchas de ellas son adictas a drogas inyectables, factor que las pone en una posición de altísimo riesgo de contraer VIH y hepatitis. Como puedes ver, tener relaciones con una de esas personas, independientemente de su aspecto, constituye una conducta de riesgo. Luego de comprender cómo la mayoría de las personas que ejercen la prostitución en algún momento se contagian alguna enfermedad de transmisión sexual, y considerando que el riesgo del VIH/SIDA sigue creciendo, ¿crees que vale la pena arriesgarte a tener relaciones sexuales con ellas?

¿Cuándo debo acudir a un médico o a una clínica?

Si tienes relaciones sexuales y observas cualquiera de los siguientes signos debes acudir a un médico o a una clínica inmediatamente:
- Secreciones del pene o de la vagina
- Picazón en la zona genital
- Ardor al orinar
- Cambios en la piel de la zona genital (protuberancias, ampollas, sarpullido, etc.).

Estos signos a veces desaparecen solos, pero los gérmenes siguen viviendo en tu organismo y no se irán sin el tratamiento adecuado.

¿Cómo puedes evitar contraer enfermedades de transmisión sexual?

Es fácil. Por supuesto que la forma más eficaz de no contraer enfermedades de transmisión sexual es la abstinencia (no tener ningún tipo de relación sexual). No obstante, si tienes relaciones sexuales, a continuación encontrarás algunos métodos que te ayudarán a prevenirlas, aunque no con un 100% de eficacia.

¡El tener relaciones sexuales es como jugar a la lotería: nunca se sabe qué número saldrá!

CONDONES. ¡Sí, usa condones! Aunque no sean 100% eficaces contra el herpes genital, las verrugas genitales, la sífilis o las ladillas, los condones te brindan cierta protección contra estas infecciones y una excelente protección contra todas las otras enfermedades de transmisión sexual. Ahora bien, es importante que los uses correctamente y que sean de látex o poliuretano (si deseas saber cómo usar un condón correctamente, consulta el capítulo acerca de los métodos anticonceptivos).

MONOGAMIA. Ésta es una palabra difícil que generalmente significa mantener una relación sexual o amorosa con una persona únicamente. Tener relaciones sexuales con mucha gente (lo que también a veces se llama promiscuidad) expone a una persona a un riesgo mucho más alto de contraer gérmenes transmitidos sexualmente. Mientras mayor sea la cantidad de gente con la que tengas relaciones sexuales, mayores son las probabilidades de que contraigas una enfermedad de transmisión sexual.

DA POR SENTADO QUE LA OTRA PERSONA ESTÁ INFECTADA. Recuerda que no hay forma de saber si una persona tiene o no una enfermedad de transmisión sexual. Puede tener el aspecto dulce e inocente de un ángel, pero aun así estar infectada. Siempre piensa que la otra persona está infectada y protégete. El uso de condones y la higiene después de tener relaciones sexuales pueden ayudar.

PÍDELE A TU PAREJA QUE SE HAGA LAS PRUEBAS CORRESPONDIENTES. Ya sé, seguro que estás pensando: "sí, claro, va a estar encantando si le pido eso". Pero lo cierto es que en los próximos años, a medida que aumenta la propagación de enfermedades de transmisión sexual como el VIH/SIDA, quizás veas más y más personas acudiendo al médico para averiguar si son portadores de alguna de ellas. Además, yo solamente te estoy mostrando formas de prevenir el contagio de infecciones de transmisión sexual. La decisión final está en tus manos.

Si tengo relaciones sexuales con alguien que tiene una enfermedad de transmisión sexual, ¿significa que inevitablemente la contraeré?

No. Puedes tener suerte, pero las probabilidades son escasas. Así que, ¿por qué arriesgarte? Recuerda que algunas enfermedades de transmisión sexual se contagian mediante el contacto con la piel, pero la mayoría entran en el organismo a través de líquidos infectados, como la sangre, el semen, líquidos vaginales o el líquido preeyaculatorio. Podrías tener la suerte de no entrar en contacto con estos gérmenes o de que ninguno de estos líquidos entre en tu organismo. Pero, de todos modos, ¿por qué correr semejante riesgo?

¿Cuál es la enfermedad de transmisión sexual más común?

La enfermedad de transmisión sexual más común es causada por una bacteria llamada *Chlamydia*. A menudo, una persona se infecta con *Chlamydia* y ni siquiera lo sabe hasta que se realiza las pruebas correspondientes. Esto es problemático, porque si la *Chlamydia* no es tratada, puede derivar en infertilidad (incapacidad de tener hijos), tanto en varones como en mujeres.

Guía sobre enfermedades transmitidas sexualmente

ENFERMEDAD	¿CÓMO SÉ SI ESTOY INFECTADO?	¿QUÉ SUCEDERÁ SI NO VEO A UN MÉDICO?
SIDA	4 a 6 semanas después de la infección se pueden padecer síntomas parecidos a una gripe (fiebre, fatiga, glándulas inflamadas), pero luego generalmente no se manifiestan síntomas hasta que se desarrolla el SIDA.	La muerte (casi siempre)
Chlamydia	VARÓN: Dolor al orinar y secreción acuosa (líquido) del pene. A veces, es asintomática.	Posible esterilidad (incapacidad de tener hijos).
	MUJER: A veces se siente picazón o ardor, o hay una secreción (líquido) vaginal. Usualmente, es asintomática.	Posible esterilidad (incapacidad de tener hijos), dolor crónico en el vientre.
Herpes genital (HSV)	Hay dolorosas ampollas como burbujas en los genitales. A menudo, no hay signos ni síntomas.	Las ampollas pueden desaparecer y reaparecer. Posibles daños al feto en gestación (daño cerebral o el bebé puede nacer muerto).
Verrugas genitales (HPV)	Pequeños bultos en forma de coliflor en los genitales.	Pueden propagarse o causar cáncer cervical en las mujeres.
Gonorrea	VARÓN: Usualmente no hay síntomas, pero puede haber una secreción (líquido) del pene que causa ardor.	Esterilidad (incapacidad de tener hijos).
	MUJER: Usualmente no hay síntomas. Puede haber una secreción (líquido) vaginal.	Esterilidad (incapacidad de tener hijos), dolor crónico en el vientre.

ENFERMEDAD	¿CÓMO SÉ SI ESTOY INFECTADO?	¿QUÉ SUCEDERÁ SI NO VEO A UN MÉDICO?
Hepatitis B	Piel y ojos amarillentos, fiebre y náuseas. Usualmente, es asintomática.	Aunque puede no causar trastornos, puede dañar el hígado o causar la muerte.
Uretritis no gonocócica	VARÓN: Secreción ligera, clara, acuosa o lechosa del pene. MUJER: Sensación de ardor al orinar.	Esterilidad (incapacidad de tener hijos) o posible artritis. Esterilidad (incapacidad de tener hijos) o posible artritis.
Ladillas*	Intensa picazón y posibles manchas diminutas de sangre en la ropa interior.	La intensa picazón continuará.
Sífilis	PRIMERA ETAPA: Chancros (llagas dolorosas que desaparecen). SEGUNDA ETAPA: Sarpullido en las palmas de las manos y el cuerpo. TERCERA ETAPA: Locura, parálisis y muerte.	La muerte
Vaginitis* (También llamada 'infección por levaduras' o 'Candida albicans')	VARÓN: Es posible que no tenga síntomas, o que la piel del pene esté enrojecida y sensible. MUJER: Dolor, irritación, enrojecimiento, picazón, olor fuerte, distintos tipos de secreción vaginal (poco espesa y espumosa; densa, blanquecina y como queso; o verdosa). Es común en las mujeres.	Los síntomas continuarán Los síntomas continuarán

*Estas enfermedades no siempre se transmiten sexualmente. La vaginitis puede ocurrir cuando la mujer está tomando ciertos antibióticos. Las ladillas se pueden propagar por el contacto con vello púbico, toallas o ropa de cama infectadas.

Guía sobre el tratamiento y las curas para las ETS

ENFERMEDAD	¿ES CURABLE?	¿CÓMO SE TRATA?
SIDA	No	Estilo de vida saludable, medicamentos antivirales o contra las infecciones para ayudar a prevenirlas.
Chlamydia	Sí	Antibióticos, como la tetraciclina.
Herpes genital (HSV)	No	El aciclovir ayuda a cicatrizar las ampollas.
Verrugas genitales (HPV)	No	El nitrógeno líquido, la cirugía láser o la podofilina, todos ellos ayudan a eliminar las verrugas, pero éstas pueden reaparecer.
Gonorrea	Sí	Antibióticos, tales como la penicilina G, o la ceftriaxona y doxiciclina
Hepatitis B	No	No hay tratamientos. La vacuna contra la hepatitis B puede impedir que una persona la contraiga.
Uretritis no gonocócica	Sí	Antibióticos
Ladillas	Sí	Kwell o malatión
Sífilis	Sí	Antibióticos, como la penicilina (si eres alérgico a ella, se pueden usar otros antibióticos).
Vaginitis	Sí	Flagyl o Monistat

¿Puedo hacerme pruebas para detectar enfermedades de transmisión sexual sin que mis padres lo sepan?

En la mayoría de los casos sí. Sin embargo, esto es un poco delicado en algunos estados. Además, puedes necesitar del permiso de tus padres para algunos tratamientos de enfermedades de transmisión sexual. Es conveniente que consultes las diferentes clínicas de tu zona para conocer sus políticas al respecto.

Si tengo una enfermedad de transmisión sexual, ¿cuándo puedo contagiar a otros?

Inmediatamente. Debido a que se desconoce el momento exacto, se presume que desde el momento en que tú te contagias, puedes contagiar a otros. Lamentablemente quizás no sepas que tú estás infectado y transmitas la enfermedad sin saberlo.

¿Adónde puedo llamar para obtener más información acerca de las enfermedades de transmisión sexual?

Llama a la línea directa para enfermedades de transmisión sexual (*National Sexually Transmitted Diseases*) al 1-800-227-8922 en EE. UU. Allí obtendrás información general y los nombres de las personas y grupos de apoyo que pueden ayudarte cerca de tu domicilio.

VIH/SIDA

Salvo que hayas estado viviendo en una burbuja, sin mirar televisión, leer los periódicos ni ir a la escuela, lo más probable es que hayas escuchado hablar del VIH/SIDA. Pero tal vez no tengas muy en claro qué es el SIDA ni cómo se desarrolla. La mayoría de las personas, ya sean jóvenes y adultas, no entienden muy bien qué es el VIH/SIDA ni qué efecto produce en el organismo. Se escuchan tantas cosas acerca del VIH/SIDA que a veces resulta difícil obtener información precisa acerca de esta enfermedad. Veamos si podemos aclarar un poco las cosas.

¿Qué significa SIDA?

SIDA es una sigla que significa "síndrome de inmunodeficiencia adquirida". Ahora bien, la mayoría de la gente probablemente no tenga la menor idea qué significa. Así que analicémoslo palabra por palabra y descubramos de qué se trata.

SÍNDROME: Basta decir que un síndrome es una enfermedad (en realidad, es un conjunto de características que manifiesta una enfermedad).

INMUNE: En este caso, "inmune" se refiere al sistema de defensa de nuestro organismo, que nos protege de gérmenes y enfermedades e impide que nos enfermemos. Este sistema se llama "sistema inmunitario".

DEFICIENCIA: Significa débil. La combinación de "inmune" con "deficiencia" significa que el sistema inmunitario de tu organismo es débil.

ADQUIRIDA: Esto significa que una persona desarrolló una enfermedad con el transcurso del tiempo.

Cuando volvemos a unir todos los términos, se entiende el significado global. "Síndrome de inmunodeficiencia adquirida" es una enfermedad que se desarrolla con el transcurso del tiempo debido a una debilidad en el sistema inmunitario.

¿Qué es SIDA?

SIDA es un término que se usa para describir la situación de una persona con un sistema inmunitario tan débil que no puede proteger al organismo contra los gérmenes. Sin un sistema inmunitario fuerte que pueda llevar a cabo esta función, el individuo puede enfermarse con mucha facilidad e, incluso, morir.

Solamente un profesional capacitado, como es el caso de un médico, puede determinar si una persona tiene SIDA. Cuando una persona tiene SIDA, a menudo contrae enfermedades muy raras, tales como las siguientes:

- *Neumocistosis* (un tipo de neumonía).
- Tuberculosis (habitualmente una infección en los pulmones).
- Sarcoma de Kaposi (un tipo de cáncer de piel).
- Meningitis (una infección cerebral).
- Cáncer cervical.

¿Cómo se originó el SIDA?

Nadie sabe a ciencia cierta cómo se origino esta enfermedad. Numerosos científicos creen que el virus se desarrolló a lo largo de muchos años en ciertos monos. Se cree que una mutación saltó a la especie humana y entonces comenzó a propagarse. Pero todo esto es mera teoría.

Aunque los primeros casos de estas inusuales enfermedades, como la *neumocistosis* y el sarcoma de Kaposi, se detectaron en algunos seres humanos en 1979, recién en 1982 esta enfermedad comenzó a llamarse "SIDA".

¿Cuánta gente ha muerto de SIDA?

Esa es una pregunta capciosa. La respuesta literal es: "ninguna". Nadie ha muerto realmente de SIDA. La gente que tiene SIDA muere a causa de enfermedades poco comunes, como la neumocistosis, la tuberculosis, el sarcoma de kaposi, la meningitis o el cáncer cervical, no de VIH/SIDA propiamente dicho. Recuerda que el VIH/SIDA es una afección en la que el sistema inmunitario del organismo es tan débil que no puede defenderlo de las enfermedades que lo atacan. Cuando en los noticieros escuchas que alguien murió de SIDA, en realidad significa que la persona murió debido a alguna enfermedad, como el sarcoma de kaposi, contra la que no se pudo defender por tener SIDA.

Cuando una persona tiene VIH/SIDA el sistema inmunitario ya no puede proteger al organismo contra las enfermedades. Esto permite que se instalen otras enfermedades y avancen hasta que finalmente matan a la persona.

En los Estados Unidos, cerca de un millón de personas han sido infectadas con el virus que causa el VIH/SIDA y alrededor de la mitad de ellas ha muerto por enfermedades relacionadas con el SIDA. En algunos lugares, como África y Asia, la cantidad de infectados con el VIH y de muertos a causa de enfermedades relacionadas con el SIDA es mucho mayor y asciende a las decenas de millones.

¿Qué es el sistema inmunitario y cómo funciona?

El sistema inmunitario es el sistema de defensa de nuestro organismo contra gérmenes tales como bacterias, hongos, protozoos y otros diminutos y desagradables virus. Cada vez que un germen entra en nuestro cuerpo, el sistema inmunitario lo rodea y lo destruye antes de que pueda crecer y multiplicarse. Si no lo destruye, el germen se propagará hasta matarnos. De modo que es muy importante que tengamos un sistema inmunitario fuerte que nos proteja.

Cuando un germen entra en nuestro organismo, generalmente llega al torrente sanguíneo. Allí hay pequeñas células que actúan como soldados eliminando los enemigos que se acercan. Estos soldaditos se llaman "glóbulos blancos", o, más específicamente, "linfocitos T" (o "células T"). Estas células T nos protegen de enfermedades, pues atacan a los gérmenes que entran en el cuerpo. Normalmente, las células T rodean al germen e intentan destruirlo antes de que pueda multiplicarse y propagarse dentro del organismo. Mientras las células T se encargan de atacar al germen, el organismo produce, además, algo denominado "anticuerpos". Los anticuerpos actúan como banderas o uniformes con colores enemigos que rodean a los gérmenes, con lo cual ayudan a que las células T los encuentren para destruirlos. Cuando las células T ven una bandera o uniforme de un anticuerpo, saben que en su interior hay un germen enemigo y entonces lo atacan y destruyen. Finalmente, exterminan los gérmenes enemigos, y el individuo se cura o comienza a sentirse mejor. Esto ocurre todos los días dentro de nuestro cuerpo sin que siquiera lo notemos.

¿Qué hace que una persona desarrolle SIDA?

La mayoría de los científicos considera que el virus causante del SIDA se llama VIH.

VIH significa "virus de la inmunodeficiencia humana". Éste es otro caso en el que un nombre quizás no te explique demasiado. En pocas palabras, el virus de la inmunodeficiencia humana es el que debilita el sistema inmunitario del organismo. Este virus comienza a destruir el sistema inmunitario de la persona hasta que el cuerpo no puede protegerse más de las enfermedades. Cuando el sistema inmunitario es tan débil que no puede proteger al cuerpo, decimos que la persona tiene VIH/SIDA.

¿Cómo hace el VIH para destruir el sistema inmunitario?

El VIH destruye las células T. En pocas palabras, sin células T no existe sistema inmunitario que pueda proteger al organismo. Si no hay sistema inmunitario que proteja al cuerpo, los gérmenes entran, se propagan y la persona muere.

Cuando el VIH entra en el cuerpo, las células T intentan atacarlo. Empiezan a producirse anticuerpos a fin de identificar el VIH, de modo que las células T puedan atacarlo más fácilmente. Pero el VIH es muy tramposo. En lugar de que las células T ataquen y destruyan el VIH, el VIH busca la forma de entrar en las células T y así ¡logra reproducirse! En poco tiempo, el VIH se ha multiplicado tantas veces en una célula T que la hace explotar y liberar en el cuerpo todas las copias del virus VIH que se reprodujeron. Una vez liberado en el cuerpo, el nuevo VIH tratará de encontrar más células T para repetir el

El VIH mata las células T

Entonces los gérmenes se pueden propagar por el cuerpo

proceso. A medida que se van destruyendo las células T, más se debilita el sistema inmunitario. Se considera que una persona tiene SIDA cuando sus células T se reducen aproximadamente a sólo 200 por milímetro cúbico de sangre (en una persona sana, hay entre 1,000 y 2,000 células T por milímetro cúbico de sangre). Cuando sólo quedan alrededor de doscientas células T, el sistema inmunitario es tan débil que el cuerpo ya no puede defenderse de las enfermedades y el individuo puede contraerlas con mucha facilidad y morir.

Si sigues sin entender bien cómo el VIH destruye el sistema inmunitario, lee el cuento "SIDA en el Castillo Corpus" y trata de relacionar los personajes con los términos que hemos utilizado hasta ahora para explicar el SIDA.

SIDA en el Castillo Corpus

Había una vez un noble y riquísimo rey llamado Vivanco Vidal.

El rey Vivanco Vidal habitaba el hermoso Castillo Corpus, que sus padres habían hecho construir para él antes de que naciera. El Castillo Corpus era verdaderamente magnífico. Desde sus torres se podía ver cómo el reino se extendía millas a la redonda. En el verano, lo refrescaban las delicadas lloviznas vespertinas y, en el otoño, inundaba sus rincones el dulce aroma de las huertas circundantes.

El rey Vivanco Vidal de Corpus era un hombre feliz, pero de vez en cuando tenía sus problemas, pues en su reino vivían pequeños pero feroces guerreros nómadas que constantemente buscaban castillos para destruir y apropiarse de ellos. Los tres grupos de guerreros más peligrosos eran los canceráticus (con sus manchas rojas y violetas), los eternos tosedores neumatíticus y los cabezones meningíticus.

Líder de los Canceráticus

Durante años, los canceráticus, neumatíticus y meningíticus intentaron entrar al Castillo Corpus y matar al rey Vivanco Vidal, pero siempre eran vencidos por las guardias del Rey: las celotas.

Mil celotas patrullaban el castillo protegiendo al Rey. Desde su nacimiento, las celotas habían sido entrenadas para reconocer al enemigo y destruirlo. Siempre y cuando las celotas estuvieran de guardia, el castillo y el Rey estaban a salvo.

Líder de los Meningíticus

Un día, después de que derrotaran brutalmente a los canceráticus, neumatíticus y meningíticus, los líderes de estos grupos nómadas decidieron reunirse y elaborar un plan para matar al rey Vivanco Vidal y apropiarse del Castillo Corpus de una vez por todas.

"Si sólo pudiéramos vencer a las celotas, podríamos destruir fácilmente al rey Vivanco Vidal y adueñarnos de su castillo", comentó el líder de los meningíticus.

Líder de los Neumatíticus

"¡Pero las celotas son muchas, demasiado inteligentes y están muy bien entrenadas!", contestó el líder de los neumatíticus.

"Lo que necesitamos es una forma de destruir a las celotas para poder llegar hasta el rey", propuso el líder de los canceráticus.

Los tres líderes se preguntaban cómo podían superar a las celotas en número para poder matar al Rey.

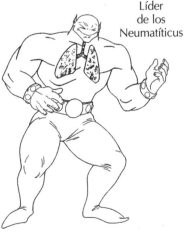

De repente, el líder de los canceráticus recordó haber escuchado de la existencia de un joven y bien parecido nómada llamado Vihuelo. Se decía que Vihuelo padecía una maldición por la cual su beso era mortal.

"Si pudiéramos encontrar a Vihuelo", especuló el líder de los canceráticus, "podríamos llevarlo al Castillo Corpus para que con su beso matara a las celotas".

Inmediatamente, los tres líderes nómadas empezaron a mover cielo y tierra en todo el reino para encontrar a Vihuelo. Los tres buscaron durante días y semanas, pero Vihuelo no aparecía. "¿No será un mito este famoso Vihuelo?", se preguntaban.

Celota

Justo cuando los tres líderes nómadas

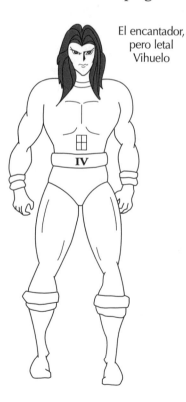

El encantador, pero letal Vihuelo

estaban a punto de darse por vencidos, allí, en la deteriorada torre de un castillo, encontraron sentado al más elegante y atractivo joven que jamás hayan visto. Su largo cabello azabache le llegaba hasta los hombros y sus centelleantes ojos verdes cual esmeraldas hechizaban a quienquiera que los mirara. Pero eran sus labios lo más cautivante, y en última instancia, lo más terrible en él. Eran carnosos, rojos como el rubí y parecían exigir ser besados.

Los tres nómadas, absortos ante los rasgos del joven, le preguntaron si era realmente el Vihuelo del que habían oído hablar. Con un suave y tranquilizador movimiento de labios, sonrió y gritó a viva voz: —"Sí, soy Vihuelo. ¿Por qué me buscan?"

Los tres nómadas le explicaron su plan para tomar el Castillo Corpus y adueñarse de él y cómo

Vihuelo podía ayudarlos. El plan era hacer que él entrara en el castillo y, con sus encantos y deslumbrante belleza, hiciera que lo besaran tantas celotas como fuera posible. Una vez que la mayoría de las celotas estuvieran muertas y dejaran de interponerse en el camino, los canceráticus, neumatíticus o meningíticus podrían tomar fácilmente el Castillo Corpus y matar al rey Vivanco Vidal. Como retribución por la ayuda de Vihuelo, se le permitiría vivir en el Castillo Corpus todo el tiempo que quisiera.

Vihuelo estaba cansado de vivir entre escombros, de modo que decidió colaborar.

Una oscura noche, mientras los canceráticus, neumatíticus y meningíticus esperaban escondidos pacientemente, Vihuelo se aproximó a la entrada del Castillo Corpus y golpeó las inmensas puertas de roble. Una de las guardias celotas preguntó con una voz amenazante: "¿Quién llama detrás de esta puerta?"

Vihuelo respondió: "Mi nombre es Vihuelo y vengo de una tierra muy lejana. Tengo hambre y estoy muy cansado. Necesito de su generosidad. ¿Sería tan amable de dejarme pasar?"

La guardia celota respondió bruscamente: "Retírate. ¡No puedes entrar!"

Vihuelo insistió: "No puedo continuar. Con agrado te daré cualquier cosa que desees a cambio de una sola noche de hospedaje".

La guardia celota abrió con violencia e ira la inmensa puerta de roble dispuesta a decapitar al nómada, pero en el momento mismo en que iba a hacerlo, miró a Vihuelo a los ojos y quedó subyugada.

El nómada era la criatura más bella que había visto jamás. Conmovida, no podía dejar de mirar los ojos del joven y en segundos cayó presa de su encanto. La guardia celota rápidamente hizo entrar a Vihuelo al Castillo Corpus y lo reconfortó. Le dio comida, bebida y ropa abrigada.

Vihuelo le expresó lo agradecido que estaba por su amabilidad y rodeó con sus brazos los fuertes hombros de la celota en lo que parecía ser un abrazo afectuoso. Mientras sentía cómo esos brazos la envolvían, la celota miró fijamente a los seductores ojos de Vihuelo. Error fatal. Sus labios besaron los de ella y luego de un momento de cálida, pasional y absoluta felicidad, ella cayó al suelo muerta como una bolsa de papas.

Vihuelo comenzó a avanzar por el inmenso castillo rápida y sigilosamente. Cada vez que una celota se le acercaba, parecía tener las palabras justas para conquistarla y fascinarla hasta que el beso de la muerte cobraba una nueva víctima. Una a una, las protectoras del castillo fueron destruidas. En poco tiempo, solo quedaron 200 celotas para proteger al rey Vivanco Vidal y al Castillo Corpus.

Sabiendo lo que ocurría, los canceráticus, neumatíticus y meningíticus rápidamente se congregaron afuera de las murallas del castillo. Los grupos de guerreros nómadas sabían que finalmente su hora había llegado. Ya no había suficientes guardias para proteger al rey Vivanco Vidal. El primero que llegara y destruyera al Rey dominaría el castillo.

Como sanguinarios sabuesos, los guerreros devastaron el Castillo Corpus destruyendo todo lo que encontraban en su camino. Con actitud implacable, buscaron y buscaron al rey para destruirlo hasta que finalmente el líder de los canceráticus encontró lo que durante tantos años habían anhelado. El rey Vivanco Vidal sabía que estaba perdido. Con una sonrisa, el líder de los canceráticus miró al Rey por última vez, levantó su brazo y le asestó el golpe final. El rey Vivanco Vidal había muerto y el Castillo Corpus ahora les pertenecía a los canceráticus.

En este momento tal vez te estés preguntando: "¿Qué tiene que ver esta historia con el VIH o el SIDA?" A decir verdad, espero que no te estés haciendo esta pregunta, pero si lo estás, quisiera que veas cómo se relacionan los nombres de los personajes con los términos específicos que antes usamos para explicar el SIDA.

En lugar de:	Usa:
Rey Vivanco Vidal	Vida (una vida humana)
Castillo de Corpus	Cuerpo (cuerpo humano)
Celotas	Células T
Vihuelo	VIH (sarcoma de Kaposi)
Canceráticus	Cáncer
Meningíticus	Meningitis (una infección cerebral)
Neumatíticus	Neumonía (*neumocistosis*)

En el mundo real, el SIDA funciona de un modo muy similar a lo que sucede en el cuento. Los gérmenes enemigos intentan permanentemente atacar al cuerpo y destruir la vida, pero las células T nos protegen derrotando a esos gérmenes. Sin embargo, aparece un virus (VIH) que destruye nuestras células T hasta que sólo quedan muy pocas sobrevivientes. Nuestro organismo y nuestra vida se quedan desprotegidos y entonces los gérmenes enemigos entran y nos derrotan con mucha facilidad.

¿Cómo se contagia el SIDA?

El SIDA no se contagia, ¿recuerdas? Uno desarrolla el SIDA. El SIDA es una afección que el cuerpo padece cuando su sistema inmunitario se ha debilitado. Nadie puede contagiarte el SIDA. Lo que te contagias es el VIH, el virus que puede producir SIDA.

¿Cómo se contagia el VIH?

El VIH se puede contagiar solamente si líquidos corporales infectados con el VIH de otra persona entran en tu cuerpo. Los líquidos corporales de una persona que pueden presentar una concentración suficiente de VIH como para contagiar a otra son: la sangre, el semen, el líquido preeyaculatorio (que sale del pene antes de la eyaculación), las secreciones vaginales y la leche materna.

Otros líquidos corporales, como la saliva y las lágrimas, no tienen una concentración de VIH suficiente como para poder contagiar a otra persona. Incluso si te dieras besos "con lengua" (llamados también "franceses") con tu pareja y él o ella estuvieran infectados con el VIH, no habría suficiente concentración de VIH en su saliva como para contagiarte (si hubiera un poco de sangre mezclada con la saliva, la transmisión del VIH quizás sería posible, pero hasta la fecha no se han conocido casos de contagio a causa de besos con lengua). Si realmente no quieres correr ningún riesgo, reserva ese tipo de besos para alguien cuya prueba del VIH haya dado negativo.

Para que el VIH ingrese en tu organismo, los líquidos infectados deben entrar en un corte, una lastimadura u otra forma de apertura del cuerpo donde la piel esté lesionada. He aquí las formas en que se transmite (contagia) el VIH y los correspondientes líquidos corporales.

Formas	Líquidos
Coito vaginal (pene que entra en la vagina)	Sangre, semen, líquido preeyaculatorio, secreciones vaginales
Coito oral (uso de la boca para estimular los genitales)	Sangre, semen, líquido preeyaculatorio, secreciones vaginales
Coito anal (pene que entra en el ano)	Sangre, semen, líquido preeyaculatorio
Consumo de drogas (compartiendo jeringas para consumo de drogas inyectables)	Sangre
Transfusiones sanguíneas (recibir sangre de otro)	Sangre
Lactancia	Leche materna
De la madre al feto	Sangre
Perforaciones de aros en las orejas o el cuerpo (si se vuelven a utilizar los elementos infectados para la perforación)	Sangre
Tatuajes (si se vuelven a utilizar las agujas infectadas)	Sangre

También ha habido accidentes médicos en los que enfermeros o médicos se clavaron accidentalmente jeringas usadas u otros objetos punzantes que tenían sangre infectada con VIH.

Las dos formas más comunes de contagiarse VIH son tener relaciones sexuales (de cualquier tipo) sin protección y compartir jeringas para consumo de drogas inyectables. Las relaciones sexuales sin protección son responsables del 70% de todos los contagios de VIH en los Estados Unidos. Por su parte, el uso compartido de jeringas infectadas para consumo de drogas inyectables es responsable del 25% de todos los contagios de VIH en ese país.

Las personas pueden tener lesiones microscópicas en el pene (alrededor de su orificio) o adentro o alrededor de la vagina que no se pueden ver ni sentir durante el coito. Si sangre, semen, líquido preeyaculatorio o secreciones vaginales infectadas entran en contacto con esas lesiones en la piel, el VIH puede entrar en el organismo y la persona se puede infectar.

Las personas que tienen relaciones sexuales anales corren un riesgo particular de contagiarse porque las capas de la piel que rodean el ano y el colon son muy delicadas y delgadas y se lesionan fácilmente. El coito anal puede causar desgarros en la piel y sangrado. Si una de las dos personas está infectada, existen muchas probabilidades de que la otra se contagie.

Si tienes relaciones sexuales vaginales, orales o anales, el uso adecuado de condones ayudará a prevenir la infección con VIH. Si bien el condón no es 100% eficaz para prevenir el contagio del VIH (ya que puede romperse o no usarse correctamente), es la mejor forma de prevención después de la abstinencia (la abstinencia consiste en no practicar ningún tipo de coito).

El uso compartido de jeringas infectadas para el consumo endovenoso de drogas también pone a una persona en situación de riesgo de contagiarse el VIH (en caso que no lo sepas, "endovenoso" o "intravenoso" (iv) significa "en el interior de la vena"). La gente que consume drogas como la heroína, cocaína o esteroides, por ejemplo, llena una jeringa con droga y luego se la inyecta en una vena en el brazo (o en otra parte del cuerpo). Ahora bien, ¿qué hay en las venas? Sangre. Si una persona infectada con VIH se inyecta una jeringa en el brazo, ¿qué habrá en la punta y en el interior de la jeringa ahora? Tú lo has dicho: sangre. ¡Sangre infectada! Luego, esta persona le pasa la jeringa a otra para que la use. Si esta segunda persona se inyecta la jeringa en la vena, ¿imaginas qué pasa? La sangre infectada de la jeringa pasará al brazo de esta segunda persona y se contagiará el VIH.

Si consumes drogas endovenosas y no usas la jeringa de otros, no tienes que preocuparte por contagiarte el VIH (sólo debes preocuparte por todos los otros efectos negativos del consumo de drogas). Si compartes jeringas con otra gente, lava perfectamente el interior y el exterior de la jeringa con una mezcla de lejía y agua. Eso eliminará la sangre infectada y destruirá el VIH.

La buena noticia es que si no tienes ninguna de estas conductas de riesgo, no debes preocuparte por contagiarte el VIH. Es importante insistir en esto: si no tienes relaciones sexuales, ni usas jeringas con drogas de otra gente ni recibes transfusiones de sangre, ¡no tienes que preocuparte por contagiarte el VIH!!

¿Cuales son las conductas de mayor y menor riesgo de contagio del VIH?

CONDUCTA	MUY RIESGOSA	RIESGOSA	SEGURA
Abstinencia (de sexo y de drogas)			X
Uso de drogas endovenosas	X		
Coito anal	X		
Coito oral	X		
Coito vaginal	X		
De la madre al feto	X		
Tatuajes		X	
Perforaciones de aros en las orejas/cuerpo		X	
Besos con lengua		X	
Besos sociales (en la mejilla o sin la lengua)			X
Recibir transfusiones de sangre		X	
Donar sangre			X
Estrechar la mano			X
Abrazar			X
Compartir asientos de inodoros			X
Usar piscinas			X
Estornudar o toser			X
Compartir vasos			X

¿Cuáles son las formas en las que no se transmite el VIH?

El VIH no se transmite mediante contactos casuales. Puedes vivir, trabajar e ir a la escuela con gente infectada con el VIH, e incluso con SIDA, y demostrarles afecto (abrazarlos y besarlos) sin tener que preocuparte por contagiarte. De hecho, probablemente todos los días estés en contacto con personas infectadas con el VIH y ni siquiera lo notes.

El VIH no se transmite por el aire. No es como el resfriado común o la gripe. Solamente se transmite cuando líquidos corporales infectados de otra persona entran en tu organismo.

El VIH no se transmite:
- Por el uso compartido de tenedores, cuchillos, cucharas o servilletas;
- Por el uso compartido de artículos deportivos;
- Por ir a la misma escuela;
- Por picaduras de mosquitos.

¿Quién se puede contagiar el VIH?

Cualquier persona que tenga conductas de riesgo, como tener relaciones sexuales sin protección o compartir jeringas infectadas para drogas endovenosas se puede contagiar. Sí, ¡incluso tú!

Lo que te puede poner en una situación de riesgo de contagio no es quién eres, sino lo que haces. Independientemente de si eres blanco, negro, hispano, asiático, indio, rico, pobre, heterosexual (te atraen las personas del sexo opuesto), homosexual (te atraen las personas de tu mismo sexo), bisexual (te atraen las personas de ambos sexos), inteligente, no tan inteligente, apuesto o no tan apuesto, si tienes conductas de riesgo, como las relaciones sexuales sin protección o el uso compartido de jeringas infectadas para inyectarte drogas, puedes contagiarte el VIH.

¿Cómo sabe una persona que contrajo SIDA?

Repetimos, sólo un profesional de la medicina capacitado (un médico, por ejemplo) puede determinar si una persona tiene SIDA. No obstante, se considera que una persona lo tiene cuando presenta los siguientes síntomas:

- Doscientas células T o menos (una persona sana, normal, tiene un promedio de entre 1,000 y 2,000 células T por milímetro cúbico de sangre).
- Es VIH positivo (la persona tiene el VIH en su organismo).
- Tiene una o más de las siguientes enfermedades: sarcoma de Kaposi, meningitis, neumocistosis, tuberculosis o cáncer cervical, entre otras.

Cuando una persona presenta estos 3 síntomas, se dice que tiene SIDA.

¿Qué aspecto tiene una persona con SIDA?

Normal. Con sólo mirar a una persona no puedes darte cuenta si tiene SIDA. Una persona con SIDA puede tener buen aspecto, sentirse bien e incluso puede no saber que está infectada. Si vas a tener relaciones sexuales, usa condones (incluso si la otra persona parece tierna e inocente). Debes suponer que la persona está infectada y que no lo sabe.

¿Se puede contraer el VIH/SIDA de alguien que no lo tiene?

No. Una persona que no está infectada con el VIH no puede contagiar a otros. Sin embargo, el problema es que la mayoría de quienes están infectados con el VIH no lo saben.

La única forma en la que puedes estar seguro de que una persona está infectada o no es si se realizó una prueba para detectar el VIH y le dio negativo, suponiendo que la persona no se hizo la prueba durante el "periodo ventana".

¿Qué es el "periodo ventana"?

El "periodo ventana" es el lapso durante el cual una persona está infectada con el VIH pero la prueba de detección del virus da negativo. El "periodo ventana" comienza cuando una persona se infecta y termina aproximadamente 6 semanas después (aunque puede durar hasta 6 meses). Su peligro radica en que la persona VIH

¡Cualquier persona puede ser infectada por el VIH!

positiva puede realizarse una prueba para detectar el VIH y, a pesar de que le dé negativo (es decir, no se detectó el VIH), igualmente puede contagiar a otras personas.

¿Cuáles son las pruebas que se realizan para detectar el VIH?

Las dos pruebas usadas con más frecuencia para detectar el VIH en el organismo son: la prueba de Elisa y la transferencia de Western. Ambas se denominan "pruebas de anticuerpos" porque buscan en la sangre una concentración de los anticuerpos que se producen cuando hay VIH. Cuando el VIH entra en el organismo, se producen anticuerpos en un lapso de pocas horas. No obstante, generalmente se necesitan entre seis semanas y seis meses para que haya una cantidad suficiente de anticuerpos que pueda detectarse con la prueba de Elisa o la transferencia de Western (a veces puede haber una cantidad suficiente de anticuerpos a las dos semanas, pero no es lo más frecuente).

Generalmente primero se realiza la prueba de Elisa. Si resulta positiva (lo cual indica la presencia de anticuerpos en la sangre), se realiza una transferencia de Western para confirmar el resultado de la prueba de Elisa.

¿Cuánto cuestan las pruebas para detectar el VIH?

Las pruebas para detectar anticuerpos (Elisa y transferencia de Western) pueden ser gratuitas o tener un costo que ascienda hasta aproximadamente $40 o más, según el lugar. Las clínicas de salud pública probablemente tengan los precios más bajos, mientras que los médicos particulares, los más altos.

¿Puedo hacerme una prueba para detectar el VIH sin que nadie se entere?

Por supuesto. Existen dos formas en las que se pueden realizar: una es confidencial y la otra, anónima. Con una prueba anónima nadie conoce tu identidad.

Cuando llegues a la clínica para una prueba anónima, probablemente te hagan algunas preguntas, como en qué zona vives y otras de carácter personal, por ejemplo, con cuántas personas tuviste relaciones sexuales. Sin embargo, no se te pedirá tu nombre ni se utilizará la información que suministres para averiguar quién eres. Cuando te realicen las pruebas, el enfermero pondrá un código de barras en tu muestra de sangre y te dará el número para que lo conserves (los códigos de barras son los cuadros con líneas negras que tienen los artículos comerciales y que los cajeros leen con un escáner). Este sistema es muy práctico porque cuando regreses para conocer los resultados, lo único que te pedirán es que muestres tu código de barras. La persona que te dé los resultados no sabrá tu nombre.

Lamentablemente, no obstante, cada vez se hacen menos pruebas anónimas. Quizás tengas que buscar mucho hasta encontrar un establecimiento que las realice.

Luego de darte los resultados, un consejero probablemente querrá hablar contigo. Si la prueba resultó positiva, coordinarán una transferencia de Western para confirmar el resultado de la prueba de Elisa. Si la transferencia de Western también da positivo, te informarán sobre los distintos tratamientos y sobre qué hacer a partir de entonces.

Si los resultados son negativos, el consejero te explicará brevemente cómo prevenir el contagio del VIH y te dará folletos informativos.

Las pruebas confidenciales son algo diferentes. En primer lugar, se te pedirá tu nombre y alguna identificación personal, como tu licencia de conducir, para confirmar tu identidad. En segundo lugar, si la prueba es positiva, se registrará tu nombre y se lo enviará a los Centros para el Control y la Prevención de Enfermedades (CDC, por sus siglas en inglés). Además, si usas un seguro médico para cubrir el costo de la prueba, se enviará tu nombre a la compañía de seguros, para la cual, generalmente, ésta no es una buena noticia. De hecho, es posible que la compañía de seguros aumente drásticamente las cuotas que debes pagarle o que directamente intente encontrar una forma de darte de baja.

En pocas palabras, si prefieres que no se conozca tu identidad, trata de encontrar una clínica que realice pruebas anónimas.

¿Cuánto tengo que esperar para que me den los resultados de la prueba del VIH?

Eso depende de la clínica o del médico. En algunos lugares los resultados se dan el mismo día o al día siguiente y en otros, aproximadamente una semana después. Actualmente hay pruebas aún más rápidas, cuyos resultados están listos en minutos, pero puede resultar difícil encontrar lugares donde las realicen.

¿Puedo llamar por teléfono para que me den los resultados de la prueba del VIH?

No. Debes ir personalmente a buscar los resultados a la clínica. No te los darán por teléfono.

¿Cómo puedo saber si me contagié el VIH?

No puedes saberlo, a menos que te hayas realizado una prueba para detectarlo. De hecho, muchas personas no se dan cuenta de que están infectadas con el VIH hasta que desarrollan SIDA y consultan al médico para saber qué les ocurre, momento en el cual la situación ya es mucho más difícil de controlar.

Los únicos signos o síntomas que pueden aparecer se presentarán entre 4 a 6 semanas después del contagio. Se suele sentir algo similar a una gripe, pero luego se pasa y nunca se sospecha que en realidad uno se contagió el VIH. Posteriormente, uno se siente y se ve absolutamente normal. Cuando se desarrolla el SIDA, el recuento de las células T desciende a doscientos o menos, las glándulas linfáticas del cuello y axilas se inflaman y aparecen fiebres, sudación nocturna, fatiga, náuseas (deseos de vomitar), diarrea, sarpullido, cansancio y pérdida de peso. En ese momento, otras enfermedades pueden atacar al organismo y comenzar a avanzar, como la neumocistosis, el sarcoma de Kaposi, la meningitis, la tuberculosis y el cáncer cervical.

¿En cuánto tiempo se desarrolla el SIDA luego del contagio del VIH?

Esto varía según la persona. La mitad de la gente VIH positiva desarrolla SIDA entre 8 y 11 años después de haberse contagiado. La otra mitad lo desarrolla antes de pasados 8 años o después de 11. Algunos lo desarrollan a los meses de producido el contagio. No obstante, hay quienes se contagiaron el VIH hace 16 años o más y aún no desarrollaron SIDA.

¿Por qué algunas personas con VIH desarrollan SIDA a los pocos meses y otros recién lo hacen después de varios años?

Esto depende en gran medida de qué variedad (cepa) del VIH haya infectado al individuo, del nivel de cuidados de salud que practique y de sus posibilidades de obtener y usar los mejores medicamentos disponibles.

¿Cuánto tiempo puede vivir una persona después de haber desarrollado el SIDA?

Esto también varía, pero generalmente entre uno y dos años después de desarrollar SIDA, el individuo muere. Normalmente, lo mata una de las enfermedades "oportunistas", como la neumocistosis, el sarcoma de Kaposi, la meningitis, la tuberculosis o el cáncer cervical.

¿Existe una cura o tratamiento para el VIH o el SIDA?

No existen curas para el VIH ni para el SIDA. Por esa razón lo mejor es no contraerlos. Actualmente hay medicamentos que ayudan a detener la propagación del VIH y el debilitamiento del sistema inmunitario. Gracias a esos medicamentos, mucha gente infectada con el VIH vive más tiempo. Lamentablemente, parece que con los años los medicamentos pierden su potencia y eficacia y la gente desarrolla SIDA de todos modos. Además, son muy caros y no están disponibles para quienes no pueden pagarlos. Otro de los inconvenientes es que los medicamentos son muy agresivos para el organismo y pueden tener muchos efectos secundarios desagradables. Si deseas obtener más información acerca de los tratamientos, llama al Servicio de información sobre el tratamiento del VIH/SIDA (HIV/AIDS Treatment Information Service) al 1-800-448-0440 (es una línea para llamadas gratuitas y confidenciales) en EE. UU.

Después de que una persona se contagia el VIH, ¿cuándo puede transmitírselo a otros?

Inmediatamente. Si bien nadie sabe con certeza el momento exacto en que una persona se vuelve contagiosa, se presume que puede contagiar a otros inmediatamente después de infectada con el VIH.

¿Inevitablemente me voy a contagiar si tengo relaciones sexuales sin protección con alguien que está infectado?

No. Existe una posibilidad de que no te contagies. Pero, ¿por qué arriesgarte?

¿Debería hacerme las pruebas del VIH?

¡Por supuesto! Si alguna vez tuviste relaciones sexuales vaginales, orales o anales sin condón o consumiste drogas inyectables, deberías hacerte una prueba del VIH.

¿Debería apartarme de gente con SIDA?

¡Claro que no! Las personas con SIDA son seres humanos exactamente iguales a ti y necesitan amor, atención y cuidados, como todos los demás. Usa lo que sabes acerca del SIDA para tratar a quienes lo padecen como tratarías a cualquier otra persona. Lamentablemente, quienes no tienen información acerca del SIDA a veces se asustan y tratan mal, evitan o abandonan a quienes tienen el síndrome (o son VIH positivos). No permitas que la ignorancia te impida tratar a quienes tienen VIH/SIDA como seres humanos. Ellos son quienes más necesitan tu cariño y comprensión.

¿Dónde puedo obtener más información acerca del SIDA y el VIH?

Llama a la Línea Nacional del SIDA de los CDC (1-800-342- AIDS (2437)). Es una línea para llamadas gratuitas disponible las 24 horas, todos los días, destinada a contestar cualquier pregunta que puedas tener acerca del SIDA.

Si tienes más preguntas acerca de las enfermedades de transmisión sexual o alguna otra inquietud relativa a la sexualidad, puedes encontrar información adicional o realizar consultas en: Youth Embassy, http://www.YouthEmbassy.com.

9

Aborto

Como probablemente ya sepas, el aborto es un tema candente y todo el mundo parece tener una opinión al respecto con un argumento convincente para respaldarla. ¿Debería legalizarse el aborto? ¿No debería permitirse bajo ninguna circunstancia? ¿Debería permitirse sólo en ciertos casos? ¿Es una operación segura? ¿Qué ocurriría si el aborto no fuera legal? Hay muchos aspectos por considerar en este tema. ¿Cuál es tu postura?

¿Qué es un aborto?

El aborto es la interrupción de un embarazo y puede realizarse mediante una intervención quirúrgica o el uso de determinados medicamentos.

¿Son legales los abortos?

Actualmente, los abortos son legales en los Estados Unidos debido a un juicio que marcó un hito en 1973 llamado "Roe vs. Wade". El resultado de este caso les concedió a las mujeres embarazadas el derecho a interrumpir legalmente sus embarazos.

¿Son seguros los abortos?

Los abortos realizados por un médico calificado en una etapa temprana del embarazo son seguros. De hecho, un aborto legal realizado por un médico calificado es más seguro que un embarazo y un parto a término. Pero un aborto ilegal realizado por una persona que no sea un médico calificado es muy peligroso.

¿Adónde puede acudir una mujer para realizarse un aborto?

Depende de donde vivas, un lugar donde médicos calificados realicen abortos puede ser difícil de encontrar. Además, no siempre se realizan abortos ni hay personal calificado en los lugares donde se los anuncia.

Probablemente el mejor lugar para comenzar la búsqueda sea el centro local de Planned Parenthood. Si bien no todos los centros de Planned Parenthood practican abortos, la mayoría ofrece asesoramiento, apoyo e información acerca de clínicas calificadas que los realizan en tu área.

Planned Parenthood también brinda apoyo y asesoramiento prenatal a aquellas mujeres que no quieren abortar. Si deseas saber cuál es el centro de Planned Parenthood más cercano, llama al 1-800-230-7526 en EE. UU. Otro número para llamadas gratuitas es el de la Federación Nacional del Aborto (National Abortion Federation): 1-800-772-9100 en EE. UU.

¿Cómo se realiza un aborto?

Existen varios métodos. El más común es el de la aspiración por vacío. En este procedimiento la mujer se recuesta en una camilla como si se le fuera a realizar una exploración pélvica o una prueba de Papanicolaou. El médico le inserta un delgado tubo en la vagina y el cuello uterino. Una vez que este delgado tubo está dentro del útero, el médico extrae mediante succión el contenido del útero, como un suave aspirado. El procedimiento en sí dura aproximadamente de cinco a quince minutos y la mujer debe realizar reposo por lo menos durante una hora antes de poder volver a su domicilio. Se calcula que la paciente debe permanecer en la clínica aproximadamente de dos a seis horas en total. Generalmente la aspiración por vacío se realiza entre la 8ª y la 12ª semana de embarazo.

Otro tipo de procedimiento posible es el denominado "dilatación y evacuación" (D y E). Se recurre a una dilatación y evacuación cuando la mujer no se entera que está embarazada antes de la 12ª semana de embarazo. Generalmente se realiza entre la 12a y la 24ª semana de embarazo. Mediante este procedimiento, se abre (dilata) el cuello uterino y mediante la succión se extrae el contenido del útero. Dado que el embarazo se encuentra en una etapa más avanzada, se utiliza una cureta (un pequeño instrumento filoso) para raspar suavemente las paredes del útero y así asegurar su vaciado completo.

¿No hay una píldora que se pueda tomar?

En realidad sí. Existe un aborto médico que utiliza un medicamento denominado mifepristona (también llamado RU 486). En lugar de este medicamento, a veces se puede usar otro llamado metotrexato para el mismo fin. Cualquiera de los medicamentos se usa para interrumpir el embarazo.

El médico asesorará a la mujer y luego la examinará. Si la mujer desea realizarse un aborto médico, se le administrará mifepristona o metotrexato. A los pocos días de haber tomado una de las dos drogas, la mujer tomará otro medicamento denominado misoprostol para completar el aborto. Varios días después, la mujer deberá regresar a la clínica o al consultorio médico para realizarse un chequeo y asegurarse de que el aborto se haya completado. Este tipo de aborto puede realizarse entre los 49 y 63 días (aproximadamente de 7 a 9 semanas) después del último periodo menstrual.

¿Puede una mujer realizarse un aborto por sí sola?

Lamentablemente, algunas mujeres embarazadas no cuentan con los medios disponibles para realizarse un aborto seguro y tratan de realizarlo por cuenta propia, lo cual es sumamente peligroso. Las mujeres que intentan realizarse un aborto por sus propios medios pueden quedar estériles (incapaces de tener hijos) o incluso morir en el proceso. Al igual que como con cualquier cirugía, sólo un médico calificado debe llevar a cabo un aborto.

¿Beber vinagre puede producir un aborto?

No, el vinagre no produce un aborto. Existen numerosos mitos acerca de lo que una mujer puede hacer o beber para producir un aborto. Toda mujer que desee realizarse un aborto y recibir ayuda con su decisión puede comunicarse con Planned Parenthood (1-800-230-7526) o con la Federación Nacional del Aborto (National Abortion Federation) (1-800-231-9100). Si luego decide abortar, estas organizaciones la ayudarán a encontrar un médico que pueda realizar un aborto seguro.

¿Puede una mujer tener hijos después de tener un aborto?

Sí. Los abortos legales no generan ningún problema de infertilidad con posterioridad a un aborto. La mujer podrá tener hijos normalmente.

¿Producen cáncer de mama los abortos?

No, los abortos no producen cáncer de mama.

¿Es correcto abortar?

Esto depende absolutamente de a quién le preguntes. Por si no lo sabes, en los Estados Unidos se debate muy seriamente si se deben permitir o no los abortos. Hay dos grupos mayoritarios que lo discuten.

PRO-VIDA. Este grupo considera que la vida humana comienza luego de la concepción. Para este grupo, por lo tanto, la madre no tiene ningún derecho a abortar o "matar la vida humana" que crece en su interior. Este grupo cree que más allá de cómo o por qué una mujer queda embarazada, ella no tiene derecho a interrumpir un embarazo o una "vida" y debe dar a luz y criar a su hijo o entregarlo en adopción.

PRO-ELECCIÓN. Este otro grupo no considera necesariamente que el aborto sea correcto, pero cree que la mujer debe tener el derecho o la opción de tomar la decisión de abortar si lo desea. Para este grupo, las mujeres deben tener a su disposición métodos seguros y legales para realizarse abortos.

En los Estados Unidos, eres libre de pensar lo que quieras. Pero debes recordar que el hecho de que una persona tenga una opinión diferente no la hace una mala persona sino, simplemente, alguien cuya forma de pensar y sentir difieren de la tuya. Puedes querer o ser el mejor amigo de alguien que tenga una opinión diferente, ya que las opiniones nunca deben ser motivo de hostilidad o violencia.

¿Debo abortar?

He aquí algunas preguntas que conviene plantearse antes de tomar esa decisión:

- Estoy lista (económica, emocional y psicológicamente) para criar un ser humano desde su nacimiento hasta su adultez?
- ¿Qué tipo de apoyo voy a tener del padre?
- ¿Cómo me sentiría si diera a mi hijo en adopción?
- ¿Considero que está bien abortar?
- ¿Cómo me sentiré sabiendo que aborté?

¿Parece una decisión difícil? ¡Lo es! Es conveniente que busques la ayuda de un adulto imparcial que no te juzgue por la situación que estás atravesando. El problema, sin embargo, es encontrar un adulto que no quiera imponerte sus creencias o deseos, sino que sea capaz de ayudarte a tomar la decisión que tú quieras y que sea la mejor para ti. Planned Parenthood (1-800-230-7526) o la Federación Nacional del Aborto (National Abortion Federation) (1-800-231-9100) también cuentan con profesionales capaces de comprender tu situación, explicarte qué opciones tienes y ayudarte a tomar una decisión sin presionarte en ningún sentido.

Tenga cuidado: Existen lugares autodenominados "Centros para crisis de embarazos" (Crisis Pregnancy Centers) o que tienen otros nombres aparentemente profesionales y tratan de atraer mujeres embarazadas a sus oficinas para asustarlas, hostigarlas y hacerles tomar la decisión que ellos quieren. Aparentemente, este tipo de lugares están proliferando, así que sé precavida. Nuevamente, si te comunicas con Planned Parenthood o con la Federación Nacional del Aborto (National Abortion Federation), podrás hablar con alguien que te brinde información imparcial y te ayude con lo que sea que tú decidas, ya sea dar a luz, dar el bebé en adopción o abortar.

¿Por qué una mujer puede querer abortar?

Existen numerosas razones por las cuales una mujer puede contemplar la posibilidad de abortar:

- Quizá no se sienta emocionalmente preparada para ser madre.
- Quizá no cuente con apoyo emocional o económico para criar un hijo.
- Quizá crea que no podrá darle a un hijo la clase de vida que desearía.
- Quizá no posea las habilidades o recursos necesarios para brindarle a un hijo un entorno seguro y saludable.
- Quizá tenga metas educativas o profesionales que tendría que posponer.
- Quizá su pareja no quiera tener un hijo o no posea las habilidades o recursos para ser un buen padre.
- Quizá no esté preparada emocionalmente para llevar el embarazo a término y dar a luz.
- Quizá sea víctima de una violación o de incesto.

Existen numerosas razones por las cuales una mujer puede considerar la posibilidad de hacerse un aborto y éstas son sólo algunas. En los Estados Unidos se realizan aproximadamente un millón de abortos legales por año. Cada una de esas mujeres debe enfrentar esta difícil decisión y es de esperar que cuenten con la ayuda de alguien que les pueda brindar apoyo y comprensión.

¿Deben saberlo mis padres?

En la actualidad, algunos estados tienen leyes que exigen el permiso de los padres para que menores de 18 años se realicen un aborto. Para obtener más información acerca de las leyes del estado en el que vives, comunícate con Planned Parenthood (1-800-230-7526) o con la Federación Nacional del Aborto (National Abortion Federation) (1-800-231-9100).

¿Qué otras opciones existen además del aborto?

Por suerte para las mujeres que quedan embarazadas, otra posibilidad es la adopción. Los servicios de adopción le entregan el bebé a una pareja o familia que esté mejor preparada para criar un hijo durante muchos años.

Para obtener más información acerca de la adopción, comunícate con el Centro Nacional de Información sobre Adopciones (National Adoption Information Clearinghouse) al (888) 251-0075.

Si tienes más preguntas acerca del aborto, la adopción o alguna otra inquietud relativa a la sexualidad, puedes encontrar información adicional o realizar consultas en: (http://www.YouthEmbassy.com).

10

Cómo decir "no" a propuestas sexuales

Eres una persona especial con pensamientos, sentimientos y creencias propios. A lo largo de tu vida, te enfrentarás a situaciones en las cuales tendrás que defender lo que piensas, sientes y crees. A veces esto será fácil, pero en muchas ocasiones, la presión por tener que cumplir con lo establecido, ser como "todos los demás" o hacer lo que otra persona quiere que hagas es difícil de contrarrestar.

A medida que te veas más y más presionado a olvidarte de lo que piensas, sientas o creas, te verás tentado a buscar una salida fácil y renunciar a tus creencias con tal de hacer "feliz" a otra persona o simplemente para evitar que ella te siga presionando.

Todos hemos sido presionados para hacer cosas que no queríamos, y en esas situaciones casi siempre nos hemos sentido enojados o avergonzados con nosotros mismos debido a la presión. La clave del éxito en la vida consiste en aprender de los errores propios pero, más importante aún, de los ajenos.

Si puedes aprender de los errores que comenten otros, podrás evitarte muchos dolores de cabeza a lo largo de tu vida. Lamentablemente, millones de jóvenes cada año aprenden por las malas las lecciones acerca del embarazo adolescente o las enfermedades de transmisión sexual (como el VIH/SIDA) porque se niegan a aprender de los errores ajenos. He aquí una popular máxima de Basso que puede serte útil:

Un hombre inteligente aprende de sus errores. Un hombre sabio aprende de los errores ajenos. ¿Cuál de los dos serás?

Contrariamente a lo que piensa la mayoría, no todos los adolescentes tienen relaciones sexuales. De hecho, en las encuestas que les doy a mis alumnos de quince y dieciséis años que viven en algunas de las condiciones más duras de los Estados Unidos, sólo el 35% de las mujeres han tenido relaciones sexuales (lo cual significa que el 65% no las tuvo). Curiosamente, del 35% que sí tuvo relaciones, el 90% dice que se arrepiente y que desearía haber esperado.

Ahora, antes de que pienses que mis jovencitas mienten, quiero que sepas que las encuestas son anónimas (nadie da su nombre) y se completan de manera tal que nadie pueda ver lo que la persona de al lado está escribiendo. Año tras año, los resultados son muy similares.

En el caso de los varones es distinto. Alrededor del 60% de los varones de quince y dieciséis años dice haber tenido relaciones sexuales (el 40% no). Estos porcentajes se asemejan mucho a resultados de encuestas similares de todo el país. Como ves, no todos están teniendo relaciones sexuales.

Pero más importante que lo que otros hacen es qué harás tú. ¿Quieres evitar un embarazo no deseado? ¿Quieres evitar contagiarte alguna enfermedad de transmisión sexual (entre ellas el VIH/SIDA)? ¿Preferirías dejar el coito para cuando seas un poco más grande? Si tu respuesta a estas preguntas es "sí", tú y millones de adolescentes como tú deberían estar orgullosos de sí mismos y aprender a defender y proteger sus ideas, sentimientos y creencias. ¡Tú puedes hacerlo! Créeme que te alegrará haberlo hecho.

Entonces, ¿cómo puedo hacer para no tener relaciones sexuales si no quiero?

Antes de llegar a una situación de mucha presión, deberías saber lo siguiente:

PLANEA CON ANTICIPACIÓN. Antes de salir, debes saber adónde vas y qué vas a hacer.

BUSCA INDICIOS DE POSIBLES PROBLEMAS. Algunas cosas pueden desembocar en una situación problemática. Cerveza, refrescos de vino, alcohol, marihuana u otras drogas que se compran o consumen pueden terminar en problemas.

EVITA LUGARES "PELIGROSOS", es decir, donde no haya gente alrededor (como, por ejemplo, una casa donde no haya nadie, ir por la noche a parques o playas desiertas, etc.)

DEBES SABER CÓMO COMUNICAR TUS SENTIMIENTOS. Practica comunicarte verbalmente, mediante lenguaje corporal y usando palabras "de disuasión" (frases que te ayuden a salir de la situación). Debes practicar cada una de estas habilidades comunicativas hasta que las sepas como la palma de tu mano. Ve a algún lado por tu cuenta y practica mensajes verbales y frases de disuasión hasta que haya al menos dos o tres que sepas decir bien. Tal vez te parezca tonto estar de pie en un cuarto hablando sola, pero luego de memorizar y repetir cada frase diez o veinte veces, verás que se hace cada vez más fácil. Tal vez te digas a ti misma: "No necesito hacer esto" o "Llegado el momento voy a estar lista". Pensar así es un grave error. Cuando estás en una situación de mucha presión, tu mente tiende a bloquearse y generalmente no puedes pensar con claridad. Recuerda que estás en medio de una lucha entre lo que quiere el corazón y lo que quiere la mente.

Una vez que hayas adquirido práctica en lo que quieres decir, inténtalo al frente de un espejo. Luego, hazlo más difícil y agrégale lenguaje corporal. Haz de cuenta que eres tu actriz favorita actuando en una película.

He aquí una descripción junto con algunas sugerencias que deberías practicar para cada habilidad comunicativa.

Los mensajes verbales son las palabras que expresan lo que uno siente o piensa. Si es necesario, repítelos varias veces. Luego de decir alguno de estos mensajes podrías preguntar: "¿Me explico?" o "¿Estás entendiendo lo que digo?". No tienes que dar razones por las cuales no quieres tener relaciones sexuales. Un simple "no" basta.

Lo que es más importante, cuando dices "no" con palabras, recuerda que también debes expresarlo con lenguaje corporal. El lenguaje corporal es lo que tu cuerpo dice, y consta de expresiones faciales, gestos, la distancia que mantienes con una persona y toda postura o movimiento corporal. Los gestos y las expresiones son formas de expresar el lenguaje corporal. Tu lenguaje corporal debe coincidir con tu mensaje verbal.

Las palabras "de disuasión" son frases o acciones que interrumpen lo que la otra persona dice o hace. Te dan una oportunidad de salir de la situación y tiempo para pensar, irte o calmarte. Algunos ejemplos son los siguientes:

- "Ahora no. Vayamos a otra parte".
- "Me tengo que ir".
- "Esta noche no. Tengo muchas ganas de vomitar y no me siento muy bien".
- "Tengo que llamar a mi papá".
- "Tengo ganas de ir al baño".

Para lograr lo que crees mejor para ti, practica tus habilidades comunicativas. Es como cuando vas a rendir un examen en la escuela; debes estudiar hasta aprenderte el material de punta a punta. Igualmente sentirás presión emocional, pero saber qué decir te ayudará a aliviar un poco la presión que la otra persona está ejerciendo en ti para tener relaciones sexuales.

¿Cómo puedo comunicarle a mi pareja lo que siento respecto del sexo?

Comunica tus sentimientos en una etapa temprana de la relación. Un factor importante en la mayoría de las relaciones exitosas es la capacidad de comunicarse. Dile a tu novio cuál es tu postura al respecto.

De igual importancia es no enviar mensajes corporales contradictorios. Si tu boca dice una cosa y tu cuerpo, otra, confundirás a tu pareja. El lenguaje corporal es todo mensaje no verbal que una persona transmite con sus expresiones faciales, gestos, posturas y movimientos corporales, contacto, cercanía física e indumentaria, por nombrar sólo algunos.

Cuando el lenguaje corporal no coincide con el verbal, puedes dar un mensaje o idea incorrectos. A continuación incluimos algunos ejemplos de mensajes confusos. Fíjate si puedes entender lo que la persona quiere o intenta comunicar.

Mensaje verbal	+ Lenguaje corporal	= Mensaje
"No me toques ahí".	Sigue besando a su pareja.	No habla en serio.
"Detente!"	Sonríe	Sólo está jugando.
"Deja de intentar sacarme la ropa".	La persona sigue besando a su pareja y se queda sentada.	Se está haciendo la difícil.

"No quiero acostarme contigo".	La persona se queda sentada y sigue besando a su pareja y acariciándola	Me está provocando

Si quieres que te entiendan claramente, tu lenguaje corporal debe coincidir con el verbal. Mira cómo estos mensajes son mucho más claros y fáciles de entender:

Mensaje verbal +	**Lenguaje corporal** =	**Mensaje**
"No me toques ahí".	Aparta sus manos.	No me gusta que me toquen ahí.
"Detente!"	Mirada seria o enojada.	No quiero que hagas eso.
"Deja de intentar sacarme la ropa".	Dejas de besar y te apartas.	No quiero que esta situación se descontrole.
"No quiero acostarme contigo".	Te apartas, te levantas y te vas.	Deja de ignorar lo que siento o no vas a tenerme para ignorarme.

Probablemente el mejor momento para decirle a tu novio lo que sientes es cuando estén solos en un lugar público, como en una sala de estudios, caminando hacia tu casa, en un restaurante o en el cine. Dile cuánto disfrutas de su compañía o incluso cómo te sientes respecto de la relación amorosa, pero que no crees que tener relaciones sexuales sea una buena idea en este momento de tu vida o bien que tener relaciones sexuales antes del matrimonio va en contra de tus principios religiosos. También puedes decirle que no estás preparada. En fin, dile lo que sea que tú creas, pero cuando lo hagas, hazlo con seriedad y procura que se te note. No hace falta que hables con un tono de enojo, pero sí asegúrate de que tu mensaje verbal y tu lenguaje corporal transmitan lo mismo: "Escúchame. Hablo en serio".

¿Qué debo hacer si mi pareja me presiona para tener relaciones sexuales?

Trata de alejarte de cualquier persona que intente obligarte a hacer algo que no creas correcto.

Si tu novio es una de esas personas que aparentemente ignoran lo que dices y ponen excusas para presionarte, tal vez sea el momento de hacer un cambio en tu vida y buscar alguien que sea más sensible a tu persona y tu forma de ser. Intenta comunicarle tus sentimientos nuevamente. Tal vez hubo falta de comunicación o algún malentendido. Si tu pareja sigue presionándote, es obvio que sólo le interesa lograr lo que quiere y que verdaderamente no le importa quién eres ni cómo eres ni lo que sientes.

Es difícil ser uno mismo y hacer lo correcto, pero si te haces valer y defiendes tus creencias, serás una persona más fuerte. Y si eres una persona fuerte, será más fácil defender tus creencias y hacer lo que sea mejor para ti.

En cuanto empieces a sentir la presión di que no rápidamente y sin dudarlo. A medida que digas que no más rápidamente y con más frecuencia, todo el proceso será más fácil. No cedas ante la presión ni digas que sí por complacer a la otra persona, ya que muy probablemente te arrepientas de haberlo hecho. ¿Recuerdas eso de aprender de los errores ajenos?

Señoritas, les informo que no han venido a este mundo para ser el objeto sexual de nadie. Cada una de ustedes es una persona importante con la libertad para pensar, sentir y creer lo que sea que elija. El desafío más grande que deberán enfrentar es entender el punto de vista de otra persona, sin comprometer la integridad propia.

¿Y si estamos solos y nuestra pareja se pone realmente muy insistente?

Primero que nada, recuerda pensar con tu cabeza, no con tu corazón. Puedes sentirte tentada a "dejar que las cosas pasen" pero tal vez más tarde te arrepientas de ello. Para salir de esta dura situación debes estar preparada para manejar algunos posibles lugares y frases de presión. Evita lugares "peligrosos", como los siguientes:

- Estacionar en algún lugar tranquilo
- Ir a su casa (si lo haces, asegúrate primero de que estén sus padres)

- Ir a la casa de algún amigo cuando sus padres no están
- Ir a su dormitorio (o el de otra persona)
- Ir a cualquier lugar aislado y con privacidad donde haya pocas personas o ninguna

Si tu pareja dice que vayan a alguno de estos lugares "peligrosos" o te parece que va camino allí, no vayas. Dile (verbal y no verbalmente) que no quieres ir. Puedes poner alguna excusa o usar palabras "de disuasión".

Pero recuerda que no hace falta que pongas excusas si no quieres ir. No tienes por qué dar explicaciones si no quieres hacer algo. Un simple "no" es suficiente. Se creativa y piensa en alguna respuesta o palabra para disuadirlo.

No obstante, si por alguna razón, te encuentras sola con tu pareja en un lugar "peligroso" prepárate para escuchar algunas frases para presionarte:

"Si me amaras, te acostarías conmigo/lo demostrarías".
RESPUESTA: "Si me amaras, dejarías de intentar obligarme a que haga cosas que no quiero".
"Si me amaras, lo demostrarías respetando mis sentimientos".

"Si no quieres acostarte conmigo, entonces ya no quiero salir contigo".
RESPUESTA: "Si sólo estás conmigo porque quieres tener relaciones sexuales, supongo que nuestra relación no significa nada para ti".
"No me gusta que me amenacen y no quiero estar con una persona que amenaza cuando no obtiene lo que quiere".
"Está claro que te interesa más el sexo que estar en una relación conmigo, y yo no estoy interesada en nadie que no se interese por mí".

"Si no quieres acostarte conmigo, buscaré a alguien que quiera hacerlo".
RESPUESTA: "No soy tu objeto sexual y, además, según veo por tu comentario, no me quieres para otra cosa que no sea sexo. Prefiero buscar a una persona con la cual pueda tener una relación más completa y significativa".

"No temas, la primera vez siempre da un poco de miedo".

RESPUESTA: "No tengo miedo. Simplemente, defiendo lo que creo que es correcto".

"Lo que me da miedo es cómo me voy a sentir respecto de mi misma si me dejo convencer de algo que no quiero hacer".

"Todo el mundo tiene relaciones sexuales".

RESPUESTA: "No me importa lo que hagan los demás. Me importa lo que yo pienso. Soy responsable por mi persona".

"¡Justamente, yo no soy como todo el mundo!"

"Es algo natural de la vida".

RESPUESTA: "También lo son el embarazo, las enfermedades y la muerte, y tampoco estoy preparada para esas cosas".

"Tal vez sea algo natural, pero no creo que sea el momento adecuado. Y, para mí, el momento justo importa mucho".

"Tú tienes tantas ganas como yo".

RESPUESTA: "Pero tengo más ganas de defender mis creencias".

"No, no tengo ganas. ¿Acaso no entiendes esto tan simple?"

"Nos hemos acostado antes. ¿Cuál es el problema ahora?"

RESPUESTA: "El problema es que hice algo que no quería hacer y ahora me arrepiento".

"Estoy aprendiendo de mis errores".

"Cambié de idea. Me queda mucho por delante y no quiero arriesgarme a perderlo todo".

"Relájate y déjate llevar por lo que sientes".

RESPUESTA: "Lo que siento no va a durar ni la mitad de lo que dura un embarazo/una enfermedad de transmisión sexual/el SIDA".

"Siento que tengo ganas de irme a mi casa".

"Un momento de pasión puede cambiar mi futuro para siempre".

"No te preocupes. Tengo un condón".

RESPUESTA: "Y yo tengo mis sentimientos. ¿Acaso no te importa lo que siento?"

"No te preocupes. No va a pasar nada".

RESPUESTA: "Lo que va a pasar es que voy a renunciar a mis principios por tu placer. Yo soy yo y lo defiendo".

"Tú no puedes garantizarme que no vaya a pasar nada. Pero yo sí puedo hacerlo... no teniendo relaciones sexuales".

"No quieres hacerlo aunque sea para ver cómo es?"

RESPUESTA: "Ya llegará el día en que *yo* esté lista, no en que *tú* estés listo".

"Veo cómo es el embarazo, la paternidad, las enfermedades de transmisión sexual y el SIDA y no me gusta".

"Mira cómo me excitaste".

RESPUESTA: "No te debo nada. Si te excitas así de fácil tal vez deberíamos enfriar las cosas un tiempo".

"Entonces me voy así puedes irte a tu casa y darte una ducha de agua fría".

"No te preocupes. Nadie lo sabrá".

RESPUESTA: "Yo lo sabré".

"No estoy preocupada y no me importa si alguien sabe; me importan mis principios".

"Quiero casarme contigo. Sabes que nos vamos a casar".

RESPUESTA: "Si ese día llega, cuando sea que llegue hablaremos al respecto".

"Que nos casemos más adelante no tiene nada que ver con tener relaciones sexuales ahora".

"Siempre te amaré. Déjame compartir esto contigo".

RESPUESTA: "Si me amas, respétame a mí y a mis sentimientos".

"Hacer el amor sólo hará que nuestro amor sea más fuerte".

RESPUESTA: "El sexo no crea amor".

"El sexo no fortalece una relación, la complica".

Estas respuestas son muy lógicas y están bien pensadas. Probablemente tú ni siquiera hables así; por eso lo importante es que recuerdes comunicar lo que sientes verbal y no verbalmente a tu manera.

Cuando estás en una relación amorosa o amas a alguien es fácil renunciar a tus creencias o a lo que sientes que está bien para hacer feliz a la otra persona. El sacrificio y el compromiso en una relación pueden ser una experiencia hermosa y muy enriquecedora, especialmente en una relación de compromiso mutuo, como el matrimonio u otra relación a largo plazo. Pero sacrificar tus principios, tus creencias y tu futuro por sexo es un error. Incluso los sacrificios sexuales en el matrimonio son indicio de que la relación está en problemas. Puedes sacrificar "cosas", como tus pertenencias, pero nunca tus principios o creencias, ni siquiera en el matrimonio.

A fin de simplificar las cosas, digamos que si te están presionando para tener relaciones sexuales, independientemente de lo que te estén diciendo, simplemente levántate, aléjate de la persona y, con cara seria o enojada, dile: "Parece que no me estoy haciendo entender: no quiero tener relaciones sexuales". O: "Parece que te importa más el sexo que mis sentimientos", y vete. Por lo menos, esto te dará una oportunidad de irte a tu casa o al baño, o al menos salir de la situación para que puedas pensar más claramente y, además, tendrás menos probabilidades de que te obliguen a cometer un error.

Cuando "las papas queman" pensar en una respuesta ingeniosa y fuerte puede ser casi imposible. No obstante, si te interesa leer más formas de responder ante situaciones de presión, he aquí las 50 mejores formas de Basso de decir "no" a propuestas sexuales. Algunas son graciosas y otras no tanto, pero todas pueden usarse si las dices con seriedad.

Las 50 mejores formas de Basso de decir "no" a propuestas sexuales

1. "Si quieres acostarte conmigo, tienes que hablar con mi padre".
2. "Estoy menstruando".
3. "¿No tienes otra novia?"
4. "Me tengo que ir".
5. "No eres mi tipo".
6. "No me veo bien desnuda".
7. "Va en contra de mi religión".
8. "Me duele la espalda".

9. "Estoy con problemas personales".
10. "Me duele la cabeza". (Prepárate para responder con "Soy alérgica a la aspirina".)
11. "Tengo una enfermedad de transmisión sexual".
12. "Realmente no tengo nada que ganar si me acuesto contigo".
13. "¿Estás listo para hacerle frente a cualquier cosa que pudiera pasar? ¡Yo no!"
14. "Ve a tomarte una ducha de agua fría".
15. "El sexo no resuelve los problemas, los crea".
16. "Más que el deseo, lo único que necesitamos encender aquí son las luces".
17. "Mi madre llegará en unos minutos".
18. "Estoy resfriada".
19. "Tengo el estómago revuelto (me parece que voy a vomitar)".
20. "Primero tenemos que hacernos un análisis de sangre".
21. "Tengo ladillas".
22. "No, a menos que tengas la autorización reciente de un médico".
23. "El doctor me dijo que no tuviera relaciones sexuales por un año".
24. "Están dando mi novela favorita".
25. "Me acostaría contigo si fueras tú quien queda embarazado".
26. "Me duele muchísimo la muela".
27. "Esos burritos de frijoles que comí hace un rato están empezando a surtir efecto".
28. "¿Eso es una ampolla de herpes?"
29. "Eres muy feo".
30. "Tienes feo aliento".
31. "Hoy no, estoy constipada".
32. "Amo a otro muchacho".
33. "Hueles mal".
34. "Me voy a hacer monja".
35. "No creo en la intimidad con formas de vida inferiores".
36. "No te preocupes, el color azul te queda bien". (Después de escuchar el viejo cuento de las "bolas azules".)
37. "Tengo puesto un tampón".
38. "Soy alérgica al sexo".

39. "No quiero tener un niño y tú ni siquiera puedes ocuparte de ti mismo".
40. "Tienes un moco pegado en la cara".
41. "Mi hermano acaba de salir de prisión por matar a mi último novio".
42. "Creo que tengo una hernia".
43. "No estoy preparada emocional ni mentalmente para tener relaciones sexuales".
44. "No, están dando Bugs Bunny en la televisión".
45. "Nada que puedas ofrecerme vale la pena como para arriesgarme tanto".
46. "Me dijeron que el sexo debilita las piernas y mañana a la noche tengo que practicar con las porristas".
47. "¿Qué pasará si no lo hacemos?"
48. "Me puede dar un ataque cardíaco".
49. "Pon tus hormonas a descansar y tus manos también".
50. "Soy una persona muy propensa al embarazo".

¿Qué es la presión de los pares?

La presión de los pares tiene lugar cuando tus amigos o la gente de tu entorno que tiene tu edad dice o hace cosas para que tú hagas algo que en realidad no quieres hacer.

Un ejemplo sería el caso de un grupo de amigos o "pares" fumando cigarrillos. En este caso en particular, estarían haciendo algo que podría ejercer presión sobre ti para que fumes. Si este mismo grupo de personas te dijera: "¿Quieres un cigarrillo? Vamos, prueba uno. No es gran cosa," entonces te estaría diciendo algo para presionarte a que hagas algo que tal vez no quieras hacer.

La presión de los pares es otra parte del crecimiento por la que todos pasamos. A veces, para tratar ser aceptado en un grupo de personas, te sientes tentado a hacer cosas que en realidad no quieres. Tendrás que enfrentarte a este desafío una y otra vez.

Un ejemplo de presión de los pares en el terreno sexual sería estar en una fiesta escuchando cómo un grupo de muchachos y muchachas hablan acerca de "cómo hicieron de todo" (tuvieron relaciones sexuales) con sus novios y novias. Luego, puede que te pregunten a ti también "¿Cuándo fue la última vez que lo hiciste?", "¿Cuándo lo vas a hacer?" o "¿Qué problema tienes?". Esto es un típico caso de presión de los pares.

¿Qué se siente cuando uno es presionado por sus pares?

Generalmente, cuando tus pares te presionan, te sientes incómodo o como si algo no estuviera del todo bien. Puedes sentirte preocupado, disconforme, enojado o confundido. Esto se debe a que si bien tal vez tú sepas qué es lo que es bueno para ti, tus pares están tratando gentilmente de hacerte hacer algo que ellos quieren que hagas. Ciertamente tú quieres ser amigable con otras personas o ser parte de un grupo, y es por eso que te sientes inclinado a renunciar a lo que sabes que es bueno para ti y hacer lo que tus pares dicen o hacen.

Uno de tus mayores desafíos será lidiar con la presión de tus pares. Necesitarás mucho valor para defender tus creencias cuando ves que el resto hace lo opuesto. Algunas personas saben perfectamente cómo manejar la presión de los pares, mientras que otras no tanto. Sería bueno que adquieras el hábito de hacer valer lo que crees. Si aprendes rápido, será más fácil resolver satisfactoriamente este tipo de situaciones en el futuro. Cuando estés conversando con gente, diles qué opinas antes de que la conversación siga avanzando. Generalmente, si haces esto la gente no querrá presionarte. Di lo que piensas.

Si no has tenido mucho éxito resolviendo situaciones de presión de tus pares en el pasado, recuérdate que esta vez eres una persona nueva. Si te enfrentas a una nueva situación de presión de tus pares, tómala como una nueva oportunidad de resolverla. Las cosas que tú haces son las que definen quién eres; así que sé tú mismo: una persona fuerte, segura de sí misma y lista para hacer lo que tenga que hacer. Evita a las personas que te presionen. ¿Acaso un verdadero amigo te presionaría para que hagas algo que no quieras o que te hiciera daño? Los "amigos" van y vienen, pero las consecuencias de las drogas, las enfermedades de transmisión sexual y los embarazos no deseados pueden ser parte de tu vida por el resto de tus días.

Si no sabes lidiar muy bien con la presión de tus pares, trata de evitar situaciones de alta presión. Las fiestas, por ejemplo, pueden ser divertidas pero si hay gente allí consumiendo drogas, teniendo relaciones sexuales o haciendo cosas de las cuales no quieres ser parte, tal vez sea más conveniente que hagas planes diferentes para ese día. De lo contrario, estate preparado para ser tú mismo.

Si estás confundido, acude a tus padres o maestros en busca de ayuda, ya que ellos han pasado por lo mismo que tú estás pasando en este momento y, por lo general, podrán brindarte apoyo y ayuda. ¡Pídela!

¿Qué debo hacer si mis amigos me hostigan para que me acueste con mi pareja?

Que tus amigos te presionen u hostiguen para tener relaciones sexuales con alguien es algo que ha pasado siempre y puede considerarse una de las tantas clases de presión de los pares que los adolescentes experimentan. Este tipo de presión, como la mayoría de los otros tipos, puede incomodarte bastante.

Una de las maneras de lidiar con la presión de los pares de manera satisfactoria es decirle a la persona que te está presionando cómo te sientes o pedirle que deje de presionarte en cuanto empiece a molestarte. Si la presión comienza a irritarte, simplemente di (utilizando el mismo lenguaje verbal y corporal) que no quieres que te sigan molestando con sus comentarios. He aquí algunos comentarios que puedes hacer acompañados de una cara seria:

- "Mira, somos buenos amigos así que sé que no vas a tomar esto a mal, pero...".
- "Por qué no te relajas un poco con esto del sexo".
- "Eso es asunto mío, no tuyo".
- "No te preocupes tanto por lo que hacemos mi novio/novia y yo. Estamos bien".
- "Debes tratar de hacer tu vida en vez de inmiscuirte tanto en la mía".

Estos comentarios son un tanto agresivos y la mayoría de los expertos aconsejan usar afirmaciones en primera persona, como por ejemplo, "No me gusta que me hagan preguntas personales acerca de mi vida íntima", que pueden surtir efecto con algunas personas. No obstante, tú y yo sabemos que la mayoría de los adolescentes no hablan utilizando términos tan racionales e incluso, si lo hacen, hay gente que parece no entender lo que se les dice a menos que se lo digan con todas las letras. A veces, un comentario breve y directo puede ser más efectivo que una afirmación en primera persona.

Parte de la diversión de salir con alguien es poder contarles a tus amigos acerca de los lugares divertidos que frecuentas y las cosas lindas que haces con tu pareja. Pero si tienes o no relaciones sexuales con ella, no es algo que deberías compartir con tus amigos, a menos que tú y tu pareja estén de acuerdo en hacerlo. Tal vez tengas ganas de compartir cada detalle acerca de tu vida íntima con tus amigos, pero esto generalmente empeora las cosas. Al contarles los detalles de tu romance a otras personas, puedes traicionar la confianza que tu pareja tiene en ti, ya que estarás compartiendo sentimientos o momentos íntimos que tal vez tu pareja no quiera que otras personas sepan. También puedes "echar leña al fuego" si despiertas el entusiasmo en tus amigos dándoles detalles de tu relación. Lo mejor es mantener en privado las cosas íntimas entre tu pareja y tú.

¿Cómo puedo hacer para demostrarle a mi pareja que la amo?

El "amor" es una mezcla de muchos sentimientos y puede expresarse en prácticamente todo lo que haces con la persona a la que "amas". Aunque te cueste creerlo, probablemente estés expresando tu amor de muchas maneras distintas sin darte cuenta. Una nota graciosa, una sonrisa cálida, escuchar a tu pareja cuando está preocupada o ayudarla con algún problema, todo puede ser parte del amor. De hecho, en las relaciones más prósperas las personas demuestran el amor que se tienen en las cosas más pequeñas y aparentemente insignificantes que hacen juntas. Cada cosa que dos personas hacen juntas puede hacerse de una manera afectiva que comunique lo que uno siente por el otro.

No existe una única cosa que demuestre que estás enamorado. Por ejemplo, comprarle un obsequio costoso a tu pareja no prueba que la amas. Tampoco lo hace llamarla constantemente

por teléfono. Y por supuesto que tener relaciones sexuales tampoco. El sexo no significa que dos personas están enamoradas. Muchas veces, las personas se acuestan sin amor y lo hacen por el sólo hecho de tener relaciones sexuales.

Pero la actividad del coito puede ser peligrosa. Por lo tanto, tu decisión de posponer el sexo es buena. Tú y tu pareja pueden hacer muchas otras cosas sin tener que arriesgarse ni violar sus principios.

Recuerda que incluso hasta las cosas más simples que dos personas hacen juntas pueden expresar amor. Y cuando esto suceda, ambos vivirán el verdadero sentimiento del amor. A continuación hay algunas de las tantas maneras diferentes en que puedes expresar el amor que sientes por tu pareja:

- Decir: "Te amo".
- Abrazarla.
- Decir: "Eres muy importante para mí".
- Ir a caminar de la mano.
- Grabarle un casete o un video con sus canciones o películas favoritas.
- Expresar tus ideas y sentimientos.
- Estar juntos y hacerse mimos.
- Pasar un rato juntos en el parque o sentarse a contemplar un lago.
- Ir de picnic.
- Elogiar su forma de vestirse, sus ideas, sus notas en la escuela, su actuación deportiva, sus gustos, etc.
- Ir de paseo al centro comercial.
- Jugar un videojuego juntos.
- Prepararle su plato favorito en un almuerzo o cena especial.
- Acariciarse.
- Hacer las tareas escolares juntos.
- Ir a pasar el día juntos a algún lugar.
- Preparar juntos una reunión para almorzar o cenar con sus amigos.
- Cocinar algo rico.
- Hacer ejercicio físico juntos.
- Bailar juntos esa canción especial que tienen.
- Sorprenderle con algún dulce en su casillero o mochila.
- Sentarse o dar un paseo bajo la luz de la luna.
- Escribir un poema de amor.

- Escribir un poema de amor muy malo que sea gracioso.
- Susurrarle algo hermoso al oído en frente de otras personas.
- Cantarle una canción y grabarla.
- Hacer una lista de las cosas que te gustan de tu pareja.
- Escribirle una nota o tarjeta romántica y escondérsela en donde sólo tu pareja pueda encontrarla.
- Tomarse una fotografía juntos.
- Ser cortés y pasar tiempo con su familia.
- Encontrarse en algún lugar para contemplar el amanecer juntos.
- Ponerse sobrenombres secretos.
- Darle la mejor fotografía que tengas de ti.
- Dedicarle una canción en la radio.
- Compartir un gran secreto con tu pareja.

Puedes expresar tus sentimientos sin tener que renunciar a tus creencias o ceder ante los deseos de otra persona, pero para tomar la decisión de defender tus creencias y hacer lo correcto necesitas valor. Muchas personas van con la corriente y hacen lo que los otros hacen o quieren que ellos hagan. Ser un individuo, ser fuerte, significa poder resistir la presión a renunciar a ti y a tus valores. Recuerda que tú puedes ser tú mismo.

¿Qué es el acoso sexual?

El acoso sexual ocurre cuando en repetidas ocasiones una persona hace comentarios acerca de tu cuerpo o tus preferencias sexuales, hace bromas de sexo, se te insinúa (te pide tener citas o relaciones sexuales) o bien tiene una conducta o hace comentarios relacionados con el sexo que no quieres ver ni oír. También es acoso sexual cuando una persona te toca reiteradamente si tú no quieres.

¿Estoy protegido del acoso sexual en la escuela?

Sí. Tienes derecho a ir a la escuela sin que otra persona te moleste con sus comentarios, invitaciones a salir o la forma en que te toca. Esto rige no sólo a cualquier estudiante, sino también a todo adulto que trabaje en la escuela o el sistema educativo. Si estás siendo acosado sexualmente en la escuela, comunícaselo a la persona a cargo (como el director, a menos que sea él quien te esté acosando) y dile que quieres que el acoso se termine. Si el acoso continúa, recurre a otras personas en busca de ayuda, como, por ejemplo, los integrantes de la junta escolar, los consejeros estudiantiles o incluso la policía. Sería bueno que tus padres, tutores o algún otro adulto de confianza sepan lo que está sucediendo y se pongan en contacto con las personas adecuadas en la escuela y la junta escolar. Las escuelas tienen la obligación legal de garantizar que sus instalaciones sean un entorno libre de acoso sexual. De hecho, muchas escuelas han tenido que pagar importantes sumas por demandas entabladas por no proteger los derechos de los alumnos. Pero recuerda que debes hablar con las autoridades de la escuela para que sepan qué está sucediendo y, si el acoso continúa, tendrás que asegurarte de involucrar a más personas en la situación.

¿Estoy protegido del acoso sexual en el trabajo?

Sí. Todos los trabajos tienen políticas que prohíben el acoso sexual. Al igual que con la escuela, si estás siendo acosado sexualmente debes hablar con la persona a cargo y decirle lo que está pasando. Si la persona que te acosa es quien está a cargo, entonces deberías presentar una denuncia ante la Comisión por la Igualdad en las Oportunidades de Trabajo (Equal Employment Opportunity Commission, http://www.eeoc.gov/) y pedirles que te asesoren acerca de qué hacer.

¿Cómo puedo evitar el acoso sexual?

Si alguna persona, ya sea joven o adulta, hace comentarios acerca de tu cuerpo o preferencias sexuales, te invita a salir, te toca o hace otros comentarios relacionados con el sexo, hazle saber que te está haciendo sentir incómodo. Probablemente la persona pondrá algún tipo de excusa, como que estaba bromeando, y te dirá que sus acciones o comentarios no significaron nada. Pero, independientemente de las excusas que ponga, si vuelve a tocarte o decirte algo, luego de que tú le has dicho que te incomoda, te está acosando sexualmente y está violando tus derechos. Debes comunicarte con la persona que esté a cargo y contarle la situación. Recuerda que es aconsejable que tus padres, tutores o algún otro adulto de confianza sepan lo que está sucediendo, de manera que puedan ayudarte. Una vez que la persona a cargo de la escuela o trabajo ha sido notificada de la situación, es su obligación legal resolver el problema y asegurarse de que el acoso se detenga. Si no lo hace, puede tener serios problemas legales.

¿Es culpa mía el acoso sexual?

No. Nada de lo que digas, hagas o uses le da permiso a una persona para que siga haciendo comentarios o tocándote luego de que le has dicho que no lo vuelva a hacer.

¿Qué sucede si quiero tener una cita o relaciones sexuales con alguien mucho mayor que yo?

Uno de los mayores problemas con las relaciones sexuales entre jóvenes y adultos es la diferencia de poder. Generalmente, la persona joven es manipulada para satisfacer las necesidades sexuales del adulto. Esta manipulación puede ocurrir de muchas maneras. El adulto puede ser dulce y amable (o aparentar serlo) obsequiándole regalos, brindándole un medio de transporte u otros recursos financieros, o bien puede hacer uso de la ira y la desaprobación a fin de manipular a la persona joven para que haga cosas que no quiera. Como esta última no puede tener el mismo poder en la relación, tampoco puede protegerse (emocional ni sexualmente) contra la manipulación o la presión del adulto. En pocas palabras, a la persona joven con más frecuencia se la usa como un objeto sexual en lugar de ser una pareja en la relación.

Si tienes más preguntas acerca de la abstinencia sexual, cómo decir que no a propuestas sexuales, o cualquier otra inquietud acerca de la sexualidad, puedes encontrar más información o realizar preguntas en: Youth Embassy (http://www.YouthEmbassy.com).

11

Alcohol, drogas y violación

Lamentablemente, todos los días muchas personas son abusadas y forzadas a tener relaciones sexuales en contra de su voluntad. A veces el agresor puede ser un completo desconocido, pero en la mayoría de los casos la víctima lo conoce.

Sin embargo, existen indicios que pueden ayudarte a evitar agresiones y violaciones. Sigue leyendo para saber cómo puedes protegerte.

¿Qué es una violación?

La violación es un acto en el que se obliga a una persona a tener relaciones sexuales. A veces el violador usa violencia física (sujetando a la víctima por la fuerza, golpeándola o doblándole un brazo) o amenazas verbales (de herir o dañar a la persona o a su familia). También es violación toda relación sexual mantenida con una persona que consumió demasiado alcohol o drogas como para poder tomar las decisiones que tomaría de estar sobria.

Aunque existen casos de mujeres que han violado a hombres, generalmente son los hombres quienes violan a las mujeres. La violación es un delito atroz que puede generar un gran sufrimiento psicológico y serios traumas en la víctima. Una violación siempre es inaceptable.

¿Se puede forzar a alguien a tener relaciones sexuales?

¡Bajo ninguna circunstancia! Más allá de la ropa que una mujer use o de lo que diga o haga, nada justifica una violación. Lamentablemente, algunos individuos creen que "las mujeres quieren que las violen" o que una mujer violada que vestía determinada ropa "estaba pidiéndolo y le dieron lo que merecía". Quienes piensan de ese modo se equivocan y cometen un grave error.

Para algunos muchachos que quizás no entiendan, es como si por conducir un reluciente Corvette rojo pintado al estilo competición y hacer rugir el motor frente a un semáforo en rojo, un oficial de policía apareciera de pronto detrás de ustedes, les hiciera señas de luces y los multara por exceso de velocidad. ¿Es justo que te multen por exceso de velocidad simplemente por manejar un reluciente Corvette rojo? El mero hecho de que una mujer se vista de determinada manera no significa que puedas tratarla de acuerdo con TUS conjeturas y suposiciones. Por supuesto que comparar una violación con una multa de tránsito es como comparar una explosión nuclear con un petardo. Lo cierto es que la violación es un delito con efectos devastadores.

Si a una mujer se la obliga a tener relaciones sexuales cuando no quiere, ¿es su culpa?

No. La violación nunca es culpa de la víctima, independientemente de la ropa que vestía o de lo que dijo o hizo.

¿Es verdad que cuando una mujer dice "no", en realidad quiere decir "sí"?

No. Cuando una mujer dice "no", quiere decir "no". Desgraciadamente, en muchos programas televisivos y películas se muestra lo contrario, pero en la vida real, cuando una mujer dice "no", detente y retrocede, sin importar lo que ella haya dicho o hecho previamente. He aquí un ejemplo. Si un muchacho y una muchacha están en la cama de ella, se besan, se quitan mutuamente la ropa y están a punto de tener relaciones sexuales, pero ella dice: "Espera. Cambié de idea. Detente", muchachos: ¡deténganse! Si bien la mujer tal vez lo haya seducido, ella tiene todo el derecho de cambiar de idea y él debe respetar su decisión.

Muchachos: es como si quisieran practicar paracaidismo de caída libre y fueran al aeropuerto, se pusieran el equipo para saltar, se colocaran el paracaídas, subieran al avión, volaran hasta llegar a los doce mil pies, miraran cómo se abren las puertas del avión y después de tantos preparativos de pronto decidieran no saltar. Tienen todo el derecho de cambiar de idea y no les gustaría que nadie tratara de empujarlos por la puerta diciéndoles: "Dijiste que querías hacerlo y ¡ahora lo harás!" ¿O acaso les gustaría?

¿Cómo puede una mujer evitar que la violen?

A la mayoría de las violaciones las comete una persona que la víctima conoce, pero otras veces, el violador es un completo desconocido. Éstas son solo algunas de las cosas que puedes hacer para evitar ser violada:

NO ANDES SOLA POR LA CALLE, ESPECIALMENTE DE NOCHE. Si tienes que irte de la escuela a pie, o quieres ir caminando a un centro comercial o al cine, siempre haz que te acompañe un amigo, o, mejor aún, un grupo de amigos, por más que sea en tu barrio.

CAMINA MOSTRANDO SEGURIDAD, mirando hacia adelante, con la cabeza alta y los hombros hacia atrás.

PERMANECE EN ZONAS BIEN ILUMINADAS Y CONCURRIDAS.

NO TE DETENGAS PARA AYUDAR A DESCONOCIDOS ESTACIONADOS EN UN AUTOMÓVIL O CAMIONETA. No ESTÁS SIENDO DESCORTÉS, estás usando una estrategia para protegerte. Simplemente sigue caminando.

SI ALGUIEN SE TE ACERCA, GRITA o haz sonar un silbato o algo similar y luego corre.

SI PUEDES, LUCHA CON EL AGRESOR SIN LASTIMARTE GRAVEMENTE. Intenta usar un gas lacrimógeno para defensa personal, meterle los dedos en los ojos, darle un golpe de puño en la garganta o una patada rápida en los genitales. Si logras paralizar momentáneamente al agresor, no te quedes esperando. No intentes ser una estrella cinematográfica de las artes marciales y darle a tu actuación un gran final. ¡Corre! Debes tener cuidado, pues algunos agresores pueden estar listos para pelear. Incluso pueden tornarse violentos y estar tan desequilibrados como para herir o matar a su víctima. Si la lucha enfurece más al agresor, recuerda que tu prioridad es salvar tu vida.

SIEMPRE CONFÍA EN TU INSTINTO. Si estás en un área o en una situación que te incomoda, dirígete a un lugar seguro lo más rápidamente posible. No vaciles en correr a una tienda y pedirle ayuda a un empleado o a otra persona.

¿Qué es la "violación en una cita" o la "violación perpetrada por un conocido"?

La violación en una cita o por un conocido es la que comete alguien a quien conoces o con quien sales en alguna oportunidad. La violación en una cita es un problema cada vez más frecuente, pues algunos muchachos creen que si pagan una cena, una entrada al cine, un trago o cualquier otra cosa, se les debe una retribución de tipo sexual. Damas y caballeros, no importa cuánto gasten en una cita: esto nada tiene que ver con el sexo.

¿Cómo puede una mujer evitar una violación en una cita?

MANTENTE SOBRIA. Cuando tengas una cita o vayas a una fiesta, no consumas alcohol ni drogas, ya que no te permiten pensar con claridad ni tomar decisiones sensatas. La bebida te quita lucidez. Ten cuidado si alguien quiere comprarte tragos o darte drogas. Evita las fiestas donde se sirve alcohol y se consumen drogas. Incluso si tú no bebes ni te drogas, las fiestas pueden descontrolarse tanto que quizás no puedas defenderte. Hay muchos casos de mujeres que han sido obligadas a entrar a una habitación y luego fueron violadas en medio de una fiesta.

ANTES DE QUE EL MUCHACHO CON EL QUE SALISTE EMPIECE A BEBER, DILE QUE NO TE GUSTA QUE LO HAGA. Si de todos modos decide beber o drogarse, llama a tu casa, a un amigo o a un taxi para que te lleven a tu casa. Si no le importan tus sentimientos cuando está sobrio, es muy probable que tampoco te escuche cuando esté bajo la influencia del alcohol o las drogas.

VE A LUGARES DONDE HAYA MUCHA GENTE. No estaciones en el bosque, en el lago o en las montañas ni vayas a su casa ni a una casa vacía.

LLEVA SUFICIENTE DINERO PARA PAGAR tus propios tragos y tomar un taxi, por si lo necesitas. Si pagas tu propia comida, el boleto para el cine, o lo que fuere, es menos probable que tanto tú como tu acompañante sientan que le debes "retribuir con algo" al final de la noche por lo que él gastó en ti. No eres mercancía ni un producto ni nada que se pueda comprar y usar. Una cita es una oportunidad para que dos personas estén juntas, compartan un momento, se conozcan y, en general, se diviertan. Una cita no es una forma de prostitución en la que el varón paga un monto de dinero y al final de la noche tiene relaciones sexuales. Si alguien quiere gastar un dólar o un millón de dólares en ti, esa es su decisión. No estás obligada a darle nada a cambio. También es una buena idea tener algo de dinero extra para tomar un taxi e irte a casa si en algún momento no te sientes cómoda. Es conveniente que estés preparada para irte sin depender de que la otra persona te lleve a tu casa. Por lo menos lleva dinero suficiente para llamar por teléfono a tus padres, otro familiar o un amigo o amiga y pedirle que te vayan a buscar, o bien para llamar un taxi (que podrás pagar cuando llegues a casa).

NO EXPRESES MENSAJES AMBIGUOS. Señoritas: ustedes son libres de usar la ropa que deseen, del modo que deseen y de actuar como deseen (por supuesto, escuchen los consejos de sus padres). Pero deben ser concientes de que algunos muchachos se confunden fácilmente y pueden interpretarlas mal cuando las ven vestidas de determinada forma o las escuchan decir ciertas cosas. Casi todos los varones que han tomado alcohol o drogas se confunden fácilmente en el momento de interpretar los mensajes que ustedes envían. Quizás al vestirse de determinada forma o al tocar a alguien de cierto modo, ustedes quieran decir una cosa, pero los muchachos pueden entender algo completamente diferente. He aquí algunos ejemplos:

Llevas puesta una falda corta y ajustada, con una camisa suelta que muestra tu escote (parte de los senos).
TU MENSAJE ES: "Estoy a la moda".
INTERPRETACIÓN MASCULINA: "¡Qué sexy! Quiere que le vea los senos porque desea tener relaciones sexuales conmigo".

Estás bailando en una fiesta y tomas a tu compañero por las caderas o meneas tus caderas hacia atrás y adelante, o bien mueves tu trasero al compás de la música. Tu compañero mueve la pelvis siguiéndote el ritmo.
TU MENSAJE ES: "Sé bailar. Todo el mundo baila así este tipo de música y a mí me encanta. Adoro bailar".

INTERPRETACIÓN MASCULINA: "Esta muchacha es muy excitante. Me está volviendo loco. Si para bailar se mueve así, no me quiero imaginar lo que debe ser en la cama. Debe tener tantas ganas como yo de acostarse con alguien".

Estás hablando con un muchacho y con toda naturalidad le tocas el brazo o le apoyas la mano en el pecho.

TU MENSAJE ES: "Crecí en una familia cálida y afectuosa y normalmente soy afectuosa con mi familia y mis amigos".

INTERPRETACIÓN MASCULINA: "¿Por qué me toca tanto? Realmente le debo gustar. Veamos qué hace cuando la toco yo".

Estás sola con tu novio y empiezas a besarlo en la boca y en la cara. Afectuosamente lo abrazas a la altura de los hombros o la cintura.

TU MENSAJE ES: "Realmente me gustas y quiero que nos acariciemos y besemos con ternura. ¡Es tan romántico!"

INTERPRETACIÓN MASCULINA: "Quiere que hagamos todo. Me está besando y tocando porque quiere que tengamos relaciones sexuales".

Estás sola con tu novio y comienza a besarte. No te molesta e incluso te gusta, pero sus besos comienzan a ser cada vez más apasionados. En realidad no es lo que esperabas, pero no te molesta. Luego sientes cómo sus manos (hasta entonces en tus hombros o cintura) comienzan a avanzar hacia tu trasero y tus senos. No dices ni haces nada. Después él comienza a desabotonarte la camisa y los pantalones. Todavía no dices ni haces nada, pero le retiras las manos.

TU MENSAJE ES: "No estoy preparada para esto. ¿Acaso no se da cuenta? Ya hablamos del tema, o sea que sabe que no quiero tener relaciones sexuales. Creo que se lo voy a recordar y le voy a retirar las manos".

INTERPRETACIÓN MASCULINA: "Esto me está gustando... Cada vez me excita más y a ella también le debe pasar lo mismo porque me deja que la toque en todas partes. ¿Qué? Me sacó la mano. Seguramente está haciéndose la difícil. En realidad, quiere que siga".

Por supuesto que no todas las mujeres actúan así ni todos los varones piensan de este modo, pero situaciones como éstas son tan frecuentes que podemos decir que esto es lo común. Señoritas: éstas son algunas pautas generales para tener en cuenta cuando salen en una cita con alguien:

SÉ CONSCIENTE DE LA ROPA QUE USAS: Cualquier cosa ajustada o que deje ver bastante (como una camisa escotada o transparente), por más que esté de moda, puede ser malinterpretada por un muchacho.

PIENSA EN CÓMO PUEDE INTERPRETARSE TU FORMA DE BAILAR: La forma de bailar actual puede sugerir un interés sexual, por más que ésa no sea tu intención. Muévete como quieras, pero sé consciente de que tal vez estés enviando mensajes diferentes de lo que quieras transmitir. Es conveniente que a algunos pasos de baile los reserves para cuando estás con amigos o con gente de confianza que conozcas bien.

TEN CUIDADO CON EL CONTACTO FÍSICO CASUAL Y CON LOS LUGARES DONDE APOYAS LAS MANOS. Algunas personas pueden tener una formación en la cual tocar a otros significa algo diferente de lo que significa para ti.

SI UN MUCHACHO SE TE INSINÚA Y TE DICE ALGO QUE TE INCOMODA, o bien te toca de alguna manera que no deseas, díselo. No des por sentado que el muchacho sabe lo que tú piensas. Si es necesario, recurre a la fuerza o a los gritos, pero haz algo. Si no haces nada, el mensaje que le envías al muchacho es que está todo bien y que puede continuar. Permíteme insistir: si no dices ni haces nada, puede interpretarse como que quieres decir "sí" o "no me molesta; por favor no te detengas". Debes decirle al muchacho qué quieres y qué no quieres con palabras y con lenguaje no verbal (corporal). Si no entiende, recurre a la fuerza o los gritos si es necesario.

DI LO QUE PIENSAS. Si las cosas avanzan demasiado rápido, dile al muchacho que se detenga. A veces no alcanza con alejarse o apartar a un muchacho. Recuerda que no decir ni hacer nada puede interpretarse como un consentimiento. Haz algo. Quizás sea necesario decir "basta", o "no". Dilo en serio (en voz bien alta y con una expresión seria en la cara). De lo contrario, el muchacho puede no entender realmente el mensaje, especialmente si estuvo consumiendo alcohol o drogas.

¿Qué puede hacer un muchacho para no herir a su compañera ni meterse en problemas?

Muchachos: ustedes son responsables de sus actos más allá de la situación y de las condiciones en las que se encuentren. No importa si han consumido mucho alcohol o drogas, si no conocen la ley o si malinterpretaron la actitud de una muchacha. Igualmente serán responsabilizados, de modo que actúen con seriedad. A continuación podrán leer algunos consejos para recordar cuando salgan con una muchacha:

- Nunca fuerces a una muchacha a tener relaciones sexuales.
- No importa cuánto dinero gastes en una cita, la mujer no te pertenece ni te debe nada.
- No importa cómo esté vestida, qué haga o diga. No hay excusas que justifiquen el forzar a una muchacha a tener relaciones sexuales.
- Cuando salgas con una muchacha, no consumas alcohol ni drogas. El alcohol y las drogas no te permiten pensar con claridad y pueden generar pensamientos irracionales e inducirte a tener una conducta insensata que normalmente no tendrías. En caso de cometer una violación, haber consumido demasiado alcohol o drogas no es un argumento de defensa válido ante la ley.
- No trates de emborrachar ni drogar a tu compañera. Una mujer que tiene relaciones sexuales bajo la influencia del alcohol o las drogas puede acusarte de violación.
- Siempre que una mujer diga "no", quiere decir "¡NO!"

Si una muchacha está borracha y un muchacho tiene relaciones sexuales con ella, ¿se considera violación?

Sí. Cuando una mujer está borracha, pierde la capacidad de tomar decisiones que normalmente tomaría (y los jueces lo tienen en cuenta). Si una pareja tiene una cita, ambos se emborrachan y tienen relaciones sexuales, la mujer puede acusar al hombre de haberla violado.

De modo que, muchachos, compórtense como caballeros. Si salen con una muchacha y ella bebe, cuídenla y llévenla a su casa (siempre y cuando ustedes no hayan bebido también). Al día siguiente, ella los respetará y ustedes habrán evitado la vergüenza de ser arrestados por violación.

¿Por qué no debo beber si tengo una cita o voy a una fiesta?

Beber en una cita o en una fiesta es como manejar a 110 millas por hora en una carretera resbalosa. Es muy probable que en cualquier momento pierdas el control y se produzca un desastre. Cuando se bebe alcohol (cerveza, vinos, refrescos de vinos, vodka, ron, whisky o cualquier tipo de bebida alcohólica) o se consume cualquier tipo de droga, la capacidad de tomar decisiones prudentes se ve disminuida. Incluso un solo trago puede ser suficiente para que una persona tome decisiones desacertadas en términos de conducta sexual. Es verdad que muchas veces se consume alcohol en citas y fiestas y no ocurre nada grave, pero mientras más te expongas al riesgo, mayores serán las posibilidades de que algo ocurra. Basta abrir el periódico o mirar los noticieros para enterarte de que amigos, vecinos o personas de tu comunidad hirieron a alguien por estar bajo la influencia del alcohol. Recuerda que eres como cualquier otro ser humano. Tú también puedes herir a alguien o alguien puede herirte a ti de diferentes maneras estando bajo la influencia del alcohol o las drogas.

El alcohol reduce la ansiedad y los miedos, pero también tu capacidad de pensar con claridad. Por esa razón es tan frecuente que los varones les compran bebidas a las mujeres o intenten embriagarlas. La mujer no podrá pensar con claridad y entonces será más fácil convencerla de tener relaciones sexuales. Ese es un viejo truco que todavía se usa mucho. Así que, señoritas: ¡tengan cuidado!

Muchachos: en su caso beber también reduce la ansiedad y el miedo, pero también suele tornarlos más agresivos. Combinen la actitud que los hace sentir "Soy invencible, tengo poder y haré lo que quiera" con el deseo de tener relaciones sexuales y se verán tentados a hacer algo que normalmente no harían cuando actúan con buen juicio.

¿Cómo puedo estar en onda si no bebo?

Damas y caballeros: en la época en que vivimos, quien está en onda es quien no bebe. Éstas son algunas formas sencillas de rechazar un trago cuando te lo ofrecen:
- "Tengo que conducir".
- "Esta noche no".
- "No me siento bien".
- "Estoy tomando medicamentos".
- "Ya me voy".

Luego puedes agregar algo como: "Pero sí te acepto una gaseosa (o jugo o agua) si tú tomas". De ese modo, si realmente te importa lo que piensen los demás, tendrás un vaso en la mano y nadie más sabrá que no estás bebiendo alcohol.

¿Qué debo hacer si la persona con la que salgo se emborracha?

Si la persona con la que sales se emborracha y la situación comienza a descontrolarse, permanece donde haya mucha gente y no te quedes a solas con esa persona. Si estás con amigos, explícale a alguno de ellos tu preocupación y dile que necesitas ayuda o que quieres ir a tu casa. No dejes que la persona con la que saliste te lleve a tu casa en auto. Pídele a otro que lo haga. Si te hostiga, no temas elevar la voz o enojarte, de modo que la gente pueda darse cuenta de que te están molestando.

¿Qué es la droga de la violación?

La droga de la violación es una sustancia química que se agrega a la bebida para hacer que una persona pierda la noción de lo que ocurre y luego no recuerde nada de lo sucedido. Los dos tipos de drogas de la violación más comunes son el gamma hidroxibutirato (GHB) y el Rohypnol. Cualquiera de estas dos drogas se coloca en una bebida (sea o no alcohólica) sin que la persona sepa. Ambas son difíciles de reconocer a la vista o al gusto, de modo que la persona la beberá sin darse cuenta. En poco tiempo se sentirá débil e incapaz de tomar decisiones o de impedir que alguien se aproveche de ella. Si la persona es violada, no podrá recordar lo sucedido. Recuerda estos consejos si vas a una fiesta:

- No aceptes bebidas ya abiertas.
- Mira cuando te preparan un trago.
- No dejes tu trago solo. Si lo dejas porque debes ir al baño, luego pide otro; no bebas el que dejaste.
- Presta atención al entorno y a quienes estén cerca. A veces un individuo distrae a una mujer mientras otro coloca la droga en su bebida cuando ella no está mirando.

¿Qué debo hacer si me parece que me dieron una de estas drogas?

Si sientes o ves algo extraño en tu bebida después de un sorbo, no sigas bebiéndola. Si estás con un amigo o amiga, coméntale tus sospechas y dile que quieres irte. Si crees que la persona con la que saliste esa noche es quien puso algo en tu bebida, busca un teléfono para pedir ayuda a la policía o llamar a tus padres o alguien de tu confianza que pueda ir a buscarte enseguida.

Si crees que te violaron, pero no estás segura o no puedes recordarlo, acude inmediatamente a un centro para crisis por violación o a un hospital. En la mayoría de dichos centros y hospitales pueden hacerte pruebas para detectar esas drogas hasta 3 días posteriores a su administración.

¿Qué es una violación en grupo?

La violación en grupo es un acto en el que dos o más personas obligan a otra a tener relaciones sexuales. Por ejemplo, puede ocurrir en las fiestas que organizan las asociaciones estudiantiles, las universidades, las escuelas secundarias o equipos deportivos. Señoritas: es aconsejable ser cautas o sencillamente no ir a ese tipo de fiestas.

¿Un marido tiene derecho a violar a su esposa?

No. Eso se llama "violación marital". Un marido no tiene ningún derecho de obligar a su mujer a tener relaciones sexuales. Un contrato matrimonial no es una escritura de propiedad. La mujer no renuncia a sus derechos como ser humano luego de casarse. Como siempre, cuando la mujer dice "no", significa "no".

¿Se considera violación una relación sexual con una persona menor de 18 años?

En la mayoría de los estados, sí. Una mujer menor de 18 años (en algunos estados, menor de 16) que tuvo relaciones sexuales puede presentar una denuncia por estupro (violación de menores). Incluso si ella hubiera dado su consentimiento para mantener relaciones sexuales, la ley considera que una menor no está capacitada para tomar decisiones sensatas relativas al sexo, de modo que el varón puede ser procesado.

¿Debo permitir que un miembro de mi familia toque mis partes íntimas?

No. El acto en el que tu padre o madre, madrastra o padrastro, hermana o hermano, tío o tía, abuelo o abuela te acaricia de manera sexual o toca los genitales o partes íntimas, o bien te obliga con palabras o mediante la fuerza física a que le toques los genitales o tengas relaciones sexuales con él o ella, se llama "incesto".

Si no se toman medidas para evitarlo, el incesto genera perjuicios psicológicos que suelen afectar a una persona por el resto de su vida. Muchas víctimas temen contarlo porque creen que es su culpa o que si alguien se entera, habrá una ruptura familiar. Si eres víctima de incesto, no es tu culpa y debes contarle a alguien lo que ocurre. La persona que comete incesto necesita ayuda. No es un hábito que vaya a desaparecer solo.

Si eres víctima de incesto o conoces a alguien que lo sea, debes saber que existen quienes pueden ayudarte. Puedes informarle a un consejero estudiantil o al departamento de salud y servicios sociales local, o bien llamar a: Childhelp USA (http://www.childhelpusa.org, 1-800-422-4453). En este número para llamadas gratuitas un profesional capacitado podrá hablar contigo y ayudarte a encontrar la forma de mejorar la situación.

Si eres víctima de abuso sexual o incesto y no tienes a quién recurrir, en los siguientes números de teléfonos en los EE. UU. te pondrán en contacto con consejeros y organismos de servicio social o jurídico de tu área que podrán ayudarte a solucionar tu situación, darte refugio de emergencia o, incluso, comunicarse con tus padres si lo necesitas. En estos números puedes encontrar ayuda si no tienes a quién acudir: Girlstown National Hotline (1-800-448-3000), Boystown National Hotline (1-800-448-3000), National Runaway Hotline (1-800-621-4000), Angels Flight (1-800-833-2499).

Si tienes más inquietudes acerca del alcohol, las drogas, la violación o acerca de otros temas relativos a la sexualidad, puedes encontrar más información o realizar preguntas en: Youth Embassy (http://www.YouthEmbassy.com).

12

Prevención del contacto sexual con adultos y los perjuicios afines

Se llama contacto sexual con adultos a lo siguiente:

- Cualquier tipo de contacto físico, conversación o actividad en la que un adulto trata de que un menor haga o diga algo destinado a complacer el placer sexual del adulto.
- Un adulto que trata de hacer que un menor describa actos de naturaleza sexual por teléfono, en Internet o en persona.
- Un adulto que le pide a un menor que lo toque o bien que crea una situación para poder tocar al menor.
- Un adulto que quiere que un menor pose desnudo, con muy poca ropa o en una actitud sensual para sacarle fotos o filmarlo.

¿Por qué está mal el contacto sexual con adultos?

Por la misma razón que está mal que una persona más fuerte intimide a una más débil: es un abuso de poder que le puede causar mucho daño a la víctima. Los menores aún no han desarrollado las capacidades necesarias para evitar que un adulto cuyo interés es satisfacer sus propios deseos sexuales los manipule y se aproveche de ellos. Generalmente el saldo es un menor que sufre un trauma emocional y psicológico, y secuelas de por vida. Esas secuelas pueden ser emocionalmente dolorosas y hacer que el menor adopte una visión perjudicial y enfermiza de la vida y de sus futuras relaciones, o incluso pueden conducirlo a situaciones peligrosas, como el consumo de drogas, la violencia o el suicidio, por ejemplo.

¿Por qué los adultos buscan adolescentes para tener relaciones sexuales?

Existen muchas posibles razones por las cuales algunos adultos quieren tener contacto sexual con adolescentes, pues lo que excita sexualmente a las distintas personas varía de un individuo al otro. Lamentablemente, aunque esos adultos saben lo mucho que su comportamiento puede perjudicar a un menor, les preocupan más sus propias apetencias sexuales que la salud, la vida y el futuro del menor.

Algunos adultos tratan de tener contacto sexual con un menor porque carecen de la autoconfianza necesaria para tener relaciones sexuales con otros adultos o porque quizás les resulte más fácil conseguir tener relaciones sexuales con un menor y corren menos riesgo de ser rechazados. Otros quieren tener una sensación de poder y control. Estas son sólo algunas de las numerosas razones por las cuales un adulto querría tener contacto sexual con un menor.

Generalmente, en los casos de contacto sexual con un adulto, éste busca formas de hacer que un menor satisfaga sus necesidades sexuales sin que nadie se entere. Luego, intenta ganarse la confianza del menor, ya que una vez que logró su confianza, le resulta más fácil manipularlo (engañarlo) para que acceda a tener algún tipo de contacto sexual. En muchos de estos casos, el menor no está interesado en el adulto de un modo romántico, sino que es manipulado para tener contacto sexual con él. En otros casos, el menor es seducido para que se involucre sentimentalmente con el fin de lograr contacto sexual. Ambos casos son posibles porque un menor adquiere la capacidad de tener sentimientos intensos (como amor, atracción y culpa) mucho antes de saber manejarlos, lo cual lo hace vulnerable a la manipulación.

¿Hay determinados tipos de adultos de los que deba cuidarme?

Cualquier adulto puede tratar de aprovecharse de un menor. Puede tener cualquier condición social y profesión, ser empresarios, líderes religiosos, consejeros, profesores, directores de escuela, líderes de campamentos, entrenadores deportivos o vecinos, por ejemplo. No creas que por tener determinado cargo una persona no abusará de otras, especialmente de menores. En cualquier lugar donde adultos y menores pasen tiempo juntos existe el riesgo de que un adulto esté interesado en menores para su propia satisfacción sexual. Este riesgo te pone en la extraña situación de tener que estar alerta a lo que ocurre en tu entorno.

¿Y qué pasa en Internet o las salas de chat? ¿Cómo sé que estoy conversando con alguien de mi edad?

En realidad no tienes forma de saberlo. Los adultos que buscan tener contacto sexual con menores suelen entrar en salas de chat para adolescentes, mentir acerca de su identidad y tratar de establecer un vínculo sexual o sentimental con un menor a través de Internet. Estos adultos primero intentan forjar una 'amistad' con el menor y ganarse su confianza.

¿Qué debo hacer si una persona de una sala de chat quiere conocerme personalmente?

En general es riesgoso y debe evitarse. Ahora bien, si sientes que debes saciar tu curiosidad a toda costa, debido a la época en la que vivimos, lamentablemente deberás tomar todas las precauciones posibles para protegerte.

- Debes suponer que la persona con la que estuviste comunicándote no es quien dice ser.
- Reúnete con ella solamente en un lugar público muy concurrido.
- Preséntate acompañado por lo menos de un amigo (mejor aún si es un adulto de confianza).
- Diles a tus padres o tutores lo que harás, con quién te encontrarás, adónde irás y a qué hora regresarás.
- No aceptes encontrarte con esta persona en ningún sitio que no sea concurrido.
- No aceptes reunirte a solas.
- No accedas a ir a ningún lado con ella después del encuentro, como por ejemplo subir a su automóvil o ir adonde hay poca gente.
- No le des tu dirección ni el número de teléfono de tu casa.

En una sala de chat no tienes forma de saber con quién estás hablando realmente.

¿Qué debo hacer si una persona que conocí en Internet me envía fotos de desnudos o me pide que le envíe fotos "sexys" mías?

Esa es una señal de que la persona que conociste puede hacerte daño. Si te pide este tipo de cosas, debes dejar de comunicarte con ella. No es necesario despedirte ni dar ninguna explicación. Sencillamente haz caso omiso de sus próximos mensajes y no le respondas ningún intento de comunicación. También debes comunicarte con el departamento local de policía e informar lo que ocurrió para ayudar a impedir que esta persona perjudique a otros menores.

¿Cómo logran los adultos que los menores accedan a tener contacto sexual con ellos?

Los adultos pueden usar muchas formas de confundir, seducir y manipular (engañar) a menores para llegar a tener contacto sexual con ellos. Con el fin de tratar de ganarse la confianza de un menor, algunos utilizan el sentido del humor, la simpatía, la amabilidad y la comprensión. Pueden recurrir a la culpa o la ira para presionar al menor y lograr que acepte tener contacto sexual. O bien pueden hacer uso de regalos, cumplidos, dinero, comida o viajes en su automóvil para lograr que el menor se sienta atraído o en deuda.

El problema es que, como casi todos los adultos SON amables y no buscan tener contacto sexual con menores, es difícil discernir si un adulto es cordial y generoso porque quiere tu bien o porque quiere entablar un contacto sexual.

¿Cómo puedo darme cuenta si un adulto quiere engañarme para tener contacto sexual conmigo?

Al principio quizás no te des cuenta. Tal vez parezca una persona amistosa que nunca buscaría contacto sexual contigo. Insisto: este tipo de adultos puede pasar mucho tiempo tratando de conocerte y de ganarse tu confianza. Pero después suele haber pequeños indicios, como su interés en buscar momentos y lugares para estar a solas contigo, comentarios fuera de lugar (comentarios que un adulto no debe hacerle a un menor) o contacto físico indebido (formas de contacto físico que un adulto no debe tener con un menor).

¿Qué comentarios son indebidos?

Éstos son algunos ejemplos de comentarios que un adulto no debería hacerle a un menor:
- Te halaga la ropa, pero en relación con tu cuerpo.
  Por ejemplo: "Con esa ropa se nota que tienes un muy buen físico".
- Te dice que le gustaría verte con determinadas prendas.
  Por ejemplo: "Te verías muy bien con ese traje de baño".
- Te pregunta si tienes experiencia sexual.
  Por ejemplo: "¿Eres virgen?"
- Te pregunta si conoces el significado de algunas prácticas sexuales.
  Por ejemplo: "¿Sabes lo que es masturbarse?"
- Te dice que eres sexy.
- Te pregunta si tienes novio o novia.

Ahora bien, no debes confundirte en el caso de ciertos adultos que deben hacerte algunas de estas preguntas para proteger tu salud. O bien cuando el propósito de las preguntas no guarda relación con ningún deseo de tener contacto sexual contigo. Por ejemplo, un médico quizás necesite saber si tienes una vida sexualmente activa para encontrar las causas de algún problema de salud que puedas tener. O tal vez un profesor necesite averiguar cuánto sabe su grupo de alumnos para poder determinar en qué temas debe concentrarse más en el momento de enseñarlos. No obstante, en este último caso, un profesor normalmente hará estas preguntas a través de una encuesta anónima (sin nombres) destinada a todo el grupo (no a un grupo reducido ni en forma privada) y no forzará a un alumno a expresar en voz alta información personal.

En el mismo sentido, tus padres u otros miembros de tu familia quizás comenten lo bien que te ves con determinada ropa, pero en este contexto sus comentarios tendrán un significado y un fin muy diferentes de lo que tendrían si los hiciera cualquier otro adulto.

¿Qué formas de contacto físico son indebidas?

Éstos son algunos ejemplos de contacto físico indebido:
- Acariciar cualquier parte del cuerpo (incluso las manos, hombros, espalda o piernas).
- Tocar la zona genital, los senos o el trasero.
- Abrazar o besar de forma apasionada.
- Pedirle a un menor que lo toque, acaricie o le haga masajes.
  Por ejemplo: "Tengo dolor muscular. ¿Me frotarías aquí? ¿Me darías un pequeño masaje?"
- Ofrecerse para hacerle masajes a un menor.

Por supuesto que las caricias o masajes de los padres son adecuados en la mayoría de los casos. Del mismo modo, un examen físico realizado por un médico en su consultorio es pertinente en general. Sin embargo, es bueno recordar que si te sientes incómodo cuando un adulto u otra persona te toca, sea de la manera que fuere, confía en tus sentimientos y dile que se detenga y que no quieres que te toque.

¿Qué situaciones puede tratar de crear un adulto que quiere tener contacto sexual con un menor?

Un adulto que quiere tener contacto sexual con un menor trata de quedarse a solas con él sin correr el riesgo de que otro adulto u otra persona puedan ver lo que hace. Ten cuidado en las siguientes situaciones:

- Si un adulto te pide que vayas a un lugar o área donde no hay otras personas, sean adultos o menores. Por ejemplo: salones de clase u oficinas con la puerta cerrada; la casa de un adulto; hoteles, la casa de un amigo del adulto, una fiesta (a la que no va nadie, salvo el adulto y tú); su auto.
- Si un adulto te invita a ver películas o vídeos con escenas de sexo o desnudos.
- Si un adulto quiere que mires fotografías, sitios web u otro material que contienen desnudos o imágenes de sexo.
- Si alguien te envía por Internet fotografías o películas de desnudos o material pornográfico.
- Si un adulto te muestra sus genitales o no está completamente vestido.
- Si un adulto te lleva a un lugar donde se consume alcohol o drogas.
- Si un adulto te compra comida o regalos y luego te pide "favores".
- Si un adulto dice que quiere ser tu segundo padre o madre o tu ángel de la guarda, o te pide que lo llames "tío" o "tía".
- Si un adulto te lleva en su automóvil hasta tu casa, al centro comercial u otros lugares.
- Campamentos, paseos o fiestas donde la gente se queda a dormir.
- Si personal que trabaja en la escuela cambia tus calificaciones o promete protegerte para que no tengas problemas.
- Si en un trabajo o club te dan un aumento de sueldo o un ascenso, a pesar de que hay otros con mayor antigüedad o mejores antecedentes que tú.

Aunque es cierto que algunas de estas situaciones suelen ser seguras (por ejemplo, cuando los profesores te dan una cita después de clase para que hagas una tarea, un vecino accede a cuidar a un menor como un favor a los padres o al tutor, o cuando un mentor o un líder de un club lleva a un grupo de menores en automóvil a ciertos destinos o se va de campamento con un grupo de otros menores y acompañantes adultos), si un adulto te hace cualquier tipo de comentario impropio o te toca en cualquiera de esas situaciones, es una señal de que puede haber problemas.

Claro que normalmente no hay ningún problema si tus padres o tutores te llevan en automóvil a algún lugar, te pagan comidas, te hacen regalos o te llevan de vacaciones o de viaje.

¿Y si un adulto se me insinúa y me pide que lo toque?

Si un adulto te invita a salir o dice o hace cosas indicativas de que quizás está interesado en ti sexualmente, ten en cuenta lo siguiente:

- Debes saber que lo que esta persona dice o trata de hacer es incorrecto y peligroso.
- Debes saber que lo que esta persona dice o trata de hacer no es tu culpa en absoluto.
- Si un adulto comienza a tocarte cualquier parte del cuerpo, aléjate, o por lo menos, sospecha y está alerta. Si algo te incomoda, confía en tus instintos. ¡Retírate de la situación inmediatamente!
- Si un adulto te pide que le toques cualquier parte de su cuerpo, aléjate, o por lo menos, sospecha y está alerta. Si algo te incomoda, confía en tus instintos. ¡Retírate de la situación inmediatamente!
- Probablemente te dé vergüenza, ya que es un sentimiento normal en ese tipo de situaciones, pero debes contarles lo que ocurrió a tus padres, tutores u otro adulto digno de tu confianza. ¡Y hazlo inmediatamente!
- No vuelvas a encontrarte con ese adulto. Diles a tus padres o tutores que esa persona te hace sentir incómodo. Es de esperar que ellos tomen medidas para que no tengas que volver a ver ni estar cerca de la persona.
- Pídeles a tus padres, tutores u otro adulto de confianza que se comuniquen con el jefe de esta persona y con las autoridades legales pertinentes para que investiguen la situación. Es probable que si esto te ocurrió a ti, tal vez le haya sucedido o le suceda a otros menores, pero que ellos quizás no sepan manejar la situación tan bien como tú.
- Habla con un consejero o psicólogo calificado acerca de lo que sucedió. Si bien lo que te ocurrió puede no haberte dañado físicamente, puede haberte generado mucho miedo, sensación que puede persistir en el futuro si no hablas abiertamente de lo sucedido.

¿Y si la persona que tiene contacto sexual con el menor es uno de los padres, tutores u otro miembro de la familia?

Esto se llama incesto y puede tener secuelas muy negativas en el futuro del menor si no cuenta con apoyo psicológico. Lo primero que el menor debe hacer es encontrar a un adulto de confianza fuera de su familia y contarle lo que ocurre. En la mayoría de los casos, se necesita ayuda profesional para la familia a fin de garantizar que la situación no se repita y que el menor y los otros menores de la familia puedan resolver sus sentimientos.

¿Qué debo hacer si en una situación determinada la compañía de un adulto me hace sentir incómodo?

Si en una determinada situación la compañía de un adulto te hace sentir incómodo por lo que dice, hace, hizo o por alguna razón que no puedes precisar, confía en tus instintos y sal de la situación.

Si esa persona no te atemoriza, usa alguna frase para librarte de la situación. Por ejemplo:

- "Estoy empezando a sentirme muy mal. Tengo que irme". (¡Y te vas!)
- "Estoy empezando a sentirme muy mal. Tengo que llamar a mi madre/padre/tutor". (¡Y te vas!)
- "Tengo que ir al baño". (¡Y te vas!)
- "Olvidé mi medicamento en la otra habitación/en el auto y tengo que ir a buscarlo". (¡Y te vas!)

Pero recuerda: a esta persona no le debes ninguna disculpa ni tienes que explicarle lo que te pasa. Sólo levántate y ve adonde haya otros adultos.

Si te encuentras en una zona alejada de todo lugar concurrido y no puedes escapar de un modo seguro, trata de conseguir ayuda para que alguien vaya a buscarte.

- "Creo que voy a vomitar. Tengo que llamar a mi madre/padre/tutor". (¡Y haz una llamada para pedir ayuda!)
- "Olvidé mi medicamento y estoy comenzando a sentirme mal. Tengo que llamar a mi madre/padre/tutor ya mismo". (¡Y haz una llamada para pedir ayuda!)

- "Tengo que ir al baño". (Si tienes teléfono celular, haz una llamada para pedir ayuda. Llama a un adulto de confianza o al 911 y explica que tienes miedo y necesitas ayuda.)

Una vez que hayas podido salir de la situación y estés seguro, CUÉNTALE A UN ADULTO DE CONFIANZA LO QUE SIENTES Y LO QUE OCURRIÓ. En ese momento puede parecerte que exageraste, te equivocaste, que no volverá a suceder o que no quieres crear un problema. También puedes sentir vergüenza o miedo. Éstos son los sentimientos más comunes en un menor cuando un adulto (o cualquier persona) se ha aprovechado de él. Es una situación muy grave y necesitarás que otro adulto se ocupe de protegerte para que no te hagan daño en el futuro.

¿Qué debo hacer si un adulto ha tenido contacto sexual conmigo?

Probablemente sientas confusión, vergüenza, miedo o creas que lo que ocurrió es tu culpa, ¡pero no lo es! Tal vez sólo quieras tratar de olvidar lo que pasó y no contárselo nunca a nadie. Todos esos sentimientos y reacciones son normales. Pero necesitarás luchar contra ellos y pedir ayuda para que ni tú ni otros vuelvan a sufrir algo parecido. Debes contárselo inmediatamente a tus padres, tutores u otro adulto de tu confianza.

Además de ser un delito, este hecho puede dejar secuelas psicológicas que si no se tratan pueden afectar considerablemente tu futuro. Haz que tus padres o tutores se comuniquen con autoridades legales, tomen medidas para que no tengas que volver a ver ni estar cerca de esta persona y pidan una cita con un consejero o psicólogo calificado.

Y recuerda que lo que pasó no fue tu culpa. Eres la víctima de un delito y debes recibir ayuda profesional para superar lo que ocurrió. Éstas son algunas de las cosas que un menor debe hacer:

- Contarle a un adulto de confianza lo que ocurrió.
- Cortar todo tipo de comunicación con el adulto con el que tuvo contacto sexual.
- Buscar un profesional capacitado con quien hablar abiertamente de sus sentimientos.

- Si hubo relaciones sexuales, coordinar una cita con un médico para realizarse pruebas de embarazo y de enfermedades de transmisión sexual.
- Recordar que la culpa siempre es del adulto. Nunca del menor. Jamás.

Éstas son algunas de las cosas que un menor NO debe hacer:
- Mantener en secreto lo que ocurrió y no contárselo a un adulto de confianza.
- Creer que lo que ocurrió no volverá a suceder.
- Tratar de proteger al adulto con quien tuvo contacto sexual.
- Guardarse para sí los sentimientos y pensamientos acerca de lo que pasó.
- Culparse.

Si hablo de lo que pasó, ¿no le crearé problemas a esta persona?

Los adultos que realizan estos actos necesitan ayuda psicológica para poder dejar de abusar de menores. Si no reciben ayuda, seguirán haciéndoles daño a otros menores. Lamentablemente, estos adultos no dejarán de hacerlo ni recibirán ayuda psicológica a menos que se los obligue. Es decir, depende de ti que decidas colaborar para lograr que este individuo no perjudique a otros menores. Para ello es necesario que hables con tus padres o tutores y con autoridades legales para informarles lo que sucedió.

¿Cómo puedo evitar convertirme en una víctima de contacto sexual con adultos?

Lamentablemente, cualquiera puede ser engañado o confundido por un adulto (incluso otros adultos). Si bien no debes temer a los adultos, debes saber que las intenciones de algunos es buscar menores para aprovecharse de ellos y tener contacto sexual. Debes reconocer los indicadores que pueden identificar a un adulto que trata de engañar a un menor para tener contacto sexual (entre ellos, situaciones, comentarios y contacto físico impropios). También debes recordar que la mayoría de los adultos no buscan tener contacto sexual con menores y realmente les interesa proteger a los menores de los adultos que sí buscan hacerlo.

Existe un sitio en Internet que puede ayudar a los adultos que tuvieron contacto sexual con menores o que luchan contra sus deseos de tenerlo. Dicha organización también brinda información a otros adultos para que puedan darse cuenta si un menor es víctima de contacto sexual con adultos: Stop It Now! (http://www.stopitnow.com/).

Es conveniente que les des esa dirección a tus profesores para que se informen y aprendan a reconocer algunas de las señales que los menores dan cuando son víctimas de contacto sexual con adultos.

Si tienes más preguntas acerca de cómo prevenir el contacto sexual con adultos y los perjuicios afines o alguna otra inquietud relativa a la sexualidad, puedes encontrar información adicional o realizar consultas en:
Youth Embassy (http://www.YouthEmbassy.com).

13

Ser homosexual

A una persona que se siente atraída sexual o sentimentalmente hacia otra del mismo sexo se la llama "homosexual" (por ejemplo, cuando un hombre se siente atraído por otro hombre o cuando una mujer se siente atraída por otra mujer sentimentalmente). Las personas bisexuales se sienten atraídas sentimentalmente por personas de ambos sexos. Las personas heterosexuales se sienten atraídas sexualmente por personas del sexo opuesto.

¿Por qué una persona se hace homosexual?

Una persona no elige ser homosexual ni heterosexual ni bisexual. Hay dos teorías básicas que intentan explicar qué determina las preferencias sexuales de una persona y cómo lo hace.

SEGÚN LA TEORÍA BIOLÓGICA: lo que determina las preferencias sexuales de una persona son las características genéticas u otras diferencias físicas.

SEGÚN LA TEORÍA AMBIENTALISTA: lo que determina las preferencias sexuales de una persona es la forma en que fue criada de pequeña.

Aunque ninguna de las dos teorías ha sido demostrada, la mayoría de los investigadores se inclinan por la teoría biológica. Independientemente de cuáles sean los factores determinantes, es importante tener en cuenta que un individuo tiene poco o ningún control sobre el hecho de ser homosexual, heterosexual o bisexual.

¿Cuánta gente es homosexual?

Se desconoce la cantidad exacta de homosexuales que hay en el mundo. Algunos calculan que aproximadamente el 10% de la población mundial es homosexual. Otros dicen que hay más, otros dicen que hay menos. De todos modos, es difícil hablar de una cifra exacta.

¿Hay más homosexuales ahora que antes?

Probablemente no. Como ya dijimos, una persona no elige si se va a hacer homosexual o no y, por otra parte, la homosexualidad ha existido desde el comienzo de la historia documentada. No obstante, por primera vez en la historia de los Estados Unidos, los homosexuales están siendo más abiertos en cuanto a su sexualidad. Durante años, temían que se los maltratara, se los victimizara, se los llamara enfermos mentales o incluso que se los golpeara (lo cual, lamentablemente, todavía es muy común en nuestros días). Peor aun, a los homosexuales se les hacía sentir vergüenza de ser quienes eran debido a sus preferencias sexuales y por ello ocultaban su forma de sentir. En la década de 1970, la mayoría de los homosexuales ocultaban su orientación sexual y no hablaban con nadie de sus sentimientos. Sin embargo, a fines de esa década, comenzaron a dar a conocer su identidad sexual y a decir que eran homosexuales. Aunque hoy es un poco más fácil declararse abiertamente homosexual y hablar con la familia, los amigos y la sociedad de los sentimientos propios, sigue siendo una tarea difícil para muchos.

Puede parecer que actualmente hay más homosexuales que hace diez, veinte o treinta años, pero probablemente lo que ocurra es que ahora hay más individuos que se declaran abiertamente homosexuales que antes. En otras palabras, probablemente en la actualidad no haya más homosexuales que antes, sino que simplemente haya más individuos que lo dan a conocer.

Si tengo fantasías o relaciones sexuales con alguien de mi mismo sexo, ¿significa que soy homosexual?

Ésta es una pregunta que sólo tú puedes responder, pero debes saber que durante la adolescencia suele haber una etapa de experimentación y cierta curiosidad sexual. El mero hecho de que un joven tenga un encuentro con una persona de su mismo sexo o del sexo opuesto no quiere decir que necesariamente sea homosexual o heterosexual o que lo vaya a ser en el futuro, sino que simplemente vivió un episodio de esas características.

Si efectivamente tuvieras fantasías, sueños o una experiencia sexual con una persona de tu mismo sexo, trata de no preocuparte demasiado ni de catalogarte como "homosexual" ni "heterosexual". Tu sexualidad seguirá desarrollándose y evolucionando durante muchos años. Y recuerda, cuando te sientas confundido o no estés seguro de tus sentimientos, busca el apoyo de un adulto de confianza u otra persona seria para que puedas comprender mejor qué está pasando.

¿Se puede cambiar de orientación sexual?

Como dijimos antes, una persona no controla si es o no homosexual. Hay quienes dicen que pueden "cambiar" a un homosexual, pero no existen investigaciones válidas que lo comprueben, aunque algunas organizaciones y grupos dicen que sí pueden. En el mismo sentido, no se puede convertir un heterosexual en homosexual.

¿Qué son la homofobia y los ataques contra homosexuales?

La homofobia es el miedo a los homosexuales. Mucha gente tiene miedo de hablar, trabajar o estar con homosexuales. Los ataques contra homosexuales ("gay bashing", en inglés) es ese mismo miedo pero expresado en forma de odio o incluso de violencia contra los homosexuales.

La homofobia y los ataques contra homosexuales son exactamente iguales a cualquier otra enfermedad social, como el racismo, la intolerancia, el prejuicio y el sexismo. Todas estas formas de odio o prejuicios en contra de quienes no forman parte de la mayoría o no encajan con lo que algunos consideran "correcto" son totalmente injustas. Imagina que no les gustaras a los demás o que te odiaran por tener ojos azules en un mundo donde la mayoría tiene ojos color café. O que te maldijeran o hirieran porque tu piel es de un color diferente del de otra. Imagina ser odiado porque tu orientación sexual es diferente de la de otros. Lamentablemente, hay muchos individuos a quienes les resulta muy difícil comprender y aceptar que en este mundo no todos somos exactamente como ellos ni vivimos como ellos quieren que vivamos.

A todos nos gustan y disgustan diferentes cosas y todos tenemos diferentes formas de ser. No tienes obligación de que te guste lo mismo que a otra persona ni de estar de acuerdo con lo que otro cree o hace. Pero tampoco debes odiar a alguien que es diferente de ti y que no te hace ningún mal. Los homosexuales son exactamente como los demás seres humanos. Pueden ser fuertes o débiles físicamente, inteligentes o no tanto, divertidos o aburridos, productivos o vagos, confiables o deshonestos, simpáticos o malhumorados, felices o infelices, encantadores o insoportables. Todas las personas son especiales. Todos somos diferentes, lo cual nos iguala. Vivimos en unna tierra donde un individuo tiene libertad para pensar y sentir como quiera. No hay obligación de que te guste o de que estés de acuerdo con el modo de pensar o sentir de otra persona, pero la aceptación del otro como es y del derecho que los demás tienen de ser diferentes te permite disfrutar de la misma libertad.

¿Qué problemas tiene que enfrentar un homosexual?

Uno de los problemas que tiene que enfrentar es poder decir que es homosexual y poder serlo abiertamente. Es común que un homosexual se preocupe por lo que sus padres, familia, amigos o compañeros de escuela pensarán cuando se enteren. También es muy común que un individuo que cree ser homosexual no tenga a nadie con quien hablar o con quien compartir su forma de pensar y de sentir. Incluso en la actualidad, los homosexuales no gozan de gran aceptación. A veces no se los trata justamente en la escuela, en el trabajo, en contextos sociales o incluso en su hogar. A veces, establecer una relación sentimental también puede ser muy difícil.

¿Cómo puedes darte cuenta de que alguien es homosexual?

En realidad, con sólo mirar a una persona no puedes darte cuenta si es homosexual. Algunas cosas pueden hacerte creer que una persona es homosexual, como su forma de hablar, vestirse o gesticular. Pero no todos los varones homosexuales tienen características femeninas ni todas las mujeres homosexuales tienen características masculinas.

Los homosexuales son jugadores profesionales de fútbol, básquetbol, béisbol y cualquier otro deporte que te imagines. Los homosexuales tienen cualquier tipo de trabajo que se te ocurra, exactamente como los heterosexuales, y viven en todo el mundo. La única diferencia importante entre homosexuales y heterosexuales es su preferencia sexual.

¿Puede alguien volverse homosexual por tener amigos homosexuales?

No. La homosexualidad no es una enfermedad y nadie te la puede contagiar, así como tampoco puedes "contraer heterosexualidad". Relacionarte con homosexuales no te hará uno de ellos. Del mismo modo, un homosexual que se relacione con heterosexuales no se volverá heterosexual.

¿Dios me odiará por ser homosexual?

Algunos grupos religiosos creen que sí. Pero muchos otros grupos religiosos similares y diferentes no comparten esa idea en absoluto. Existen muchos y diversos grupos religiosos con diferentes creencias e interpretaciones. Eres libre de practicar la religión que elijas, pero debes saber que no todos comparten las mismas creencias.

¿Hay sitios web donde pueda encontrar información si creo que soy homosexual?

¡Claro que sí! Puedes comenzar con algunos de éstos: Parents, Families and Friends of Lesbians and Gays (PFLAG) (Padres, Familiares y Amigos de Lesbianas y Gays) (http://www.pflag.org); Gay, Lesbian and Straight Education Network (GLSEN) (Red Educativa para Gays, Lesbianas y Heterosexuales) (http://www.glsen.org); and Advocates for Youth (http://www.advocatesforyouth.org, o http://www.youthresource.com).

Si tienes más preguntas acerca de la homosexualidad o alguna otra inquietud relativa a la sexualidad, puedes encontrar información adicional o realizar consultas en: Youth Embassy (http://www.YouthEmbassy.com).

14

Cómo sobrellevar la tristeza y la depresión

Además de todas las nuevas hormonas, cambios físicos, diferentes relaciones, la presión de los pares y de la sociedad, y la aparente infinidad de conflictos de la vida, los jóvenes tienen sentimientos muy confusos, intensos y difíciles de manejar. De hecho, en los Estados Unidos, la tristeza es uno de los desafíos emocionales más comunes que los jóvenes deben enfrentar. A veces, esta tristeza se hace tan profunda y duradera que se convierte en "depresión".

¿Qué es la depresión?

"Depresión" es un término que se usa para describir el estado de una persona con sentimientos de desesperación, desesperanza y baja autoestima y que hasta puede hacerla pensar en el suicidio (quitarse la vida). Aunque el término "depresión" suele utilizarse para referirse a la tristeza, soledad o desánimo temporarios que todo el mundo siente una que otra vez, la depresión como trastorno psicológico hace referencia a una tristeza que es mucho más profunda de lo normal y dura más que sólo unas semanas. La depresión puede afectar considerablemente el rendimiento escolar y la capacidad de desenvolverse en relaciones y situaciones sociales.

¿Cómo se siente una persona deprimida?

Los síntomas de la depresión varían con cada persona. Éstos son algunos de ellos:

Cuando te sientes
deprimido, es como si
cargaras el mundo
en tus hombros.

- Tristeza casi cotidiana durante semanas o meses
- Sentimientos de desesperación, soledad, desesperanza, baja autoestima, pérdida de confianza en sí mismo durante semanas o meses
- Llanto o deseos de llorar
- Pérdida de interés en personas o actividades de las que antes se disfrutaba
- Bajo rendimiento escolar
- Indecisión y falta de concentración o memoria
- Dificultad para cumplir con responsabilidades de la escuela y el hogar
- Inquietud, agitación e ira
- Desgano generalizado
- Desinterés generalizado
- Cambios en los hábitos de sueño (dormir más de 10 horas diarias o tener dificultades para dormir)
- Cambios en los hábitos alimenticios (comer más o menos de lo acostumbrado)

- Falta de energía, entusiasmo o pereza permanente
- Dolores de cabeza o de estómago
- Hipersensibilidad a comentarios
- Exceso de sentido crítico para los demás y para uno mismo
- Deseo de estar a solas y de evitar situaciones sociales
- Dificultad para conservar relaciones con familiares y amigos
- Pensamientos de muerte o suicidio

Esos son sólo algunos de los posibles y numerosos signos de la depresión. Si tú o alguien que conoces (especialmente un familiar o un amigo) se siente muy triste durante un lapso prolongado y presenta tres o más de estos otros signos, es probable que el problema sea una depresión. Incluso si la tristeza es sólo ocasional, pero también se presentan tres o más de estos síntomas, es una buena idea suponer que el problema puede ser una depresión y consultar con un terapeuta. La depresión es muy frecuente y aparentemente lo es cada vez más entre los jóvenes. Pedir ayuda en forma precoz puede ser muy beneficioso.

¿Cuál es la diferencia entre tristeza y depresión?

La tristeza suele ser temporaria y es el producto de un hecho concreto que causa sufrimiento emocional. La depresión, en cambio, suele durar más que unos días; a menudo, semanas e incluso meses. Además, a veces una persona puede tener depresión, pero no saber por qué.

¿Cuán común es la depresión?

Sólo hay cálculos estimativos de la incidencia de la depresión en los Estados Unidos. Algunos cálculos dicen que aproximadamente el 8% (casi 1 de cada 10 personas) de la población sufre depresión por lo menos una vez en su vida. Otros cálculos, en cambio, hablan de aproximadamente el 17% (casi 1 de cada 5 personas) de la población. De todos modos, es difícil determinar cuántas personas la padecen y, de hecho, las cifras pueden ser mucho mayores.

¿Puede una persona pensar en el suicidio a pesar de no sentir que está deprimida?

Efectivamente. Una causa frecuente del suicidio es la depresión no diagnosticada (la persona no sabe que la padece). A veces un individuo puede estar deprimido, pero no saber cuáles son los signos y síntomas de la depresión, o incluso no ser consciente de lo que le pasa.

¿Cuál es la causa de la depresión?

Algunas personas parecen tener mayor predisposición a la depresión que otras. Si algún familiar tuyo tiene o tuvo depresión, tienes mayores posibilidades de padecerla. Esto significa que una de las causas puede ser genética. No obstante, la depresión también puede desencadenarse a partir de sucesos de cierta gravedad (como por ejemplo, violaciones, agresiones o lesiones), una vida familiar estresante, la muerte de un ser querido, un divorcio, enfermedades orgánicas, medicamentos u otros tipos de drogas, desequilibrios hormonales o estrés.

¿Qué es el estrés?

"Estrés" es todo lo que crea tensión en una persona. De hecho, tensión es sinónimo de estrés. Toda situación en la que un individuo, una actividad o un acontecimiento hacen que una persona se sienta bajo presión se considera estrés. El estrés puede ser generado por hechos placenteros (fiestas de cumpleaños, vacaciones, salidas con amigos), por acontecimientos menos gratos (como dar un examen, tener que dar un discurso) o por hechos absolutamente desagradables (una amenaza personal o hechos de violencia, por ejemplo).

Nadie puede erradicar completamente el estrés de su vida. Si bien es posible y conveniente evitar algunas fuentes de estrés (tales como personas negativas y situaciones perjudiciales), todos los días debemos lidiar con actividades o individuos estresantes. Lo que importa es cómo reaccionamos ante el estrés.

¿Cómo puedo controlar el estrés?

La pregunta siempre se resume a cómo controlar el estrés y aliviar la tensión de alguna manera que sea saludable y productiva (no perjudicial). Dado que todos vivimos situaciones de estrés, todos debemos encontrar formas de reducir la tensión que genera.

Muchas personas usan formas nocivas de reducir la tensión o el estrés. Por ejemplo:

- Fumar cigarrillos, tomar alcohol o consumir drogas
- Mirar televisión (mirar televisión como una forma de esparcimiento no es necesariamente dañino, pero, al igual que en el caso de la alimentación, el exceso puede traernos problemas)
- Gritarles a los familiares, amigos u otras personas
- Comer en exceso
- Utilizar la violencia física

Éstas son sólo algunas de las numerosas formas nocivas de reducir el estrés. Como puedes ver, cada una de ellas puede perjudicar al individuo estresado y a los demás, ¡lo cual genera a su vez más estrés!

Otras personas usan formas saludables de reducir la tensión o el estrés. Por ejemplo:

- Salir a caminar
- Hacer ejercicios físicos
- Dormir la siesta
- Tomar un baño
- Tener pasatiempos (actividades artísticas, lectura, artesanías, tocar instrumentos musicales)
- Llevar un diario personal
- Conversar con amigos o familiares
- Practicar meditación

Esta lista puede ampliarse indefinidamente. Como dijimos antes, cada una de ellas es una manera saludable y productiva de aliviar el estrés. El hecho de tener estrés no es tan importante como el modo en que elegimos controlarlo y reducirlo.

¿De qué forma el estrés afecta mi aspecto, mis sentimientos y mi vida?

El modo en que reacciones ante al estrés determinará tu aspecto, tus sentimientos y tu vida. Por ejemplo, si reaccionas comiendo, correrás un mayor riesgo de subir mucho de peso o de volverte obeso y ello afectará tu

Encuentra modos saludables de aliviar el estrés y la tensión.

corazón y otras partes de tu cuerpo. La obesidad, además, te hará sentir más lento o con menos energía. Pero no sólo eso. La obesidad también aumenta el riesgo de desarrollar enfermedades peligrosas, como diabetes, ataques cardiacos y algunos tipos de cáncer. También afectará la imagen que tienes de ti mismo (el modo en que te sientes respecto de tu aspecto físico). Si no te gusta tu aspecto, tal vez evites situaciones sociales, hacer nuevos amigos y entablar relaciones sentimentales. Como ves, todo esto puede generar aún más estrés y de ese modo hacer que la persona coma más y así empeorar la situación.

En cambio, si una persona decide salir a caminar diariamente durante 30 minutos o busca una persona con quien hablar acerca de lo que le sucedió durante el día (sobre lo que le haya generado estrés), liberará la tensión sin fomentar hábitos nocivos, enfermedades orgánicas peligrosas ni una baja imagen de sí mismo o autoestima.

Digámoslo una vez más: para tu aspecto, tus sentimientos y tu vida, el estrés no es tan importante como el modo en que decidas reaccionar frente a él.

¿La depresión desaparece sola?

Normalmente, todos sentimos tristeza durante periodos cortos de la vida. La depresión puede durar muchos meses y probablemente vuelva a manifestarse o se convierta en una afección de por vida. Si bien en algunos casos la depresión puede desaparecer sola, la mayoría de las veces, la persona necesita ayuda profesional para volver a sentirse bien y poder retomar una vida plena, placentera y productiva.

¿Qué puedo hacer para superar la depresión?

La buena noticia es que la mayoría de la gente con depresión puede beneficiarse con terapia y comenzar a sentirse mejor al poco tiempo. La mala noticia es que la mayoría de las personas que sufren depresión nunca buscan la ayuda que necesitan. Cuando la depresión no es tratada, puede empeorar, prolongarse e impedir que aproveches plenamente esta importante etapa de tu vida.

El primer paso para resolver este problema es darte cuenta de que estás deprimido o de que posiblemente lo estés. La depresión es frecuente (especialmente entre los jóvenes) y no es un signo de debilidad física ni psicológica.

Si te parece que quizás estés padeciendo depresión, debes manifestarle tus sospechas a un adulto de confianza que pueda darte una mano para buscar ayuda. En la vida todos necesitamos ayuda, y ésta es una de esas tantas veces en las que una mano puede venirte bien.

Un médico, psicólogo o consejero de salud mental calificado te ayudarán a encontrar una solución para poder librarte de la depresión. Generalmente, conversar con un psicólogo durante un cierto tiempo es útil. En algunos casos, se sugiere el uso de medicamentos. La combinación de ambos (terapia y medicación) suele ser muy eficaz.

¿Qué conexión tienen la tristeza, la depresión y el estrés con el sexo?

Quizás recuerdes que algunos signos de la depresión son el sufrimiento emocional y sentimientos de desesperanza, soledad, baja autoestima y confusión. Cuando un joven (o un adulto) siente que está solo, triste y que no vale nada, puede buscar formas de sentirse mejor como, por ejemplo, conseguir la atención de otro. Pero si esa atención proviene de alguien que quiere tener relaciones sexuales, la persona deprimida puede ser víctima de quien quiera aprovecharse de ella. La depresión y el estrés pueden afectar el modo en que un individuo percibe la realidad (es decir, la capacidad de distinguir qué es real) y lo que puede hacerlo sentir mejor. En este estado, un individuo puede ser tan vulnerable (débil y expuesto) que tal vez tome decisiones que normalmente no tomaría si se sintiera mejor y pensara con claridad.

A veces los jóvenes deprimidos tienen relaciones sexuales para tratar de conservar la atención que están recibiendo o para sentirse deseados, necesitados y valiosos como seres humanos. Otras veces, el sexo puede usarse como una distracción que les permita olvidar el sufrimiento. Sin embargo, será sólo un alivio temporal, pues generalmente una persona deprimida comenzará a sentirse nuevamente mal y, a veces, peor. Además, puede generar aun más problemas, como, por ejemplo, un embarazo no deseado o inoportuno o una enfermedad de transmisión sexual. El sexo no cura la depresión ni tampoco resuelve problemas.

Un joven que padece estrés también puede ser vulnerable al consumo de drogas como medio para aliviar tensiones y problemas. Bajo el efecto de las drogas (alcohol, marihuana, píldoras, etc.), un individuo pierde su capacidad de tomar decisiones atinadas. Todos los años se producen muchos embarazos y enfermedades de transmisión sexual como consecuencia de personas que tienen relaciones sexuales bajo la influencia del alcohol o las drogas. Muchas personas violadas o que violan a otras lo confirman.

Todo esto puede ser muy complejo y confuso, pero lo importante es que cuando una persona tiene emociones intensas, como cuando se padece depresión, puede ser vulnerable y correr el riesgo de tomar decisiones desacertadas. Es una buena idea posponer las decisiones importantes para cuando la depresión haya desaparecido.

¿Con quién puedo comunicarme para que me ayude con mi depresión?

Como dijimos antes, debes contarle lo que sientes a un adulto de tu confianza y decirle que necesitas ayuda. Esta persona podrá ayudarte a encontrar un terapeuta en tu área. Pero si necesitas encontrar uno de inmediato, estos sitios web y números telefónicos pueden ser un buen punto de partida. Para encontrar un terapeuta: American Psychological Association (http://helping.apa.org/find.html, teléfono: 1-800-964-2000) y 1-800-THERAPIST (teléfono: 1-800-843-7274).

¿Cómo sé si una persona es suicida?

La depresión aumenta el riesgo de suicidarse o de intentarlo. Siempre deben tomarse con seriedad todos los pensamientos y comentarios suicidas. Si algún conocido tuyo manifiesta cualquiera de los signos de depresión y:
- habla acerca del suicidio;
- parece obsesionado con la muerte;
- escribe cartas, cuentos o crea obras de arte con motivos de muerte;
- o comienza a regalar sus cosas;

comunícate inmediatamente con sus padres o tutores y con otro adulto de confianza y coméntales lo que viste u oíste y lo que te preocupa. Es mejor prevenir que curar.

¿Qué debo hacer si pienso en la muerte o en suicidarme?

Si piensas en la muerte o en suicidarte, habla de inmediato con un adulto de confianza. Si no tienes un adulto en quien confiar, llama a un número local de prevención del suicidio, visita los sitios web o llama al número de teléfono en EE. UU. que se detalla a continuación: Centro de prevención del suicidio (http://www.suicidecrisiscenter.com/callchart.html), 1-800-SUICIDE (1-800-784-2433), o SuicideHotlines.com.

Si tienes más preguntas acerca de la tristeza, la depresión o alguna otra inquietud relativa a la sexualidad, puedes encontrar información adicional o realizar consultas en: Youth Embassy (http://www.YouthEmbassy.com).

15

Cómo superar
momentos difíciles

En la vida todos tenemos épocas buenas y épocas malas, y uno de los problemas de la mayoría de los jóvenes es que aún no han desarrollado completamente las aptitudes necesarias para hacer frente a todas las situaciones ni poseen una visión de las cosas (la experiencia y la comprensión) que les permita darse cuenta de que las épocas malas pasan y los buenos tiempos SIEMPRE llegan. Aun más lamentable es el hecho de que muchos jóvenes no tienen el apoyo necesario de adultos que los ayuden a resolver estas dificultades. La vida es como navegar en un velero en medio del mar. Vendrán tormentas que te asustarán y te harán dudar si sobrevivirás o no. Pero mientras luches y recurras a todo lo que sabes para sobrevivir, la tormenta pasará y podrás volver a disfrutar de la belleza del mar mientras viajas hacia tu próximo destino. Recuerda que los tiempos tormentosos que quizás estés viviendo, TARDE O TEMPRANO PASARÁN.

¿Por qué mi vida es tan fea?

Quizás en esto nos pueda ayudar un poco de filosofía. Una forma diferente de ver las dificultades que estás atravesando es considerarlas como pruebas o desafíos. Cada prueba que superes te hará más fuerte. Y necesitarás fuerza emocional, psicológica y ética para poder vencer los desafíos de la vida adulta.

Otra cuestión para tener en cuenta es que, sea cual fuere tu situación, probablemente tengas cosas que muchos otros jóvenes del país y del mundo no tienen. ¿Sabías que muchos jóvenes del mundo:

- ... no tienen agua potable para beber y se enferman o mueren por beber la única agua que consiguen?
- ... se mueren de hambre todos los días?
- ... son comprados y vendidos como esclavos?
- ... no tienen una casa donde vivir?
- ... no tienen acceso a la educación?
- ... tienen muy pocas posibilidades de elegir lo que harán con sus vidas?

¿Cuál es la verdadera gravedad de tu situación? ¿Puedes comer regularmente? ¿Tienes agua potable para beber? ¿Tienes ropa? ¿Tienes una casa adonde volver? ¿Una cama donde dormir? ¿Tienes un buen amigo? ¿Tienes un adulto en quien confiar para que te ayude y te guíe? Si tus respuestas son afirmativas, estás en mejores condiciones que la mayoría. Por más difícil que sea tu situación, probablemente por lo menos tengas una oportunidad: la oportunidad de mejorar tu realidad y la oportunidad de llegar a ser la persona que deseas ser. Mucha gente no tiene las mismas posibilidades de cambiar que tú.

Un último punto que puede ser útil es prestar atención a aquellas personas que alcanzaron grandes logros en sus vidas o que se destacaron en su actividad. Si lees las biografías (historias de vida) de gente exitosa, descubrirás que, para triunfar, casi todos enfrentaron terribles desafíos y superaron importantes obstáculos. Tú también necesitarás hacer frente a desafíos y transformarlos en tu energía positiva.

Pero mi vida es realmente fea. ¿Qué debo hacer?

Si te sientes abrumado por la tristeza y la desesperanza, es importante que hables de lo que sientes con un adulto en quien confíes, o incluso con un psicólogo o consejero calificado. En muchas ocasiones de la vida no podrás controlar tú solo lo que ocurre y necesitarás una mano. Todos tenemos momentos difíciles en la vida en los que necesitamos que nos ayuden.

¿Soy la única persona que se encuentra en una situación como ésta?

No. Jóvenes de todo el planeta luchan día a día con sus propios mundos. Violencia doméstica; violencia barrial; acoso sexual e intimidación en la

Muchos jóvenes enfrentan situaciones difíciles en sus vidas,
pero con constancia y decisión podrán salir adelante.

comunidad, en la escuela y en el hogar; presión de los pares; relaciones nocivas; pérdida de seres queridos y presión para generar resultados son sólo
algunos de los muchos problemas que los jóvenes enfrentan diariamente, sin
mencionar los sentimientos que los confunden e inquietan, como, por ejemplo, la imagen de sí mismos o el aspecto físico y la aceptación.
Lamentablemente parece haber cada vez menos recursos y adultos confiables
a los cuales los jóvenes pueden acudir en busca de ayuda y orientación.

No, no eres la primera ni la última persona en una situación como la que
vives. Pero eres la única persona que puede tomar las medidas necesarias
para modificarla, entre ellas obtener ayuda.

¿Cómo puedo sobrevivir a esta etapa?

He aquí algunas sugerencias que pueden ayudarte a superar esta situación tormentosa:

BUSCA UN REFUGIO. Encuentra un lugar seguro donde no tengas que estar pendiente de que alguien te moleste y donde puedas sentirte seguro, relajarte y pensar.

CAMBIA TUS PERCEPCIONES. La ira, la tristeza, la depresión, la desesperanza (todas emociones intensas) afectan la capacidad de ver los numerosos aspectos de una situación. Las emociones intensas a veces generan una "estrechez de miras", es decir, hacen que el individuo tenga una y solamente una forma de ver las cosas. A menudo una persona que no esté involucrada emocionalmente puede ayudarte a analizar la situación y descubrir opciones y soluciones. Todo problema tiene una solución.

BUSCA EL LADO BUENO DE LAS COSAS. En todas partes, en toda situación, en todo momento, busca las ventajas y el lado positivo. Los problemas no son lo único que tienes en la vida. Hay muchas cosas que valorar y por las cuales debes estar agradecido, desde tu salud hasta esa persona a quien le importas, o ese lugar seguro donde puedes acudir. Piensa cómo sería la vida si no tuvieras buena salud, alguien con quien contar o un lugar adonde acudir. Muchas veces a las cosas positivas no se las ve y se las da por sentado. Al apreciar las cosas que afortunadamente tienes, inclinas la balanza a favor de la esperanza y de la sensación de que todo va a estar bien, en lugar de favorecer la desesperanza y la tristeza.

MIRA LAS COSAS EN PERSPECTIVA. ¿Este problema o situación realmente te importará dentro de diez o cinco años, o incluso dentro de un año? ¿Cómo afectará esta situación el "panorama general"? Es posible que dentro de unos meses o años ni siquiera te acuerdes de eso que ahora tanto te preocupa.

DESCUBRE QUIÉN ERES. Estás aquí por alguna razón, por algún propósito. Has recibido determinadas aptitudes y virtudes. ¿Cuáles son? ¿Cómo puedes perfeccionarlas y usarlas para que te ayuden a superar esta situación y prepararte para tu futuro?

TRASCIENDE TU ENTORNO. Debes ser quién realmente eres. No permitas que te limite nada de lo que nadie diga, haga o piense de ti. Independientemente de quién sea la persona que intenta ponerte obstáculos, recuerda quién eres y qué debes hacer para abrirte camino.

BUSCA AYUDA. Todos necesitamos ayuda. Busca un adulto en quien puedas confiar o recursos en tu escuela, comunidad o país que puedan darte la información, el apoyo y la orientación que necesites. Busca alguien que merezca tu confianza y que pueda ayudarte a solucionar tus problemas.

APAGA EL TELEVISOR. La televisión puede entretener, pero también puede ser una fuente de decepción y tristeza y alimentar las falsas percepciones de la vida. En la televisión, la vida de las personas y familias parecen ser todas perfectas. Se las describe de un modo tan irreal, que a veces los televidentes comienzan a comparar sus vidas "imperfectas" con lo que ven en la pantalla y sientan que su vida no es nada especial, o peor aún, que es una pesadilla. Reduce la cantidad de horas que pasas en frente del televisor y trata de limitarte a ver sólo los programas que te hacen sentir bien. En lugar de mirar televisión, pasa algunas horas todos los días realizando actividades que afiancen tus virtudes personales.

Tú vales por lo que eres.
No permitas que nadie se aproveche de ti.

ALÉJATE DE LO NEGATIVO. Evita las personas que te hacen sentir mal acerca de ti mismo o que sólo te generan más problemas. No escuches música ni otras influencias que solamente describen los aspectos negativos de la vida o los modos perjudiciales de manejar los problemas. Y recuerda que los cigarrillos, el alcohol y otras drogas sólo complican la vida y crean serios problemas futuros. ¡Evítalos a toda costa!

¡TEN CUIDADO CON EL RUMBO QUE TOMAS! Ten cuidado con la gente que induce a las drogas, al sexo, la violencia o las pandillas como una solución para tus problemas. Hay gente que constantemente busca jóvenes deprimidos, vulnerables (con poca capacidad para pensar y tomar decisiones sensatas) o en situaciones difíciles para poder aprovecharse de ellos. Muchas veces estos individuos parecerán ser muy agradables y tratarán de ganarse tu confianza. Luego de ganársela, suelen engañarte, meterte ideas perjudiciales en la cabeza o intentar convencerte para que consumas drogas, tengas relaciones sexuales o te involucres con pandillas. Recuerda que no todos los que te ofrecen una mano quieren ayudarte de verdad.

¡SIGUE LUCHANDO! No importa lo difícil que se ponga la situación ni lo terrible que parezca, tu vida va a mejorar, siempre y cuando perseveres.

¿Qué tiene que ver todo esto con el sexo?

Cuando una persona está triste, se siente indefensa y desesperada, y cree que no tiene ninguna oportunidad de tener una buena vida, es vulnerable (tiene poca capacidad para pensar y tomar decisiones sensatas). Y cuando una persona es vulnerable, puede depositar su confianza y esperanzas en alguien que se aproveche de ella; en algunos casos para tener relaciones sexuales. Es muy fácil convencer a una persona vulnerable para tener relaciones sexuales o quizás ella las tenga para conservar al otro a su lado. Y esto puede desencadenar en embarazos no deseados o inoportunos, enfermedades de transmisión sexual y relaciones enfermizas.

A modo de síntesis, quisiera compartir una nota que una vez le escribí a una estudiante que estaba atravesando una situación muy difícil. La pegó en el lado interno de la tapa de su cuaderno a manera de recordatorio:

"Es verdad que existen situaciones caóticas en este mundo.
Pero también hay mucho amor, benevolencia y paz.
Como seres humanos, debemos soportar las injusticias y problemas de la vida, pero también disfrutar de la bondad que nos rodea.
La gente no es indiferente.
Yo no soy indiferente.
Sin duda TÚ ERES una persona muy especial.
Estás TRANSITANDO tu propio camino para llegar a ser un adulto realizado.
APRENDERÁS a vivir feliz a lo largo de tu vida, incluso en los "días lluviosos".

De vez en cuando todos nos sentimos como te sientes tú en este momento.
Exprésalo.
Libéralo.
Sigue adelante.
Hay mucho amor, mucha felicidad y muchos buenos momentos por vivir".

Esta joven soportó una situación muy difícil durante años, pero logró terminar sus estudios secundarios a pesar de los obstáculos y actualmente es una mujer independiente que vive en paz, amor y alegría.

Si tienes más preguntas acerca de cómo superar momentos difíciles o alguna otra inquietud relativa a la sexualidad, puedes encontrar información adicional o realizar consultas en: Youth Embassy (http://www.YouthEmbassy.com).

16

Cómo criar padres felices y realizados

Este capítulo les resultará particularmente útil a quienes sientan que sus padres no los entienden o tienen demasiadas reglas, o a quienes ya no se lleven bien con ellos (cabe aclarar que en este libro, a los tutores también se los considera padres). Este capítulo no les será útil a los numerosos jóvenes cuyos padres o madres los maltratan física o emocionalmente. Para muchos de los más de 4,000 jóvenes que me han confiado sus vidas, el mayor problema que han tenido que enfrentar es el de padres que los abandonaron, los maltrataron física o emocionalmente o les generaron gran temor y sufrimiento psicológico. Lamentablemente, muchos adolescentes crecen en entornos donde los adultos que viven con ellos les hacen más mal que bien.

En cambio, otros padres que no sólo se preocupan por sus hijos, sino que también logran transformar su amor y dedicación en atención positiva, disciplina y modelos de conducta, quizás simplemente estén sufriendo "dolores de crecimiento". Es conveniente tener en cuenta algunas cosas de los padres, como, por ejemplo, que también son seres humanos. Al igual que tú. Al igual que tú, hacen un gran esfuerzo por tratar de darle sentido a sus vidas, tienen muchos problemas, no son perfectos, cometen errores, necesitan comprensión, apoyo y aliento. Al igual que tú.

El objetivo de esta sección es ayudarte a comprender qué les sucede a muchos padres en esta etapa y cómo puedes ayudarlos para hacerlos sentir mejor respecto de su desempeño en el rol de padres. Ten en cuenta que a los padres a veces también les cuesta dejar de verte como a un niño y empezar a considerarte un joven que se está haciendo adulto. Esta sección tal vez pueda ayudarte a lograr que reconozcan y entiendan que estás en condiciones de que te traten como a un adulto joven.

¿Por qué mis padres me hacen la vida tan difícil?

A veces, tus padres intencionalmente te pondrán frente a desafíos de responsabilidades nuevas y expectativas mayores a las que habías tenido antes. Lo que sucede es que para poder sobrevivir como adultos independientes, los jóvenes deben aprender a aceptar y superar diferentes retos. De modo que, en realidad, tus padres tal vez estén tratando de prepararte para que puedas manejarte solo cuando seas mayor. Esta habilidad no se adquiere de la noche a la mañana, sino que lleva tiempo y práctica.

Otras veces, tal vez tus padres simplemente comiencen a confiarte parte del cuidado de la casa y otras responsabilidades familiares. Esto en realidad te beneficiará mucho (¡aunque a veces no parezca nada divertido!), pues te enseñará no sólo a cuidarte a ti mismo, sino también a ocuparte de un hogar y de otras personas, de modo que cuando tengas hijos, ya tengas experiencia en algunas de las responsabilidades y dificultades (y también alegrías) que conlleva tener una familia. Sin esta etapa de capacitación, ser padre será mucho más arduo porque no estarás preparado.

Y, por supuesto, otras veces tus padres te pedirán que hagas cosas para su beneficio personal o que no tienen ningún sentido. Lo creas o no, esas cosas también son buenas para ti (aunque no las disfrutes) porque cuando seas adulto, tanto en el trabajo como en la vida, siempre te pedirán que hagas cosas que aparentemente no tienen sentido. Poder sobrellevar ese fastidio en forma sana es una aptitud muy valiosa.

¿Por qué mis padres son tan injustos?

A veces los padres son injustos porque todavía no aceptaron tu transición. Es decir, durante muchos años debieron cuidarte muy de cerca para protegerte de determinados peligros. Pero ahora que eres mayor, aún no se han dado cuenta de

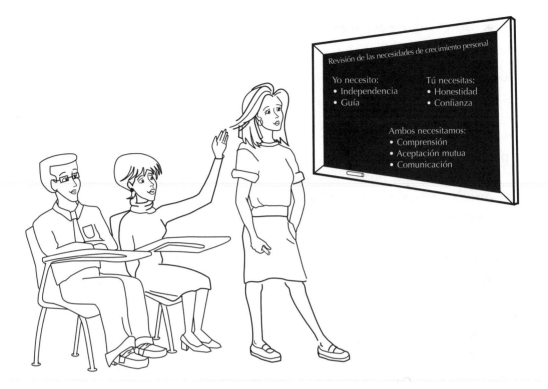

La comprensión mutua y la comunicación son esenciales
para criar padres realizados.

que tanto tus necesidades como los peligros han cambiado y que deben adaptar su forma de relacionarse contigo. Recuerda que los padres son seres humanos y que les resulta difícil abandonar ciertos hábitos y formas de actuar. Para ayudarlos a aceptar tu transición, a veces bastará con sentarte junto a ellos y contarles cosas tuyas, lo que sientes o piensas y qué tipo de apoyo necesitas. A veces, hace falta sentarse a conversar muchas veces para lograr que las personas (y en particular tus padres) realmente comprendan ese tipo de información. Pero la comprensión, la paciencia y la repetición a la larga generalmente dan frutos.

Y, como dije antes, ser tratado "injustamente" es una parte importante de tu crecimiento personal, porque cuando seas un adulto independiente pronto descubrirás que, lamentablemente, la gente te tratará injustamente en muchas ocasiones.

Mis padres no me dejan tener citas ni divertirme. ¿Qué puedo hacer?

La mejor edad para empezar a tener citas es un concepto que varía según la opinión de diferentes padres. Todos los años muchas adolescentes quedan embarazadas, contraen enfermedades de transmisión sexual o son víctimas de la violencia o la manipulación por parte de las personas con quienes salen. Cuando alguien te importa, te preocupan los posibles peligros que pueda encontrar y procuras evitarle todos los perjuicios posibles.

Una forma que puede contribuir a que algunos padres se sientan más seguros en relación con las citas es demostrarles con hechos y palabras que eres responsable, estás madurando, entiendes qué es una situación de riesgo y sabes cómo evitarla o manejarla. Claro que todo esto requiere tiempo. Comienza por terminar puntualmente tus tareas escolares, hogareñas o de otro tipo sin necesidad de que te lo pidan (ya sé: debes estar pensando que tus padres me pagaron para que dijera eso). También es bueno que empieces a dialogar más con tus padres sobre diferentes temas. De esta manera, podrán conocerte por tu forma de pensar y sentir respecto de diferentes cosas, especialmente acerca del amor, las relaciones y el sexo. Y no temas dar tus razones para querer tener una cita con alguien.

A veces una buena forma de lograr que tus padres estén mejor dispuestos y se sientan más seguros para dejarte salir a solas con alguien en una cita es comenzar a salir en grupo, de modo que la persona que te interesa pueda encontrarse contigo y un grupo de amigos en el cine, el centro comercial o en otro lugar público. Generalmente, esto también es beneficioso para ti, porque alivia la presión de tener que estar a solas con alguien y tener que buscar temas de conversación. Cuando sales con alguien en una cita, tener amigos cerca con quienes hablar y en quienes apoyarte sirve como muro de contención por si las cosas se ponen aburridas.

Pero si todas estas estrategias fallan, sigue siendo responsable y confiable y obedece a tus padres. Considéralo una de esas situaciones frustrantes de la vida que se van a acabar en algún momento a partir del cual podrás disfrutar toda la libertad que buscas.

¿Cómo puedo hacer para que mis padres confíen en mí?

Una de las primeras cosas que les enseño a mis alumnos es que no basen su respeto ni su confianza hacia mí ni hacia ningún otro adulto solamente en una jerarquía o en un título (aunque siempre debemos tratarnos con cortesía). El respeto y la confianza se deben ganar, no darse por sentado ni brindarse por el mero hecho de que haya una jerarquía o un título de por medio. Mucha gente no se merece ni nuestro respeto ni nuestra confianza. Un individuo debe ganárselos siendo honesto y justo en todo lo que diga y haga (especialmente en lo que haga). En el caso de mi relación con mis alumnos, ellos llegaron a respetarme y a confiar en mí porque me lo gané. Siempre fui honesto, hice lo que prometía, traté a todos por igual y di un ejemplo positivo. En mi caso, le brindé mi confianza y mi respeto a cada joven porque se lo ganaba. Mis alumnos aprendieron que nunca tenían que mentirme acerca de nada y que yo siempre los aceptaría, independientemente de sus formas de pensar, de lo que dijeran o de sus errores.

¿Qué estoy tratando de decir con todo esto? Si quieres que tus padres (o cualquier otra persona) confíen en ti, debes ser digno de confianza. Es decir, debes ser honesto todo el tiempo, incluso cuando nadie te ve. También debes afrontar las consecuencias de tus errores, pero diciendo la verdad, no tratando de esconderla.

Éstas son sólo algunas formas de ganarse la confianza de los demás:
- Si dices que estarás en un determinado lugar, cúmplelo.
- Si dices que vas a estar con una persona determinada, cúmplelo.
- Si dices que vas a estar en un lugar a cierta hora, sé puntual.
- Si cometes un error, admítelo antes de que alguien te pregunte al respecto.
- Si no terminas una tarea, avísale a la persona que te la asignó antes de que te lo pregunte.
- Siempre di la verdad. Si mientes una vez, es más fácil volver a mentir una y otra vez. Y si una persona te descubre en una mentira, quizás no vuelva a confiar en ti.

En pocas palabras, siempre pon en práctica esta máxima de Basso y comenzarás a ganarte la confianza de los demás: "Expresa tus sentimientos, dilos con claridad y cumple con tu palabra".

En la mayoría de los casos, cuanto más puedan confiar tus padres en ti, más seguros se sentirán de tu persona y más permisos te darán. Y, lo más importante, la honestidad conduce a la integridad personal que nos hace sentir bien con nosotros mismos. Sentirnos bien con nosotros mismos nos da seguridad propia, la seguridad nos da felicidad, y la felicidad nos hace más atractivos (¡sí! ¡las personas felices y seguras son atractivas!).

¿Por qué cambió la relación con mis padres?

Todas las relaciones cambian. A veces para bien, a veces para mal. Ahora bien, las relaciones a largo plazo (como las de padres e hijos) cambian porque la gente cambia.

Tú has cambiado bastante desde que entraste en las vidas de tus padres. Eras muy pequeñito, necesitado y desvalido. Ahora eres muy diferente. Eres más adulto que niño, cada vez más independiente, tienes necesidad de privacidad, una forma de pensar propia, nuevos sentimientos, prioridades e intereses nuevos (estar con tus amigos y lograr su admiración quizás sea más importante para ti que estar con tus padres o tu familia) y quieres autonomía (estás siendo tú mismo y descubriendo quién eres). Éstos son apenas algunos de los cambios más importantes en la vida de un adolescente. Es probable que sólo por estas razones ya veas a tus padres de un modo casi completamente nuevo.

La otra cara de la moneda son tus padres. Ellos también están cambiando y creciendo. Algunos padres quizás crean que porque ahora tienes un cuerpo más desarrollado (más parecido al de un adulto que al de un niño) tienes menos necesidad de afecto, atención positiva y apoyo que antes. Por eso quizás te sientas un poco abandonado y solo, como si a tus padres ya no les importaras.

O tal vez tus padres estén tan acostumbrados a cuidarte como a un niño (tomando todas las decisiones por ti y tratando de protegerte de todo peligro posible), que no puedan ver que estás viviendo una etapa de desarrollo muy diferente y que necesitas mayor libertad para tomar más decisiones por tu cuenta. Y si no se adaptan, probablemente sientas que tratan de controlar tu vida y que no confían en ti.

Por otro lado, a medida que crezcas, el papel que tienes en tu familia se transformará. Ya no serás un niño juguetón sino que empezarás a tener responsabilidades por el cuidado de tu casa y tu familia. Estos nuevos roles cambiarán, a su vez, la relación.

Todos estos cambios ocurren simultáneamente, por lo que es muy normal que la relación con tus padres se modifique. Y seguirá cambiando durante toda tu vida, a medida que tú y ellos se hagan mayores.

He aquí algunas cosas que pueden ayudarte a tener una buena relación con tus padres ahora y durante muchos años:

SÉ AMABLE. Evita tratar con dureza y criticar a tus padres (incluso si ellos te tratan con dureza o te critican a ti).

RECUERDA QUE TUS PADRES SON SERES HUMANOS. No son perfectos y necesitan comprensión, paciencia y apoyo. Sé comprensivo y paciente con ellos.

CUANDO TÚ O TUS PADRES ESTÉN ENOJADOS, NO DISCUTAN. Trata de perdonarlos por lo que digan cuando están enojados y pide disculpas por lo que digas cuando el enojado seas tú.

ACEPTA EL HECHO DE QUE LAS PERSONAS TIENEN DIFERENTES FORMAS DE PENSAR Y VER LAS COSAS. Comparte tus opiniones, pero no discutas para ver quién tiene razón ni intentes cambiar las creencias ni opiniones de los demás, ni siquiera las de tus padres.

RECUERDA QUE LAS PELEAS Y LOS MALOS RATOS SON TEMPORALES: pasan y se olvidan. El amor de tus padres, en cambio, es para siempre.

DILES A TUS PADRES QUE LOS QUIERES y agradéceles todo lo que hacen por ti.

¿Cómo puedo comprender mejor a mis padres?

Como dije antes, trata de recordar que tus padres son seres humanos (con una vida muy complicada). Trabajan y tienen muchas responsabilidades y presiones en su vida que les generan estrés. Por un instante ponte en el lugar de tus padres y preocúpate por lo que a ellos les preocupa: ¿Tendré trabajo en el futuro? ¿Cómo voy a hacer para pagar este mes las facturas de la casa, el teléfono, la electricidad, la comida, el automóvil, la gasolina, la televisión, la ropa, el seguro y el médico? ¿Soy un buen esposo o esposa? ¿Están seguros mis hijos? ¿Soy un buen padre o madre? ¿Tendremos suficiente dinero para vivir cuando seamos viejos? Éstas son sólo algunas de las tantas cuestiones que se agolpan en la mente de los padres todos los días.

La próxima vez que veas a tus padres, ¡abrázalos!

La próxima vez que los veas, abrázalos. Cuando ellos griten o actúen en forma irracional, recuerda todas las cosas que los preocupan y una vez que se hayan calmado, abrázalos.

¿Cómo puedo ayudarlos para que se sientan realizados como padres?

Es muy simple: si tú te sientes realizado, ellos se sentirán realizados. Si eres honesto y puedes superar los desafíos que se te presentan, satisfaces los anhelos más comunes de la mayoría de los padres y su deseo de poder criar a un hijo a fin de que llegue a ser un adulto con posibilidades de vivir una vida feliz, independiente, honesta y productiva.

Ahora bien, fíjate que dije "simple", no "fácil". Como dije anteriormente, esto no se logra de la noche a la mañana. Hacen falta años de esfuerzo, de enfrentar desafíos, de cometer errores y aprender de ellos, y de aplicar la autodisciplina permanente para poder cumplir con tus obligaciones, independientemente de si todo esto te guste o no. Lo ideal es que tus padres te brinden las oportunidades de aprender mediante desafíos adecuados y el apoyo correspondiente para ayudarte a superarlos.

En todo este proceso de aprendizaje y preparación, recuerda que necesitarás ayuda, y los padres no son adivinos. Para ayudarlos a sentirse realizados como padres (es decir, para ayudarlos a ayudarte), siéntate junto a ellos de vez en cuando y cuéntales lo que piensas, sientes y en qué necesitas que te ayuden. Ellos necesitan saber lo que te ocurre para poder empezar a entenderte y ayudarte.

¿Qué debo hacer si nada de esto se aplica a mis padres?

Si tus padres (o tutores) abusan de ti emocional, física o sexualmente, te han abandonado, generan o permiten hechos de violencia en tu familia, o no te dan el amor y la contención que necesitas, debes saber lo siguiente:

NO ESTÁS LOCO. Las palabras "padre", "madre" y "tutor" son términos jurídicos y describen un adulto que tiene la responsabilidad de cuidar a un joven. Dichas palabras no significan que el adulto tenga ningún conocimiento, comprensión o aptitud especial para cumplir con tal responsabilidad.

NO ESTÁS SOLO. Los padres y las familias que aparecen en la televisión no representan la realidad ni la norma de la mayoría en los Estados Unidos. Lamentablemente, muchos jóvenes viven situaciones familiares emocional, psicológica y físicamente perjudiciales.

NECESITAS AYUDA. Necesitas buscar un adulto en el que puedas confiar, preferentemente un consejero o psicólogo calificado con quien puedas hablar en forma regular para aliviarte emocionalmente.

DEBES ENCONTRAR UNA MANERA DE SOBREVIVIR. Es decir, encontrar actividades productivas y lugares para aliviar el estrés, y permanecer el mínimo tiempo posible en el entorno nocivo. Por ejemplo:

- Hacer deportes en la escuela o fuera de ella (salir a correr, hacer gimnasia, levantar pesas, etc.).
- Ir a la biblioteca: Es un ambiente seguro y tranquilo donde podrás ejercitar tu mente escribiendo un diario, leyendo libros de ficción o haciendo tu tarea escolar.
- Realizar actividades artísticas: A la salida de la escuela, puedes tomar clases de pintura, cerámica, carpintería o fotografía.
- Capacitarte: Después de la escuela también puedes asistir a cursos de computación, mecánica automotriz, cocina o electrónica.

PRESTA ATENCIÓN A LAS SIGUIENTES SEÑALES DE ALERTA. Si la situación te supera, es posible que:

- Estés pensando en consumir o ya consumas tabaco, alcohol u otras drogas;
- Pienses en quitarte la vida;
- Te sientas solo, deprimido o desesperado (consulta el capítulo "Cómo sobrellevar la tristeza y la depresión");

• Discutas o pelees mucho;
• Rompas cosas, destruyas propiedad ajena o cometas delitos;
• Tus notas escolares estén bajando;
• Te hagas daño;
• Estés dispuesto a hacer cualquier cosa que tu pareja quiera por miedo a perderla.

Si te encuentras en cualquiera de esas circunstancias, es probable que estés muy vulnerable y corras riesgos. Trata de buscar un adulto en el que puedas confiar y que pueda ayudarte a sobrellevar la situación.

MIRA MÁS ALLÁ DE TUS CIRCUNSTANCIAS ACTUALES. Tu presente y tu vida actual no serán siempre así. Descubre tus fortalezas y virtudes personales y desarróllalas día a día. Prepárate para tu futuro. Realízate como persona y recuérdate todos los días que con esfuerzo, constancia y decisión, saldrás de la situación en la que te encuentras y pronto serás libre para disfrutar de la vida que anhelas como la persona que realmente eres.

Si tienes más preguntas acerca de cómo criar padres felices y realizados o alguna otra inquietud relativa a la sexualidad, puedes encontrar información adicional o realizar consultas en: Youth Embassy (http://www.YouthEmbassy.com).

17

Cómo alcanzar nuestro máximo potencial

Alcanzar nuestro máximo potencial es una de esas cosas que son fáciles de decir, pero difíciles de hacer. Alcanzar nuestro máximo potencial no es intentar. Es usar y aprovechar al máximo todo lo que eres: todas tus habilidades y virtudes, tus debilidades, limitaciones y condiciones. Alcanzar nuestro máximo potencial es lograr todo lo que podemos llegar a ser. Justamente es esta lucha por lograr tu máximo potencial lo que te hace un ser humano, lo que te hace más fuerte y más apto para conquistar los numerosos desafíos que enfrentarás en tu vida.

Alcanzar nuestro máximo potencial no significa ser EL MEJOR. Siempre serás mejor que otros en algunas áreas y habrá alguien mejor que tú en otras. El competir con otros puede ser útil como motivación para tratar de dar lo mejor de ti. Hazlo como una oportunidad de poner a prueba tus aptitudes y arduo trabajo, pero como una prueba de TI mismo, es decir, que sea una oportunidad de hacer las cosas mejor de lo que TÚ las haz hecho antes o según el máximo de TUS posibilidades considerando las circunstancias del momento. La capacidad de alcanzar tu potencial es mucho más valiosa y duradera que cualquier otro premio o reconocimiento. Lograr alcanzar tu máximo potencial, y no ganar un trofeo, es lo que te hace un ganador y te trae éxito en la vida. La única persona con quien debes competir siempre eres TÚ.

¿Y cómo alcanzo mi máximo potencial?

¡Uf! Para contestar a esa pregunta se necesita todo un libro. Pero hay algunas cuestiones básicas en las que debes concentrarte día a día:

NUTRICIÓN. El combustible que le pones a tu organismo determinará cómo te sientes, creces, te recuperas y rindes. Efectivamente: una buena alimentación es decisiva. Prueba durante un mes y lo comprobarás en carne propia. Desayuno, almuerzo, cena, refrigerios; todos son importantes y necesarios para alcanzar un máximo rendimiento. Restringe los alimentos fritos y ricos en grasas y azúcar y consúmelos sólo muy de vez en cuando. Adquiere el hábito de incluir en tu régimen alimentario frutas, verduras, cereales integrales y proteínas (pescado, pollo, pavo, leche y poca carne molida).

EJERCICIO. El ejercicio físico fortalece los músculos, incluso el corazón y los huesos. Los ejercicios mentales y la lectura fortalecen tu cerebro (¡otro músculo importante!). Mientras más fuertes sean tus músculos, más podrás hacer y rendir. Mientras mejor rindas, más cerca estarás de alcanzar tu máximo potencial. Y lo bueno acerca del ejercicio (tanto físico como mental) es que no importa el estado en que te encuentres en este momento. Si te fijas metas adecuadas todos los días (no exageradas, pero cada vez un poco más altas), crecerás mejor y más fuerte.

SUEÑO. La mayoría de la gente joven no duerme lo suficiente. Cuando duermes, se producen hormonas esenciales que te permiten crecer y fortalecerte. Todos los ejercicios del mundo no te harán más fuerte si no duermes lo suficiente. Los músculos no se fortalecen durante el ejercicio, sino durante el sueño. El sueño también te permite estar más concentrado y poder prestar más atención durante el día. Así que apaga la televisión, descuelga el teléfono y asegúrate de invertir tu tiempo sabiamente en un mínimo de 8 horas de sueño por la noche, ¡todos los días!

SALUD SOCIAL. Si tienes al menos un buen amigo en este mundo, ¡estás en mejores condiciones que la mayoría! Trata de mantener una amistad sólida con alguien con quien puedas hablar, compartir pensamientos y sentimientos, y con quien te sientas cómodo siendo tú mismo. Por lo menos una vez por semana, trata de entablar una conversación con un desconocido. Si eres tímido, intenta buscar otras formas de conocer personas con quienes te sientas cómodo, por ejemplo, haciendo actividades que te gusten.

SALUD ESPIRITUAL. Y con esto no me refiero a la religión. La salud espiritual significa fortalecer el espíritu (tu energía vital interior). Algunas de las mejores formas de fortalecer tu espíritu es siendo honesto, tratando a la gente con equidad y ayudando a los demás cuando lo necesitan. Un espíritu vigoroso te tonifica (te infunde vigor) y te da fuerzas no sólo para hacer lo correcto, sino también para hacer las cosas lo mejor posible.

CONTROL DEL ESTRÉS. Encuentra formas saludables de librarte del estrés que tienes en tu vida. Escribe un diario, haz ejercicios, camina, haz trabajo artístico, práctica alguna actividad que te guste u ocúpate de un pasatiempo. Todas esas cosas alivian la tensión acumulada en tu organismo y te permiten pensar claramente y concentrarte en lo que debes hacer para alcanzar tu máximo potencial.

EQUILIBRIO. Ningún exceso es saludable. Logra un equilibrio entre el trabajo escolar y tus pasatiempos, entre el ejercicio y el descanso, entre las tareas y la diversión, entre los amigos y la familia. Cuando haces algo en exceso, otras áreas importantes de tu vida sufren y se debilitan, y tu capacidad general de rendimiento disminuye.

¡PRÁCTICA! Practica una y otra vez aquellas destrezas que desees mejorar. Perfecciona tus virtudes, corrige tus debilidades y limitaciones, y ¡sé perseverante! Nunca nadie alcanzó su máximo potencial sin dedicación y práctica constante. Si no, pregúntale a Tiger Woods con qué frecuencia practica.

Estas 7 áreas del estilo de vida combinadas con PRÁCTICA generan lo que se llama sinergia. La sinergia es el efecto logrado mediante la combinación de cosas para generar un resultado más potente y fuerte que cuando se desarrolla una sola área individualmente. Por ejemplo, el ejercicio para perder peso puede ayudarte a bajar algunas libras. Cuidar la dieta alimentaria también puede ayudarte a adelgazar. Pero el ejercicio y la dieta combinados al mismo tiempo producen mejores resultados. Se dice que el ejercicio y la dieta son sinérgicos.

La práctica sola puede producir resultados positivos, pero si la integras a mejoras en estas 7 áreas del estilo de vida, tu rendimiento alcanzará sus valores máximos y un nivel que con la práctica sola no alcanzaría.

¿Y si no soy bueno para hacer nada?

¡Ah...! Tal vez no lo creas, pero todos somos buenos en algo. Cada individuo nace con virtudes y defectos, aptitudes y habilidades especiales. Lamentablemente, mucha gente nunca se toma el tiempo para descubrir cuáles son sus virtudes, y mucho menos para desarrollarlas.

En los Estados Unidos y otras partes del mundo, los jóvenes tienen aproximadamente 16 años para averiguar qué cosas pueden hacer bien y descubrir y desarrollar sus virtudes. Aprovecha los años de la adolescencia para participar en tantas asignaturas escolares y actividades extracurriculares como puedas. Averigua qué te gusta hacer y probablemente descubras que disfrutas de ciertas actividades porque tienes un don especial para ellas. Prueba con la música, el teatro, el arte, la mecánica, las artes culinarias (cocina), los campamentos, los clubes, los deportes, los juegos (como el ajedrez), el diseño, la escritura creativa, el periodismo, la salud, el voluntariado... la lista puede seguir infini-

Todos debemos aprender cuáles son nuestros puntos
fuertes y usarlos todos los días para superarnos.

tamente. Prueba todo eso y sabrás dónde pueden estar tus intereses y virtudes ocultas.

Tienes por lo menos una gran virtud por aprovechar. Ahora bien, ¡descubrirla depende de ti!

Pero hay muchas cosas que no sé hacer bien y que son un obstáculo para mí. ¿Qué debo hacer?

Como dijimos antes, todos tenemos aspectos con los que luchar. Depende de ti que reconozcas y admitas qué cosas debes mejorar y encuentres a alguien que te ayude a lograrlo. Con determinación, constancia y tiempo, prácticamente todas las debilidades pueden mejorarse.

¿Debería tratar de mejorar aquello que no sé hacer bien?

¡Claro que sí! Pero no permitas que ello interfiera con lo que sí haces bien. Mejora tus debilidades, pero, como dijimos antes, busca el equilibrio: dedica tiempo a mejorar tus virtudes también.

¿Cómo puedo desarrollar mis virtudes personales?

¡PRÁCTICA! Además, plantéate metas realistas y haz algo todos los días para alcanzarlas. La concentración, la constancia, la determinación y las pequeñas mejoras con el tiempo te acercarán a tus metas.

¿Cómo puedo hacer para fijar una meta realista que pueda alcanzar?

A veces se dice: "Si eres capaz de soñarlo, eres capaz de lograrlo". Bueno, eso no es totalmente cierto y a veces te puede frenar. Por ejemplo, una estudiante joven que conocí medía 1.67 metros (5.6 pies) en sus dos últimos años de escuela secundaria y por más que se esforzara y por más tiempo que dedicara a entrenarse y practicar, nunca podía hacer una volcada de básquetbol. Ahora bien, la altura es una limitación física que puede compensarse con la capacidad de saltar, pero incluso ni en su máximo potencial de salto podía superar el aro. De modo que en lugar de perder su valioso tiempo tratando de hacer realidad el sueño de volcar la pelota, se fijó una meta más

Superarte implica ejercitar TU cuerpo y también TU mente.

realista: ser más veloz (que sí era uno de sus dones personales), embocar el 80% de sus tiros en suspensión y tratar de controlar la pelota y las jugadas con precisión. Con muchas horas, práctica y una vida equilibrada fuera de la cancha, pudo conseguir todo eso. Lo importante es que alcanzó su máximo potencial en el básquetbol fijándose una meta más realista basada en sus virtudes y reconociendo sus limitaciones (la estatura). No sólo disfrutó de alcanzar su potencial sino que se sintió bien por lograr su meta y poder decir: "Jugué lo mejor que pude".

Claro que es bueno tener sueños. Los sueños son el combustible de la determinación y los logros. No obstante, sólo los sueños que se ponen en acción son los que generan resultados extraordinarios. Si tienes un sueño, fíjate una meta realista que tenga en cuenta tus virtudes y defectos, y escribe los pasos que darás para alcanzarla.

¿Qué tiene que ver esto con el sexo?

A veces, los jóvenes (y también los adultos) no se dan cuenta de lo que realmente pueden hacer, de sus virtudes ni de cómo pueden usarlas para lograr un óptimo rendimiento de sus capacidades y triunfar. Creen que no pueden hacer nada bien, que no valen nada y que nunca llegarán a nada. Cuando una persona siente que no vale nada, puede ser vulnerable (carecer la fuerza suficiente para tomar buenas decisiones o protegerse de quienes buscan aprovecharse), y así se la puede manipular fácilmente para que acceda a tener relaciones sexuales o a hacer otras cosas que normalmente no haría si se sintiera mejor y más fuerte. Cuando una persona siente que no vale nada, tiende a no apreciar su salud ni su vida y puede tener relaciones sexuales riesgosas.

Algunos jóvenes que se sienten así tienen relaciones sexuales sin protección porque simplemente no les importa lo que les pueda ocurrir. Como sienten que no pueden hacer nada bien, creen que no valen nada y que su futuro va a ser un fracaso. Por lo tanto, ¿por qué preocuparse por lo que pueda pasar?

Pero esta visión no es realista. Después de trabajar con miles de jóvenes que se sintieron de ese modo, he visto cómo muchos de ellos pudieron descubrir sus virtudes más destacadas y cómo desarrollarlas y usarlas para forjarse un futuro brillante. Cuando sabes que tienes buenas probabilidades de lograr un futuro prometedor y te sientes seguro de tus capacidades, tiendes a no querer correr riesgos que puedan amenazar tu futuro éxito y todo aquello por lo que luchas. Luego de que estos jóvenes descubrieron cómo triunfar en base a quiénes eran y a las virtudes que tenían, prestaron más atención a las decisiones relacionadas con la salud, el sexo y la vida que debían tomar cada día.

Hay una joya en tu interior. Encuéntrala, púlela y úsala para convertirte en una persona exitosa. Sólo TÚ puedes hacerlo.

Si tienes dudas acerca de cómo alcanzar tu máximo potencial o cualquier otro tema de índole sexual, puedes buscar información y hacer preguntas en este sitio web: Youth Embassy (http://www.YouthEmbassy.com).

18

Para padres, maestros y otras personas mayores

¡Sexo, sexo, sexo! Sexo por todas partes. Nos guste o no, estemos de acuerdo o no, todos los días estamos expuestos y a menudo inundados de información y mensajes que, aunque confusos, influyen en nuestros pensamientos, actitudes y conducta.

Si encienden la televisión, verán programas de entrevistas, comedias y novelas que se centran en una variedad de temas sexuales con una visión sensacionalista más destructiva que constructiva. Los cines, vídeos, Internet y los canales codificados de televisión por cable muestran escenas explícitas de relaciones sexuales entre hombres y mujeres, entre mujeres, entre hombres, de sadomasoquismo, de esclavitud, de dominación masculina, de sumisión femenina o de sexo lisa y llanamente violento. Esas escenas, consciente o inconscientemente, modelan nuestros pensamientos y opiniones personales acerca de la sexualidad (y no crean que sus hijos no han sido expuestos a esto).

Si viajan por cualquier carretera, abren cualquier revista o miran cualquier comercial televisivo, verán propagandas con exuberantes muchachas en bikinis, bodys y lencería junto a despreocupados sementales amantes de la diversión, con cuerpos sin un gramo de grasa que nos muestran el tipo de persona aceptable que deberíamos ser. ¿Y si no lo somos? ¡Ciertamente podemos llegar a serlo si compramos ese producto!

¿Y la música? Enciendan un equipo de música y escuchen las letras de las canciones de los artistas del momento. Además de ritmos y melodías pegadizos, podrán descubrir mensajes como "entrégate y lo hagamos una y otra vez porque te voy a hacer sentir bien toda la noche, oh nena, oh nena nena, oh, nena nena". Y eso es sólo el comienzo.

Quizás se estén preguntando "¿Qué es todo esto?" Soy yo quien exagera y son ustedes quienes no dejan que sus hijos vayan al cine, miren televisión, lean revistas, usen Internet, escuchen música ni miren los carteles publicitarios. Pero todavía no he terminado, mamá y papá. ¿Qué les parece si vamos a la escuela?

La última moda propone hombres con pantalones dos talles más grandes, que caen hasta la mitad del trasero para exhibir sus calzoncillos para nada elegantes (no, no es un invento mío). Las muchachas usan faldas y camisas transparentes, que dejan ver bodys, lencería con encaje o sostenes que levantan los senos. Las diminutas faldas casi no permiten que se sienten sin llamar la atención de unos cuantos muchachos. Por supuesto que la moda cambia así que podemos despreocuparnos de algunas de estas tendencias. En cambio, las conversaciones acerca del sexo y la presión de los pares para tener relaciones sexuales son inevitables. Lamentablemente, esa información no es muy diferente de los mitos, las falacias y las peligrosísimas creencias heredadas durante décadas.

¿Qué debe hacer un adolescente? Todos los días durante semanas, meses y años, los jóvenes pasan horas pegados al televisor y al equipo de música mirando y escuchando cómo sus ídolos gritan y susurran mensajes de este tipo:

- El sexo es bueno.
- Mientras más experiencia sexual tengas, más aceptado serás.
- Los muchachos que están de onda son sementales. La promiscuidad está de moda.
- Las muchachas divertidas y populares tienen relaciones sexuales.
- Las muchachas quieren tener relaciones sexuales, aunque digan que no.
- El sexo es un paraíso que dura toda la noche lleno de orgasmos múltiples que sacuden la Tierra.
- Sólo la gente que es bella físicamente disfruta verdaderamente de la vida.
- No necesitas métodos anticonceptivos ni condones porque sólo el resto de la gente queda embarazada y contrae enfermedades de transmisión sexual o SIDA.
- El sexo te convierte en un adulto respetable.

Por supuesto, podrán decir que estas interpretaciones no son 100% verdaderas. De acuerdo, no todos los programas, canciones y publicidades promueven estos mensajes. Pero enciendan el televisor, escuchen música o abran una revista y pregúntense si estos mensajes están muy alejados de la realidad. Hasta quizás puedan agregar varios más.

Antes de pensar que un mojigato de 80 años de edad está exagerando (por cierto, no soy un mojigato ni tengo esa edad), déjenme advertirles acerca de un problema. La idea de que "los jóvenes saben más de sexo que nosotros" comenzó como una broma, pero lamentablemente ahora es una creencia aceptada como un hecho. También hay un chiste que dice: "Bueno, hijo, ha llegado el momento que hablemos de sexo". "Cómo no, papá. ¿Qué quieres saber?" Aunque cause gracia, esto está lejos de ser cierto. De los miles de alumnos de catorce, quince y dieciséis años de edad que he tenido en mi carrera de docente, apenas el 10% conocía los rudimentos del sexo. De ese 10%, la mayoría eran mujeres. Los varones generalmente alardean mucho (porque eso es lo que se espera de ellos), pero en realidad la mayoría no tiene ni idea.

Esto nos plantea un enorme problema. Como todos sabemos, la pubertad es la etapa más maravillosa, bella, angustiosa y aterradora de la vida. Por si la olvidaron, simplemente retroceden en el tiempo y recuerden esa época de sus vidas. Física, mental y socialmente los adolescentes están atravesando una etapa de cambio para dejar de ser niños y convertirse en adultos jóvenes. Las hormonas están en su máximo esplendor (repito: acuérdense...). El cuerpo cambia constantemente. Los sentimientos por los jóvenes del otro sexo también cambian, así como el deseo de ser aceptados en la sociedad. Y no olvidemos la curiosidad y las infinitas preguntas.

Adivinen de dónde sacan los jóvenes información sexual actualmente. ¡Exactamente! La televisión, las películas, las canciones, la publicidad, la moda y lo que escuchan por ahí son la fuente de información directa de los adolescentes. Ustedes saben que los jóvenes tienden a creer que cualquier cosa es verdad si viene de la boca de un amigo o si la escuchan en la televisión o las canciones o si la leen en las revistas. Como podrán imaginar, nuestros jóvenes reciben información y mensajes erróneos y desarrollan actitudes y conductas peligrosas.

¿Cómo sé esto? He tenido la suerte de pasar de ocho a diez horas por día con jóvenes en mis clases, después de clases, antes de la escuela y después de la escuela. Lamentablemente, a menudo yo paso más tiempo con los adolescentes que sus propios padres. Pero he sido bendecido porque he desarrollado con ellos una relación especial que los padres a menudo sueñan con tener con sus adolescentes. Mis alumnos depositan en mí su confianza y la aceptación de un amigo y me respetan como a un mentor. Por mi parte, les retribuyo con información precisa, sin juzgarlos ni ser dogmático en mis respuestas. Gracias a la confianza, la sinceridad y la honestidad, mis alumnos me han permitido entrar en sus corazones, sus mentes y sus mundos.

Cada año, cuando enseño las asignaturas de salud y gestión de estilos de vida (que incluyen educación sexual y crecimiento y desarrollo humano), mi hora libre y tiempo después de clase tienden a ser los momentos más intensos del día. Todos mis alumnos, ya sea pasados o presentes, saben que son bienvenidos a mi clase, donde se los trata como los individuos importantes y especiales que son. Hago mi verdadera contribución en forma individual o con pequeños grupos de amigos después de clase. Por ello frecuentemente recibo un aluvión de preguntas y problemas que mis alumnos nunca antes plantearon. En promedio, todos los años más de cien alumnas adolescentes piden hablar conmigo en forma personal y privada acerca de posibles embarazos, relaciones sexuales, la presión de los pares, el control de la natalidad, la menstruación, el aborto, exámenes de mamas y ginecológicos, las relaciones en general y preocupaciones que tienen que ver con lo físico, tales como bultos de extraña apariencia, dolores, malestares y una cantidad de males.

Los varones también me plantean muchas preguntas y preocupaciones relacionadas con su cuerpo. También ellos preguntan por extraños bultos y otros temas típicos, como fluidos, el aumento de peso, el acné, cómo hablar con las muchachas, qué es el sexo y cosas por el estilo.

Lamentablemente, también hubo alumnos que acudieron a mí para hablar por primera vez de abusos incestuosos de los que fueron víctimas.

Muchos jóvenes no pueden acudir a cualquier persona para hacerle preguntas sobre la sexualidad. Ellos generalmente tienen una serie de criterios implícitos que determinan si van a compartir o no con alguien lo que piensan y les preocupa. No se dejen engañar. A veces los jóvenes hacen preguntas básicas e inocentes para poner a sus padres a prueba. Pero para que un adolescente quiera expresarle a alguien sus verdaderos sentimientos, una persona debe "cumplir" con ciertos requisitos.

SEAN UNA AUTORIDAD EN EL ASUNTO. Conozcan bien el tema. Si están algo desactualizados (como el común de la gente), recurran a textos universitarios o de más fácil lectura (este libro es un buen punto de partida) que les brinde información objetiva y precisa. No crean todo lo que leen en revistas y periódicos, pues puede ser erróneo.

Además, si les hacen una pregunta y no conocen la respuesta, digan que no están seguros, que van a averiguarla y luego se las darán. Los jóvenes saben cuando los engañan. Si descubren que están inventando una respuesta o que les dieron información falsa, ustedes pierden credibilidad y la capacidad para comunicarse con ellos.

NO LOS JUZGUEN. A nadie le gusta que lo juzguen, que lo sermoneen o le digan qué hacer. ¿O acaso a ustedes sí les gusta? No importa si creen que un joven está cometiendo el error más grave de su vida: no le digan que está equivocado y que ustedes tienen razón. Si lo hacen, nunca volverán a hablar de ese tema.

SEAN IMPARCIALES. Especialmente los docentes. Sé que es difícil, porque en clase los alumnos muchas veces me ruegan que les dé mi opinión personal sobre distintos temas. Aunque sea muy tentador, darles mi visión personal sería muy perjudicial para ellos y desmerecería la tarea docente. Los jóvenes son muy inteligentes. Proporciónenles información precisa, muéstrenle las dos caras de la moneda y permitan que formen sus propias opiniones, que casi siempre son buenas.

SEAN AUTÉNTICOS. Esto también es difícil para mucha gente. Amo a mis alumnos, los respeto y disfruto plenamente estar con ellos. Cada comentario, movimiento, gesto y expresión de mi cara les transmite el mensaje de que ellos me importan. Y casi siempre es recíproco. Pero, repito, los jóvenes saben cuando alguien sólo está haciendo su trabajo, cuando está fingiendo o cuando realmente preferiría estar haciendo otra cosa. Si no sienten una verdadera y genuina pasión por estar con ellos, lo sabrán.

SEAN ACCESIBLES. Si son de trato fácil, sonríen y tienen una actitud despreocupada que diga "cuando me necesites, cuenta conmigo" generalmente los jóvenes se acercarán a ustedes. Pero si ellos no quieren hablar, de nada sirve presionarlos. Es muy común que los alumnos se acerquen varias veces a conversar de cosas triviales hasta que se sienten lo suficientemente cómodos para hablar de lo que realmente piensan o sienten.

DEN EL EJEMPLO. Nada ahuyenta más rápido a un joven que una persona que dice una cosa y hace otra. Si quieren que los respeten, sean respetables. Si quieren que los admiren, sean admirables. Si quieren que les tengan confianza, sean confiables. Si quieren que los jóvenes hablen con ustedes, hablen "con" ellos, no "a" ellos. Lo importante es ser alguien que los jóvenes puedan admirar. No esperen nada de un joven simplemente porque ustedes tengan determinada edad o posición. ¡Gánenselo!

Si un joven efectivamente decide compartir sus pensamientos, sentimientos o inquietudes con ustedes, a continuación encontrarán algunas sencillas sugerencias para no estropear todo en un instante.

- No se rían de ellos. Por más gracioso o ridículo que sea lo que escuchen o por más nerviosos que se pongan ustedes, no se rían de ellos.
- No reaccionen de forma exagerada. No hagan un escándalo a raíz de una pregunta, comentario o sentimiento. Sean reservados. No los halaguen ni les digan lo orgullosos que están de ellos por acudir a ustedes. Esto incomoda a algunos jóvenes y puede crear presión y estrés, lo cual es perjudicial para la comunicación. Por más contentos que ustedes se sientan, actúen como si fuera cosa de todos los días.
- No los humillen. A nadie le gusta que lo hagan quedar como si fuera un idiota por no saber algo. No se sorprendan si el joven se muestra confundido por algo que a ustedes les parece obvio. Todas las preguntas son buenas. Trátenlas como tales.
- Actúen con seriedad, pero no demasiado. Muéstrense interesados, esbocen alguna que otra sonrisa de aceptación y hagan algún movimiento de asentimiento con la cabeza para comunicar la importancia que reconocen en las palabras del joven. Si creen que un poco de humor (sin reírse de la persona) aliviará la tensión, un comentario gracioso o simpático puede hacer maravillas.
- Den respuestas cortas y directas. Los jóvenes no quieren saberlo todo de una vez. Sólo buscan respuestas a sus preguntas. No caigan en la tentación de demostrar todo lo que saben. Eviten dar largas disertaciones llenas de historia, cubrir todos los aspectos del tema e incluir sus respetables opiniones, ideas y argumentos. No los hagan arrepentirse de haberles preguntado. Si ellos quieren saber más, preguntarán.
- No les cuenten anécdotas de cuando ustedes tenían la edad de ellos. A menos que les pregunten, ¡cierren la boca! A ellos en realidad no les importan anécdotas de ese tipo. Tengan en cuenta que se acercan para

hablar de la vida de ellos, no de la de ustedes. Pueden decirles que alguna vez sintieron cosas parecidas, pero no empiecen a contarles historias personales, a menos que ellos les pregunten al respecto.

• Nunca menosprecien los sentimientos de otra persona. Los sentimientos propios no son más importantes que los de los demás, independientemente de la edad o la experiencia. Si un joven dice que está enamorado, está diciendo la verdad. Sus sentimientos son reales y muy intensos. Nunca les digan: "¡Qué va! Eso no es nada más que...". Nunca les resten importancia a los sentimientos de un joven. Recuerden que lo que un adolescente siente es muy real, profundo y muchas veces confuso.

• Relájense. Inténtenlo. Muchas veces el lenguaje corporal de ustedes puede influir en la atmósfera del diálogo. Si se muestran seguros y tranquilos, muy probablemente ayudarán a que el joven también se relaje.

Obviamente, existen otros elementos que también pueden influir en la comunicación con los jóvenes. Quizás en un libro posterior dedicado a padres y docentes, mis alumnos y yo podamos ampliar el tema y compartir los secretos de nuestro éxito. Por ahora, esta información puede darles una idea de qué se necesita para desarrollar una línea abierta de comunicación en lo que a sexualidad se refiere.

Debe tenerse en cuenta que éstas no son tácticas destinadas a descubrir ocultos, profundos y oscuros secretos íntimos. Como tácticas, serían burdas, de mal gusto e ineficaces. Si por naturaleza se expresan como lo sugerimos anteriormente, son buenos candidatos para que los jóvenes los acepten.

Quizás estén pensando: "Este tipo no es quien fija las normas en casa, ni se preocupa cada vez que mi hijo sale, ni trata de evitar que mi hijo se meta en problemas. Veamos si es imparcial y si no juzga a su hija cuando llegue a su casa a la una de la mañana". Bueno, tienen razón, hasta cierto punto. No tengo el mismo nivel de responsabilidades que ustedes. Créanme que realmente reconozco y valoro los dolores de cabeza y las dificultades que sufren los padres al tratar de educar a sus hijos. Si sus familias sobreviven sin pasar por mayores catástrofes y sus hijos se convierten en adultos equilibrados, los felicito por todo lo que han logrado.

Este libro no pretende presentar la "fórmula comprobada" para educar a los jóvenes. Es una guía para que ellos puedan encontrar respuestas a las inquietudes que quieran, cuando así lo deseen, de modo que puedan desarrollar opiniones y sentimientos saludables y sensatos en cuanto a la sexualidad. Las sugerencias planteadas aquí suelen ser eficaces para abrir líneas de comunicación entre jóvenes y adultos, pero si les parece que dichas sugerencias no concuerdan con sus personalidades, no se preocupen. Lo peor que pueden hacer es no admitirlo y montar una farsa inverosímil sólo porque un libro las propone. Encima, nadie les creerá.

Estas sugerencias no garantizan que podrán alentar a los jóvenes a hablar de sexualidad con ustedes. Cada individuo, joven o adulto, reacciona de un modo particular. Quizás ustedes tengan personalidades completamente diferentes y aun así gocen de una hermosa y abierta relación de confianza con sus hijos para dialogar acerca de la sexualidad.

Si no tienen este tipo de relación con sus hijos adolescentes, no se preocupen. Eso no los hace peores padres. Recuerden sus años de juventud, o incluso piensen en lo que les ocurre aún hoy. ¿Se sentían cómodos cuando hablaban de sexo con sus padres? ¿Y ahora que ya son adultos? En mi caso, nunca pude, y aun hoy me muero de vergüenza cuando mis padres hablan de sexo o lo mencionan. De todos modos ustedes aman a sus padres y están de acuerdo con que, aunque no fueron perfectos, lograron sacarlos adelante. Sus hijos también sentirán, por lo menos, lo mismo.

En definitiva, tienen un adolescente que es todo para ustedes, pero aparentemente no se sienten del todo cómodos al hablar con él. Tampoco están seguros del tipo de información, educación o sesgo personal que él está recibiendo. Les preocupa que obtenga información equivocada de sus amigos o que inconscientemente sea víctima de los repetitivos mensajes de los medios de comunicación masiva. Entonces, ¿qué hacer?

En este libro, intento mostrar información actualizada y precisa sobre los temas de sexualidad que con mayor frecuencia preocupan a los jóvenes actuales. Al hojearlo, observarán que está escrito principalmente en un formato de preguntas y respuestas. Las preguntas son las que más a menudo me plantean todos los semestres. Ciertamente el tema de la sexualidad podría ampliarse e incluir aspectos no contemplados en este libro, o bien aquéllos que los adultos tienen en mente. Como dije antes, este libro fue escrito para jóvenes teniendo en cuenta sus intereses, no para los mayores.

La guía esencial sobre sexualidad adolescente responde a preguntas a veces espinosas de los adolescentes de hoy.

No hago diferencias entre lo que está bien y lo que está mal, ni entre lo bueno y lo malo, salvo cuando se trata de los valores de igualdad, responsabilidad, salud y honestidad. A veces utilizo términos para describir las prácticas de una mayoría o minoría de personas en los Estados Unidos, pero porque una mayoría o minoría tenga ciertas creencias, esto no debe confundirse con los conceptos de correcto e incorrecto o bueno y malo.

Si bien nuestra sociedad parece carecer de parámetros éticos y morales, tengo la esperanza de que los padres y tutores puedan tomar cartas en los asuntos que yo no puedo y le brinden a nuestra juventud una orientación útil en términos morales. Ni en mis clases ni en este libro sería adecuado que intentara influir en un joven con mis creencias morales. Los padres y tutores deberían ser la fuente principal de valores morales de los adolescentes. Simplemente no hablo de mis propios valores morales porque pueden no ser consecuentes con lo que los padres desean.

Sin embargo, en cuanto a la ética (no la moral), los adultos no sólo deben ser formadores, sino también modelos, cosa que pongo en práctica en cada interacción que tengo con los jóvenes. La conducta ética, basada en la honestidad, la integridad y responsabilidad personales, sirve de base para tomar decisiones acertadas y llevar una vida llena de satisfacciones. Soy el primero en decir que creo firmemente que la ética y la sexualidad deben enseñarse en el hogar. También sé, al igual que ustedes, que esto no siempre sucede. En esta época de escándalos, corrupción y grupos con intereses creados que dictan las leyes, existe una crisis ética en todos los órdenes de la vida. La próxima generación podrá vivir mejor sólo si los adultos de hoy son un modelo inspirador de equidad, honestidad y responsabilidad personal para los jóvenes.

Según una encuesta anónima, que aunque no era obligatoria, todos mis alumnos respondieron, el 70% de los de 14, 15 y 16 años de edad provenían de hogares con un solo padre. Menos del 30% de mis alumnos recibían de sus tutores información sobre la sexualidad, y de ese 30%, la mayoría no recordaba mucho de lo aprendido. El 90% de mis alumnos ni siquiera tenía los conocimientos básicos sobre anatomía, fisiología o aspectos tales como la menstruación.

Lo cierto es que los adolescentes rara vez hablan de sexo con sus padres. Si sus hijos adolescentes sí lo hacen, fantástico. Pero ciertamente ustedes pertenecen a la minoría. ¿Por qué? A continuación presento sólo algunas de las posibles razones (en orden arbitrario) por las cuales hablar de sexo con los padres es tan difícil.

A LOS ADOLESCENTES LES DA VERGÜENZA. En los Estados Unidos, hablar de sexo todavía es tabú. Cuando los adolescentes no saben si algo es socialmente aceptable, prefieren reservar sus preguntas para quienes no los van a juzgar ni menospreciar. Muchas veces los adolescentes se preguntan si son "normales". Por ejemplo, imaginen que ustedes tuvieran un sueño (o pesadilla) recurrente en el que su madre los acaricia de manera que ustedes se excitan sexualmente. ¿Se lo contarían a alguien? Incluso ahora, ya mayores, ¿se lo contarían a su madre? ¿A su padre? ¿A otro familiar? ¿O a sus amigos? Imaginen lo que ustedes pensarían. Espero que empiecen a comprender cómo se sienten los jóvenes y lo difícil que les resulta hablar de cualquier tema sexual, especialmente con los padres.

LA REACCIÓN DE LOS PADRES. A veces los padres necesitan disciplinar o hasta castigar a los jóvenes que están formándose. Por esa razón, los adolescentes suelen temer ser castigados si hacen ciertas preguntas o manifiestan determinados pensamientos o sentimientos. A menudo me dicen: "Si mi madre supiera lo que pienso... mejor olvídalo". No importa si este adolescente tiene razón o no acerca de la posible reacción de sus padres. Lo importante es que la impresión que este joven tiene respecto de lo que pasará es muy real y razón suficiente para no hablar.

Los adolescentes tienen, además, otras razones para ser reticentes a hablar de sexo con sus padres.

- "Los padres no escuchan". A veces tenemos tanto apuro para decir y compartir nuestro conocimiento y experiencias que abrimos la boca en lugar de parar las orejas. Muchas veces los adolescentes necesitan que los escuchen. ¿Acaso no lo necesitamos todos?
- "Los padres sólo quieren imponerte sus opiniones". Imponer nuestra opinión es muy tentador porque tenemos razón, nuestra opinión es la mejor y todos tienen derecho a escucharla (espero que se estén riendo). Todos alguna vez procedemos así y abrimos la boca en lugar de abrir nuestra mente. Esto es un gravísimo error. Si a un joven le permiten ver la realidad, se sorprenderán de lo que es capaz de elaborar. Seguramente ustedes desean que sus adolescentes lleguen a ser individuos librepensadores

capaces de tomar decisiones por cuenta propia. Esto no se logra con magia. Esta forma de ser comienza en casa. Además, a nadie le gusta que lo fuercen a aceptar ideas y opiniones ajenas.

- "Nunca entienden". La historia tiende a repetirse. Si recuerdan su juventud, la música que escuchaban, la ropa que usaban, su forma de hablar y el entorno, todo era diferente del universo de sus padres y seguramente sentían que mamá y papá estaban desconectados de la realidad. Adivinen algo. A sus adolescentes les pasa exactamente lo mismo. Y hasta cierto punto, tienen razón. La realidad externa es completamente diferente. Aunque los padres quizás no comprendan totalmente los tiempos modernos, los sentimientos y cuestiones básicas relacionadas con el amor, la seguridad y la aceptación generalmente no cambian. Esto significa que los jóvenes de hoy tienen los mismos sentimientos que tuvieron sus padres, sólo que en un lugar y un tiempo diferentes. A los adolescentes les cuesta muchísimo comprender esto.

- "Los padres se sienten incómodos cuando hablan de sexo". A menos que hablen de sexo abiertamente y con determinada frecuencia, es probable que cuando lo hagan sientan cierta vergüenza. En mi caso, me siento cómodo al tratar estos temas con adolescentes porque he pasado miles de horas discutiéndolos. No obstante, me doy cuenta de que cuando estoy con mis amigos o con gente mayor que yo, si surge el tema y yo empiezo con mi discurso habitual, la gente generalmente se estremece, transpira, pierde el contacto visual y se pone muy nerviosa. A esta altura, me recuerdo a mí mismo adónde estoy y bajo un poco el tono de mis comentarios. Lo importante que hay que destacar es que es normal sentirse incómodo al tratar estos temas.

- "Los padres son demasiado entrometidos". Los adolescentes son cada vez más independientes y necesitan privacidad. A veces un adolescente hace una pregunta sencilla buscando una respuesta corta y la madre o el padre transforman la cuestión en un interrogatorio tratando de sonsacarle al adolescente sus ideas, sentimientos y opiniones más íntimas. Muchas veces lo mejor es dejar que los jóvenes compartan con ustedes lo que quieran, cuando quieran, en lugar de someterlos a un interrogatorio que arruine toda comunicación futura.

SENTIMIENTOS DE INEPTITUD. Los adolescentes suelen sentir que todos los demás saben cosas que ellos desconocen. Para evitar que se note su falta de conocimiento (o experiencia), piensan que lo mejor es no ponerse en evidencia. En lugar de exponerse al ridículo por su ignorancia, prefieren no hacer preguntas que puedan revelar esa aparente incompetencia.

DESEOS DE INDEPENDENCIA. Los adolescentes necesitan sentirse individuos autosuficientes que tienen el control de sus vidas. Comienzan a querer liberarse de las normas y los reglamentos, y no quieren ser tratados como niños ni que sus padres sigan poniéndoles los límites que hasta ahora controlaban sus vidas. A esta necesidad la manifiestan de diferentes formas. No obstante, cuando de hablar de sexo con sus padres se trata, los adolescentes suelen mostrar "independencia" e "igualdad" con ellos mediante la deliberada decisión de no hacer preguntas. Si las hicieran, estarían demostrando que hay algo que no saben y que sus padres sí, lo cual pondría a los padres en un nivel superior y al mando de una situación. Aunque parezca disparatado, esto es lo que pasa por la mente de muchos adolescentes. Repito, no importa si estos sentimientos están bien o mal. Lo que importa es que son reales.

MENSAJES AMBIGUOS DE LOS PADRES. "Espera hasta estar casada". "Cuando conozcas a alguien especial y te enamores". "No te preocupes. Cuando llegue el momento adecuado, lo sabrás". Éstos son sólo algunos ejemplos de las sabias palabras que los padres suelen decirles a sus hijos adolescentes.

El concepto de esperar hasta estar casado es bastante claro, hasta que los adolescentes descubren que sus padres no acataron esa norma o que mamá o papá no pueden justificar por qué hay que esperar hasta el matrimonio. Ni hablemos del enorme problema técnico que esta recomendación representa en el caso de los jóvenes homosexuales.

La frase "Cuando conozcas a alguien especial y te enamores" es complicada. Los adolescentes se enamoran y desenamoran con mucha frecuencia. ¿Esto significa que cuando dos personas están enamoradas el sexo es una forma de expresar el verdadero amor? Los padres quizás puedan decir que es un amor adolescente o es pasajero. Entonces, ¿cuál es la diferencia entre el amor verdadero y el amor pasajero? Adivinen qué: ¡con esa pregunta pierden la partida! Seguramente habrá quienes puedan explicarles las diferencias del caso, y muy probablemente ustedes también tengan algún que otro as bajo la manga, pero ya sea que uno esté realmente enamorado o tenga un amor adolescente o pasajero, las emociones son idénticas. En ambos casos la pasión es muy real e intensa (este tema se trata más extensamente en el capítulo "¡Amor, amor, amor!").

"No te preocupes: tú sabrás cuando haya llegado el momento" es el claro ejemplo de lo ambiguo. Identificar el momento adecuado es tan difícil para un adolescente como para un adulto. El adolescente o bien seguirá sus emociones o bien le creerá a otra persona que le diga cuándo es el momento apropiado.

Nos sinceremos: los adolescentes no son los únicos que dificultan la comunicación de los temas sobre sexualidad. El modo de percibir y sentir de los padres es un factor importante. Ser padres puede ser una ingrata e interminable odisea de sol a sol y de enero a enero, que los entristezca, les produzca acidez estomacal, dolores de cabeza, caída de cabello o temblor en las manos, les acorte la vida y les haga preguntarse qué hicieron para merecer esto. Sin embargo, tal vez la mayoría coincida en que es una de las experiencias más gratificantes y especiales de la vida. Y una cosa es cierta: por más especiales y estupendos que sean los padres, son seres humanos, con personalidades singulares, traumas, excentricidades y la necesidad de realizarse como individuos.

Pero además, los padres también tienen la responsabilidad y el trabajo de tiempo completo de educar a un joven para que llegue a ser un adulto responsable, equilibrado e independiente. Y como si este trabajo de ser padres no fuera suficiente, la mayoría de los padres de hoy tienen otro trabajo (también de tiempo completo), gracias al cual pueden sustentar el primero. Ahora bien, esto genera un problema. Adivinen qué trabajo incluye capacitación, asesoramiento para mejorar el rendimiento, revisiones frecuentes, opiniones y apoyo positivo de los compañeros, gratitud por el servicio, ascensos y una retribución concreta por buen desempeño al final de la semana. No el de ser padres. Sin embargo, la mayoría está de acuerdo con que ser padres es mucho más difícil que un trabajo de oficina de cuarenta, cincuenta o sesenta horas semanales.

Los padres no tienen un manual de capacitación con pasos simplificados para educar a un ser humano. Han pasado siglos y siglos y ese manual aún no existe: no hay una fórmula concreta que garantice el éxito permanente.

El trabajo de ser padres no es fácil. Hay tantas cosas por tener en cuenta y por las que ser responsables que el tema de la sexualidad quizás no sea prioritario cuando las preocupaciones diarias tienen que ver con la alimentación, la vivienda y la vestimenta. Tampoco es el sexo un tema del que resulte fácil hablar con jóvenes que uno tal vez no vea con la frecuencia deseada. A continuación les presento algunos problemas que los padres suelen tener.

INCOMODIDAD. Los padres suelen sentirse incómodos al hablar de sexo con jóvenes (o con otros adultos). Ese nivel de comodidad o incomodidad puede tener que ver con la educación que ellos recibieron de sus propios padres o el modo en que éstos manejaron las cuestiones sexuales.

Muchas veces los padres no se sienten cómodos porque no recuerdan todas las respuestas. Para ellos suele ser difícil decir: "No sé". Entonces, en lugar de tener que enfrentarse a esa situación, a veces prefieren quedarse callados. En ocasiones, los padres pueden sentir que si no saben qué contestar están admitiendo que no son los maravillosos robots omniscientes y omnipotentes que sus hijos conocen y aman.

De todos modos, cuando los padres hablan de sexo con sus hijos, pueden responder bastante bien a las preguntas sobre los cambios físicos de la pubertad, partos y la menstruación. El acto sexual en sí y los métodos anticonceptivos suelen ser temas delicados para que los expliquen los mayores, pero casi siempre tanto los padres como los adolescentes se las arreglan para hablar de ello sin demasiada vergüenza.

Para la mayoría de los padres, los momentos más complicados vienen con los por qué, las preguntas detalladas y aquéllas con jerga de la calle. Tal vez pasaron muchos años desde la última vez que los padres recibieron información sobre la sexualidad (si es que la recibieron). No hay de qué avergonzarse por no recordarlo todo o no conocer algún detalle. De hecho, si tratan de explicarle a alguien historia, geometría o química, probablemente no puedan, a menos que el tema tenga que ver con sus quehaceres diarios. Ciertamente los padres no quieren que sus hijos adolescentes noten que no recuerdan algo tan importante.

PENSAR QUE LOS ADOLESCENTES YA SABEN ACERCA DE LA SEXUALIDAD. Los padres quizás realmente crean esto y así puedan evitar tratar el tema. Recuerden que nueve de cada diez veces, los jóvenes no saben mucho sobre ningún tema de sexualidad. En ocasiones, a lo sumo pueden tener preguntas sobre sexo, no respuestas.

PENSAR QUE LO APRENDERÁN EN LA ESCUELA. Si bien esto rige para la mayoría de las escuelas, es un error depender del sistema educativo y de los docentes para una tarea de esta naturaleza. A esta altura de las circunstancias, para ser sincero, debo decir que he visto muchas clases de educación sexual con docentes fantásticos que dan clases magistrales y son un verdadero orgullo para la profesión. Por supuesto que no he visto todas las clases de educación sexual y crecimiento y desarrollo humano del país, pero tengo la impresión de que la educación sexual que recibe la mayoría de los adolescentes es bastante buena y, en el peor de los casos, mejor que nada, que, en definitiva, es lo que reciben muchos adolescentes en su casa. Muchas relaciones entre padres y adolescentes no son propicias para hablar de sexo abiertamente y no se debe culpar a nadie por ello. Pero el tema de la sexualidad es importante y esencial para el desarrollo de un joven.

Recuerden que una charla en casa de quince minutos sobre el origen de los niños no es demasiada educación que digamos. Tampoco lo es un día o una semana en la escuela estudiando los sistemas reproductores femenino y masculino. Es como si fueran a una agencia de automóviles y el vendedor les dijera: "Bueno, señores, éste es un Toyota rojo con cuatro ruedas, cuatro puertas, frenos, un volante y un estéreo" y se fuera. Probablemente querrán que les dé más información (no que solamente les enumere las partes). ¿Cómo funciona? ¿Qué andar tiene? ¿Cuánto combustible consume por milla? ¿Qué tipo de mantenimiento necesita? ¿Cuál es su vida útil?

La educación sexual también precisa más que la mera identificación de las partes. La sexualidad de cada individuo es un proceso evolutivo que incluye impulsos biológicos, emociones, autoconciencia, conocimiento, principios morales, valores, tabúes y normas sociales, influencias culturales, autovaloración, autoestima y la capacidad de comunicarse, para nombrar sólo algunos de sus tantos componentes. ¿Cómo puede una sola fuente (ya sea padres, tutores o la escuela) brindar una formación sexual completa a los jóvenes? En términos ideales, una combinación de todas aumentaría las oportunidades de lograr un adulto sexualmente equilibrado.

La mayoría de las escuelas procuran aportar los elementos cognitivos necesarios para los jóvenes y dejan la formación y el enriquecimiento moral para el hogar. Las escuelas no pueden ni pretenden proporcionar lo que les corresponde a los padres. Esperar que la escuela se ocupe de absolutamente todo sería una visión muy cómoda de la educación. Los jóvenes necesitan la sinergia de tanto los padres como las escuelas para acrecentar sus probabilidades de éxito.

Una relación sexual puede ser una hermosa, emocionante y afectuosa experiencia compartida. Es un impulso primario que crece en nuestro interior, necesario para la supervivencia de la especie humana. No obstante, por más maravillosas que sean la intimidad y las relaciones sexuales, tienen posibles consecuencias capaces de afectar negativamente nuestra vida o incluso arruinarla. Este libro procura explicar las numerosas facetas de este tema junto con sus diversas definiciones y posibilidades. No fue escrito para reemplazar o acotar los papeles de los padres o la escuela en la educación sexual, sino para complementarlos.

Si este libro puede ampliar el conocimiento y la conciencia de la sexualidad y desplazar los mitos populares y la ansiedad de los adolescentes, mis esfuerzos habrán valido la pena. Lo ideal sería que el presente libro generara una conciencia emocional capaz de ayudar a preparar a los jóvenes para enfrentar los desafíos de los intensos sentimientos y situaciones por vivir.

Si bien las presiones ejercidas por los medios de comunicación y nuestra cultura constituyen una gran influencia en las decisiones que nuestros jóvenes toman, el conocimiento, la conciencia emocional, la comprensión y la confianza pueden contribuir a capacitar a los adolescentes a fin de que puedan realizar elecciones saludables y sensatas en sus vidas. Espero que este libro ayude a que nuestros adolescentes desarrollen, al menos, esas capacidades.

Bibliografía

"Abortion Clinics under Siege". *Contemporary Sexuality*, AASECT Newsletter 27, no. 11 (Noviembre 1993): 4.

"AIDS without H.I.V". *Contemporary Sexuality*, AASECT Newsletter 26, no. 9 (Septiembre 1992): 7.

"American Youth at Risk". *Contemporary Sexuality*, AASECT Newsletter 25, no. 10 (Octubre 1991): 1–2.

"Barriers to Better Condom 'Killing People': Regulatory, Political Hurdles to Development". *Contraceptive Technology Update* 16, no. 1 (Enero 1995): 1–6.

Barth, Richard, et al. "Preventing Adolescent Pregnancy with Social and Cognitive Skills". *Journal of Adolescent Research* 7, no. 2 (Abril 1992): 208–232.

Brody, J. "Guidelines for Parents of Teen-agers Who Are, or Are About to Be, Sexually Active". *New York Times*. 30 Abril 1986. Columna de salud personal.

Carabasi, J., W. Greene, and F. Bernt. "Preliminary Findings from the Survey About AIDS for Seventh and Eighth Graders (SASEG)". *AIDS Education and Prevention* 4, no. 3 (Otoño de 1992): 240–250.

Cassell, C. *Straight from the Heart*. N.Y.: Simon and Schuster, 1988.

Cullins, V. "The Adolescent's First Gynecologic Examination". *Medical Aspects of Human Sexuality* (Noviembre 1991): 56–59.

"Depo-Provera Approved". *Contemporary Sexuality*, AASECT Newsletter 26, no. 12 (Diciembre 1992): 8.

Eisen, M., et al. "Evaluating the Impact of a Theory Based Sexuality and Contraceptive Education Program". *Family Planning Perspectives* (Noviembre/Diciembre 1990): 261–271.

"Female Condom Approved". *Contemporary Sexuality*, AASECT Newsletter 27, no. 6 (Junio 1993): 11.

Gale, J. *A Parent's Guide to Teenage Sexuality*. N.Y.: Henry Holt and Company, 1989.

Gale, J. *A Young Man's Guide to Sex*. Los Angeles: The Body Press, 1988.

Gale, J., and J. Voss. *A Young Woman's Guide to Sex*. Los Angeles: The Body Press, 1986.

"Genetic Link Found for Male Homosexuality". *Contemporary Sexuality*, AASECT Newsletter 27, no. 9 (Septiembre 1993): 9.

Glenn, H., and J. Nelson. *Raising Self-Reliant Children in a Self-Indulgent World*. Rocklin, Calif.: Prima Publishing and Communications, 1989.

Haas, Kurt, and Adelaide Haas. *Understanding Sexuality*. Third Edition. Mosby, 1993.

Hatcher, Robert A., et al. *Contraceptive Technology*. 16.ª Edición revisada. Irvington Publishers Inc., 1994.

Jacobson, B., S. Aldana, and T. Beaty. "Adolescent Sexual Behavior and Associated Variables". *Journal of Health Education* (Enero/Febrero 1994): 10–12.

Kieren, D., and J. Morse. "Preparation Factors and Menstrual Attitudes of Pre- and Post Menarcheal Girls". *Journal of Sex Education and Therapy* 18, no. 3 (Otoño de 1992): 155–174.

King, B., and P. Anderson. "A Failure of H.I.V Education: Sex Can Be More Important Than a Long Life". *Journal of Health Education* (Enero/Febrero 1994): 13–18.

Levy, S., et al. "Young Adolescent Attitudes toward Sex and Substance Use: Implications for AIDS Prevention". *AIDS Education and Prevention* 5, no. 4 (Invierno de 1993): 340–351.

Madaras, L. *The What's Happening to My Body? Book for Boys.* N.Y.: New Market Press, 1988.

Madaras, L. *The What's Happening to My Body? Book for Girls.* N.Y.: New Market Press, 1988.

Masters, W., and V. Johnson. *Human Sexual Response.* N.Y.: Bantam Books, 1986.

Masters, W., V. Johnson, and R. Kolodny. *Human Sexuality.* N.Y.: HarperCollins, 1992.

"New Condom". *Contemporary Sexuality,* AASECT Newsletter 27, no. 10 (Octubre 1993): 4.

"One in Four" (Americans will contract an STD in his/her lifetime). *Contemporary Sexuality,* AASECT Newsletter 27, no. 5 (Mayo 1993): 1.

Profet, M. "A New View of Menstruation". *Contemporary Sexuality,* AASECT Newsletter 27, no. 11 (Noviembre 1993): 4.

"Risking the Future: Adolescent Sexuality, Pregnancy, and Childbearing". *National Research Council, National Academy of Sciences* 1 (1987): 141–323.

Rosenthal, T., et al. "Teenage Pregnancy: Dating and Sexual Attitudes". *Journal of Sex Education and Therapy* 18, no. 4 (Invierno de 1992): 264–276.

Rosenthal, T., et al. "Teenage Pregnancy: Predicting the Adolescent at Risk". *Journal of Sex Education and Therapy* 18, no. 4 (Invierno de 1992): 277–285.

Rosenthal, T., D. Muram, E. Tolley, and J. McAlpine. "Teenage Pregnancy: A Small Comparison Group of Known Mothers". *Journal of Sex Education and Therapy* 19, no. 4 (Invierno de 1993): 246–250.

"RU 486 Used as Morning After Pill". *Contemporary Sexuality,* AASECT Newsletter 26, no. 11 (Noviembre 1992): 6–7.

"School Clinics to Offer Norplant". *Contemporary Sexuality,* AASECT Newsletter 27, no. 1 (Enero 1993): 7.

"Sexual Harassment Is Rampant in School Hallways". *Contemporary Sexuality,* AASECT Newsletter 27, no. 7 (Julio 1993): 7.

Sly, D., et al. "Young Children's Awareness, Knowledge, and Beliefs about AIDS: Observations from a Pretest". *AIDS Education and Prevention* 4, no. 3 (Otoño de 1992): 227–239.

Soper, D. "The Female Condom". *Medical Aspects of Human Sexuality* 26, no. 1 (Enero 1992): 14.

"Study of Lesbian Twins Points to Genetic Basis for Sexual Orientation". *Contemporary Sexuality,* AASECT Newsletter 27, no. 5 (Mayo 1993): 7.

"Tablets End Injections for Abortion Pill". *Contemporary Sexuality,* AASECT Newsletter 27, no. 7 (Julio 1993): 7.

Tannahill, R. *Sex in History.* Scarborough House, 1992.

Taylor, M., et al. "Effects of Contraceptive Education on Adolescent Male Contraceptive Behavior and Attitudes". *Journal of Health Education* (Abril/Mayo 1989): 12–17.

"Teenage Girls Have More Sex Partners". *Contemporary Sexuality,* AASECT Newsletter 27, no. 2 (Febrero 1993): 7.

"Teenage Sexual and Reproductive Behavior". *Facts in Brief.* The Alan Guttmacher Institute, 1993.

"The Truth about Latex Condoms". *SEICUS Report* 22, no. 1 (Octubre/Noviembre 1993): 17–19.

"Ulcer Drug Used for Abortions in Brazil". *Contemporary Sexuality,* AASECT Newsletter 27, no. 7 (Julio 1993): 6.

U.S. Congress, Office of Technology Assessment. "Adolescent Health, Volume II: Background and the Effectiveness of Selected Prevention and Treatment Services". Washington, D.C: U.S Government Printing Office, Noviembre 1991: 333-427.

"Will Your Clients Want the Plastic Condom?" *Contraceptive Technology Update* 16, no. 1 (Enero 1995): 6–9.

"With Proper Diet and Exercise, You Can Take Control of PMS!" *Contraceptive Technology Update Supplement* 16, no. 1 (Enero 1995).

Yates, A., and W. Wolman. "Aphrodisiacs—Myth and Reality". *Medical Aspects of Human Sexuality* (Diciembre 1991): 58–64.

Zabin, Laurie, et al. "Evaluation of a Pregnancy Prevention Program for Urban Teenagers". *Family Planning Perspectives* (Mayo/Junio 1986): 119–126.

Índice